Stefanie Selhorst | Michael Miedaner

Eltern wollen Nähe

Verteidigung einer Sehnsucht

Christiana-Verlag

1. Auflage 2016

im Fe-Medienverlag, Hauptstr. 22, D-88353 Kißlegg
www.fe-medien.de
Druck: Axlo, Poznań, Polen

ISBN: 978-3-7171-1263-1

Stefanie Selhorst / Michael Miedaner

Eltern wollen Nähe

Verteidigung einer Sehnsucht

Inhalt

Vorwort 7

1. Mottos 11

2. Einblick 13

3. Ist die Ganztagstrennung des Kindes von seinen Eltern der Rede wert? 17
   3.1 Die einen sagen: „Ja!“ 17
   3.2 Die anderen sagen: „Nein. Welche Trennung? Wir reden hier doch über Bildung!“ 22

4. Ist die Ganztagstrennung des Kindes von seinen Eltern des Fühlens wert? 25
   4.1 Das Fühlen der Eltern 27
   4.2 Wechselnde Moden, die das Fühlen erlauben oder verbieten 45
   4.3 Das Fühlen der Kinder 55
   4.3.1 Die Entwicklung der Bindung nach Gordon Neufeld 78
   4.3.2 Die Erziehung des gebundenen Kindes 87
   4.3.3 Einsamkeit, wenn das Streben nach Nähe nachhaltig frustriert wird 103

5. Das Anerkennen des Fühlens kann den Trennungsschmerz lindern 115
   5.1 „Nur fehlen den Kindern die Basics dafür!“ 117
   5.2 Das Bindungsdorf nach Gordon Neufeld 128
   5.3 Der einladungszentrierte Kindergarten 153

6. Ausblick mit gemischten Gefühlen 179
   6.1 Das Bangen 179
   6.2 Das Hoffen 186

7. Zitierte Bücher, Artikel, Aufsätze, Filme, Tonaufzeichnungen, Links 191

Anmerkungen 197

Vorwort

Dieses Buch befasst sich mit einem höchst sensiblen Thema: der berufsbedingten frühen Trennung von Eltern und Kindern und den damit verbundenen Emotionen. Die Betreuungsfrage wird seit Jahrzehnten diskutiert und führt nicht selten zu ausgesprochen emotionalen Auseinandersetzungen und gegenseitigen Vorwürfen. In dieser ganzen Debatte geht es hauptsächlich darum, darüber zu urteilen, ob nun diejenigen, die ihre Kinder eigenhändig betreuen, oder die, die sie in Fremdbetreuung geben, die besseren Eltern sind. Die frühe Fremdbetreuung wird aus der Sicht der Bildung als bevorzugtes Modell betrachtet, wobei selten berücksichtigt wird, dass gelungene Bildung eine sichere Bindung des Kindes an seine Eltern oder andere Bezugspersonen voraussetzt. Zwei entscheidende Fragen werden zudem beharrlich ausgeblendet:

Wie gehen Familienmitglieder und die Gesellschaft mit den trennungsbedingten Emotionen um?

Können es sich die Beteiligten (das Kind, die Eltern, die ErzieherInnen) leisten, diese Emotionen zu fühlen oder sogar auszudrücken?

Dieses Buch hat folglich zwei Zielgruppen: Einerseits die betroffenen Eltern, die im oft schmerzlichen Trennungsprozess in ihrem inneren Geschehen nicht wahrgenommen und damit sehr oft völlig alleingelassen werden. Andererseits alle Helfer, die diese Familien begleiten oder an der außerhäuslichen Betreuung beteiligt sind.

Der aufgrund der beruflichen Situation der Eltern oft unumgängliche Verlust an Nähe wirkt schon lange, bevor er in Realität stattfindet. In meinen Beratungen, in denen sich Mütter mit Still- oder Schlafproblemen an mich wenden, geht es sehr oft um das Thema Trennung. Sei es im Zusammenhang mit schwierigen Nächten wegen der zu frühen Erwartung an das Kind, nachts alleine zurechtzukommen oder im Zusammenhang mit dem bevorstehenden Wiedereinstieg ins Berufsleben. In der Schweiz dauert der Mutterschaftsurlaub gerade mal 14 Wochen, sodass viele berufstätige Mütter ihr Baby sehr früh zumindest tageweise in eine Fremdbetreuung geben müssen, die bereits in der Schwangerschaft organisiert wurde. Was eine Trennung in der ersten Phase der Bindung konkret bedeutet, wird den meisten Müttern erst nach der Geburt bewusst, nachdem sie sich in ihr Kind verliebt haben. Im Wochenbett, wo es darum geht, die höchst sensible Mutter-Kind-Beziehung langsam aufzubauen und einander kennenzulernen, sind viel Nähe, Körper- oder am besten Haut-zu-Haut-Kontakt unabdingbar. Der symbiotische Zustand erleichtert sowohl die Stillbeziehung als auch die gegenseitige Kommunikation. Je mehr sich eine Mutter auf diese innige Verbundenheit einlassen kann, desto besser gelingt es ihr, die kindlichen Signale zu deuten und angemessen darauf zu reagieren. Das Kind fühlt sich dadurch wahrgenommen und ist dank feinfühliger Zuwendung und zuverlässigem Erfüllen seiner Bedürfnisse bestenfalls zufrieden. Dies wiederum stärkt das Selbstwertgefühl der Mutter (und des Vaters) und motiviert beide, für ihr Kind da zu sein.

Steht aber eine baldige Trennung bevor, kann das bei einer Mutter dazu führen, dass sie ihrem Kind gegenüber innerlich auf Distanz bleibt, weil sie nämlich befürchtet, dem Schmerz, der die Trennung sowohl bei ihr als auch bei ihrem Kind auslösen wird, nicht gewachsen zu sein. Die verständliche Hoffnung der Mutter besteht darin, die schwierige Situation zu vereinfachen, indem sie Nähe nur bedingt zulässt, um ihr Kind nicht so sehr von ihr abhängig zu machen. Sie stillt dann vielleicht nach festem Rhythmus, lässt ihr Kind zwischendurch weinen und trainiert das Alleineschlafen. Dies sind häufig Versuche, den Übergang in die Fremdbetreuung zu erleichtern, obschon Mütter und Väter dabei gegen ihre Intuition und die kindlichen Bedürfnisse handeln müssen.

Moderne Eltern befinden sich im gesellschaftlichen Spannungsfeld der sogenannten Work-Life-Balance, in welcher sie nun auch ihr Kind irgendwo unterbringen sollen. Die beruflichen Anforderungen lassen es nicht zu, dass die Eltern morgens müde oder zu spät am Arbeitsplatz erscheinen, weil ihr Kind noch nicht durchschläft oder sich beim Abgeben in der Kita verzweifelt weinend am mütterlichen Rockzipfel (oder väterlichen Hosenbund) klammert. Von den Eltern wird früh schon erwartet, dass sie ihr Kind ohne große gefühlsmäßige Regung abgeben. Sind sie dazu in der Lage – so vermittelt ihnen unsere Gesellschaft –, sind sie „kompetent". Denjenigen, die sich damit schwertun und unter dem Abschied leiden, wird unterstellt, dass sie ihr Kind nicht loslassen und nicht in seiner Autonomie unterstützen würden. Von einem „braven" und „selbstständigen" Kind wird erwartet, dass es sich freudig in fremde Hände geben lässt oder – sollte es nach dem Weggang der Eltern doch weinen – rasch beruhigt. Dies gelingt sowohl den Eltern als auch dem Kind oft nur, indem beide einen Teil ihrer Gefühlswelt unterdrücken. Die Kehrseite dieses psychologisch bedenklichen Verhaltens ist ein inneres Erstarren und Nicht-wirklich-lebendig-sein-Können.

Dabei ist es unter anderem die Sehnsucht nach Nähe, durch die sich die Eltern und Kinder in der Trennungssituation auszeichnen. Diese gilt es anzuerkennen, statt wegzudrängen. Auf diese so wichtige Erkenntnis können ErzieherInnen, Fachleute und die ganze Gesellschaft ihr Verhalten aufbauen und die Familien dabei unterstützen, schmerzliche Gefühle auszudrücken, damit ein heilsamer Weg gefunden werden kann. Das Zulassen des Trennungsschmerzes ist sozusagen die Voraussetzung seiner Bewältigung.

Die Eltern können durch die Lektüre Mut und Kraft gewinnen und den Zugang zur eigenen Intuition finden.

Ich wünsche mir ein Umdenken im Sinne der in diesem einzigartigen und höchst empfehlenswerten Buch vermittelten Weisheit. Es braucht gar nicht so viel – es braucht jedoch den Mut, ehrlich zu sein und dem Schmerz, den eine Trennung auslöst und auslösen darf, Ausdruck zu verleihen. Eine Gesellschaft, die dies nicht zulässt, wird letztlich starr und krank. Ohne gelebte Trauer gibt es auch keine Freude und Lebendigkeit.

Oder wie Stefanie Selhorst und Michael Miedaner es ausdrücken: „Dieser Weg führt hin zu dem großen und vielfältigen Spektrum der eigenen Emotionen. Die Emotionen sind dann das, was den Menschen zu seiner Entwicklung bewegt."

Sibylle Lüpold,
Stillberaterin IBCLC und Autorin www.kindernächte.ch

1. Mottos

„Kommt jetzt, edle Seelen, und schaut auf den Glanz, den ihr in euch selbst tragt! Wenn ihr aber nicht euch selbst vollständig gehen lässt, wenn ihr nicht euch selbst ertränkt in diesem grundlosen See der Gottheit, dann könnt ihr nicht das göttliche Licht erkennen."
(Meister Eckhart 1260–1327)

„Am destruktivsten ist eine Umwelt, in der auf Gehorsam ohne Konsultation der eigenen Seele bestanden wird ..., in der eine Frau sich gezwungen sieht, einseitige Entscheidungen vom Entweder-oder-Typus zwischen ihrer Seele und der Gesellschaft zu treffen ..."
(Estés, 1993, S. 209)

2. Einblick

Charles Dickens Roman „Nicholas Nickleby“ spielt im London des 19. Jahrhunderts. Eine Familie mit zwei fast erwachsenen Kindern gerät in Armut. Zunächst hat sich die Familie verschuldet und dann stirbt auch noch der Vater. Die drei verbliebenen Familienmitglieder müssen sich, der Not gehorchend, trennen. Es gilt nämlich jetzt, an verschiedenen Orten dem jeweiligen Gelderwerb nachzugehen. Durch eine glückliche Fügung gelingt es Sohn Nicholas dann später, der Familie ein hinlängliches Auskommen zu verschaffen. Deshalb kann sie nun wieder zusammenleben. Trotz des neuen Glücks nagt an der Mutter der Ehrgeiz. Sie trauert immer noch um die zerronnenen Zeichen des Wohlstands. Tochter Kate geht es da besser. Die bescheidenen Lebensumstände stören sie nicht. Sie ist zufrieden und glücklich über ihr Zusammensein mit Mutter und Bruder. Nur darauf legt sie Wert. Das Glück der Genügsamen wiederum ärgert die Mutter, denn sie hätte es lieber, wenn sich auch das Herz ihrer jungen Tochter dem Trachten nach Statussymbolen verschreiben würde. Das Mädchen antwortet:

„… oder warum (bist du) verärgert darüber, dass ich glücklich und zufrieden bin? Du und Nicholas, ihr seid mir geblieben, wir sind wieder zusammen und was scheren mich ein paar unbedeutende Dinge, deren Mangel wir nie spüren werden?“[1]

Ohne es zu wissen, lässt der Erzähler in Charles Dickens Roman dieses junge frühviktorianische Mädchen den Finger in die Wunde der Lebenskonzept-Debatte im 21. Jahrhundert legen. „Was schert mich der fehlende Luxus, solange wir nur zusammen sein können?“, hätte die Kate von heute gefragt. Und die Mutter? Die wäre im gegenwärtigen Europa mit ihrem Streben nach Wohlstand und dem damit verknüpften Ansehen in einer argumentativ wesentlich besseren Position gewesen als damals.

Tatsächlich steht die Förderung des familientrennenden Erwerbslebens in allen westlichen Ländern ganz oben auf der politischen Agenda.

Man möchte meinen, Fern-Ehen oder die alltägliche Ganztagstrennung von kleinen Kindern wären sogar so eine Art Bürgerpflicht. Die Gründe dafür sind vielfältig, vielschichtig, komplex und dennoch nicht Thema dieses Buchs. Hier nur zwei Beispiele aus der großen Vielfalt der Trennungsgründe.

1. *Die materielle Notwendigkeit. Es geht heute vielfach eben nicht nur um die von Kate angesprochenen „unbedeutenden Dinge, deren Mangel wir nie spüren werden", sondern um die Existenzsicherung von Familien. Eltern, die zu den Geringverdienern gehören, brauchen schon zwei Niedriglöhne. Alleinerziehende, die Durchschnittsgehälter bekommen, müssen in der Regel den ganzen Tag arbeiten, damit das Geld reicht.*
2. *Die Realitäten der Arbeitswelt. Die Globalisierung fordert von sehr gut qualifizierten Arbeitnehmern mitunter einen schnellen Wechsel im Berufsleben. Sie wechseln die Branchen oder ihr Arbeitgeber wechselt den Standort. Möchten junge beruflich professionelle Eltern auf der Erfolgsschiene bleiben, so müssen sie einfach mitziehen. Das erfordert von den Arbeitnehmern sehr viel Mobilität und Flexibilität. Sie sehen sich zu Entscheidungen gedrängt, die zu innerfamiliären Trennungen führen. Mitunter wird dann, auch sogar im Falle von intakter Partnerschaft, eines der Elternteile zum Alleinerziehenden. Für die Kinder wird dann in der Folge die Zeitspanne der außerhäuslichen Erziehung erheblich ausgeweitet.*

Es gibt noch viele andere Beispiele für unumgängliche familientrennende Lebensumstände. Umstände übrigens, über die sich Außenstehende kein Urteil erlauben dürfen. Eins steht allerdings fest: Gerade weil die frühe Ganztagstrennung junger Familien so oft von den Rahmenbedingungen des Lebens erzwungen wird, führt kein Weg an einer Auseinandersetzung mit ihrer seelischen Wirkung auf die großen und kleinen Familienmitglieder vorbei.

Zurück zu Kate: Da sagt eine Tochter ihrer ehrgeizigen Mutter, sie lege keinen Wert auf Status und Überfluss, ihr Sehnen gelte der Bindung. Und der Dickens-Leser, selbst der des 21. Jahrhunderts, fühlt selbstverständlich mit dem jungen Mädchen und stimmt ihm von Herzen zu. Kein Leser käme je auf die Idee, mit der alten Mutter zu sympathisieren. Denn die tiefe Sehnsucht des Menschen nach dem alltäglichen Beisammensein mit denen, für die er zuständig ist, und mit denen, die für ihn zuständig sind, ist und war eigentlich Konsens. Es mutet nun, da es immer weniger selbstverständlich wird, merkwürdig an, sich dieses Nähe-Strebens bewusst werden zu müssen. Noch absurder erscheint die Notwendigkeit, es sogar zu rechtfertigen.

Derweil scheinen Publizisten und Wissenschaftler des ausgehenden 20. und des beginnenden 21. Jahrhundert an dieser menschlichen Selbstverständlichkeit kratzen zu wollen. Das Sehnen der jungen Kate gilt deshalb heute definitiv als überkommen, politisch zutiefst unkorrekt. Keiner könnte in unserer Zeit dem Mädchen seine Sehnsucht nach dem Lebensstil „Bindung“ gestatten, weder sie sich selbst noch die Mutter oder gar die Gesellschaft. Sie widerspräche zutiefst dem neu zu etablierenden gesellschaftspolitischen Dogma vom Vorrang der westlichen Volkswirtschaften mit ihren Diktaten von umfassender Gelderwerbstätigkeit.

Doch irgendwie scheint das Gebot der Vereinbarkeit von Familie und Beruf nicht so recht zu überzeugen. Nicht nur die stagnierende Geburtenrate, auch das rastlose Unbehagen vieler junger vollerwerbstätiger Familien weisen auf eine Diskrepanz zwischen dem tatsächlichen Lebensentwurf „Alltagstrennung“ und der heimlichen inneren Sehnsucht hin[2].

Und so stellt sich die Frage: Ist es tatsächlich tot und begräbt der gegenwärtige Mensch den Leichnam des universalen Strebens nach familiärer Nähe und Verbundenheit?[3] Wird die klaffende Lücke in der alltäglichen Verbundenheit zwischen den alten, den mittleren und den ganz jungen Familienmitgliedern Bestand haben?

Um es vorwegzunehmen, das Streben nach Nähe zum eigenen Kind ist nicht tot, mitunter aber in einen Schneewittchen-Schlaf gefallen. Wieder ist es eine Passage aus einem Charles Dickens Roman, die uns modernen Menschen den Weg weist, den hundertjährigen Schlaf zu kürzen. Das Waisenkind, Oliver Twist, aus den Fängen einer Diebesbande befreit, wird von einer liebevollen Hausdame betreut.

„‚Rette uns!‘, sagte die alte Dame mit Tränen in den Augen, ‚welch ein dankbarer kleiner Schatz er ist. Hübsches Liebchen! Was würde seine Mutter fühlen, wenn sie neben ihm gesessen hätte, wie ich es tat, und ihn jetzt sehen könnte!‘“[4]

So, durch die Bemerkung der alten Dame gestärkt, spürt das Kind die heilsame Nähe seiner verstorbenen Mutter:

„‚Vielleicht sieht sie mich tatsächlich‘, flüsterte Oliver, indem er seine Hände faltete, ‚vielleicht hat sie neben mir gesessen. Ich fühle beinahe, als hätte sie es getan.‘“[5]

Die Frau hat ganz einfach und fast nebenbei eine Brücke zwischen dem Kind und seiner verstorbenen Mutter gebaut, indem sie sich in deren Bedürfnis nach Nähe zueinander hineinversetzt hat.

Ja, Eltern wollen Nähe und der tief – oft noch unbewusst – verwurzelte Wunsch danach befähigt sie dazu, die persönliche Antwort für ihr einzigartiges Kind zu sein.

Dieses Buch stellt die Suche nach dem Verbleib des Strebens nach familiärer Nähe dar. Den Leser erwarten Hypothesen und Denkanstöße. Profitieren wird jeder, dem bei dem Gedanken an die Verlagerung der Kindheit in Institutionen nicht so ganz wohl zumute ist. Eins sei schon vorweggenommen: Hier geht es nicht um irgendwelche Ratschläge, die äußeren Umstände seines Lebenskonzepts auf den Kopf zu stellen. Thema ist lediglich die Sehnsucht nach der Nähe von Kindern und Eltern. Die Wirkung dieser Sehnsucht, sei sie nun erfüllt oder nicht, die gibt den Ausschlag. Und an ihr führt kein Weg vorbei.

3. Ist die Ganztagstrennung des Kindes von seinen Eltern der Rede wert?

Der Begriff „Ganztagstrennung", so wie er in diesem Buch verwendet wird, meint eben jenes Ausmaß an Trennung, das der kindlichen Entwicklung schadet. Das Trennungs-Ausmaß, ab dem die Trennung beginnt schädlich zu wirken, ist bei jedem einzelnen Kind anders. Der Umstand, dass der Ort des Grenzwerts subjektiv variiert und zumeist eher erfühlt als bewiesen wird, berechtigt aber noch lange nicht zu der Annahme, dass er nicht objektiv vorläge. Ist dieser Grenzwert erreicht oder gar überschritten, so findet das statt, was in diesem Buch in Ermangelung eines besseren Wortes als Ganztagstrennung – der anderen Seite der Ganztagsbetreuungs-Münze – bezeichnet wird.

3.1 Die einen sagen: „Ja!"

Wie argumentieren Dichter und Wissenschaftler, denen die Trennung der Kinder von ihren Familien der Rede wert ist? Welche Worte fanden sie für die Wirksamkeit dieser Trennung?

Kate erzählt ihrer Mutter über ihre Gefühle, während die Familie getrennt war, und wie sie sich durch die Wiedervereinigung erlöst fühlte:

„Ich habe all die Trauer und Trostlosigkeit, die der Tod bringen kann, gesehen und das einsame Gefühl kennengelernt, wenn man alleine in der Menge ist, und das Leid von Trennung im Schmerz und Armut gerade zu der Zeit, als wir am meisten den gegenseitigen Trost und die Unterstützung brauchten. Wunderst es dich da, wenn ich unsere Situation als eine von köstlicher Ruhe und Erholung ansehe, und dass ich, wenn ich dich an meiner Seite weiß, nichts entbehre und nichts nachtraure."[6]

Die Brüder Grimm sammelten auf Anregung der Romantiker Clemens Brentano und Achim von Arnim Märchen. 1812, also noch 26 Jahre vor der Niederschrift von Nicholas Nickleby, schrieben sie zum ersten Mal das Märchen „Hänsel und Gretel“ auf. Auch hier erfolgt die Trennung zwischen Eltern und Kindern aus Not. Wobei die Uneinigkeit zwischen Mutter und Vater die Absolutheit der Notwendigkeit ein wenig in Frage stellt. Das Essen der Familie reicht nicht für das Überleben aller vier Familienmitglieder. Der elterlichen Überlebenschance wegen möchte die Mutter die Kinder aussetzen, der Vater jedoch zögert. Dieses Zögern gilt es zu beachten. Für ihn ist die Trennung der Rede wert. Auch wenn das väterliche Unbehagen das Aussetzen der Kinder nicht verhindern kann, so bestimmt es zum Ende der Geschichte hin sehr wohl die Handlung. Durch ihren Mut und ihr Zusammenstehen führen die Kinder ihre Erlösung selbst herbei, gelangen zu Reichtum und das ist bezeichnend: Sie lassen den Vater daran teilhaben. Die Mutter hingegen war schon vor der Rückkehr der Kinder gestorben. So hat sie an der Erlösung aus der Not nicht teil. Nein, sie hat noch nicht einmal das schlichte Ziel erreicht, auf Kosten ihrer Kinder zu überleben. Ob ihr Ausschluss aus der Erlösung daran liegt, dass sie das Bindungsgefüge der Familie mit großer Entschlossenheit und ohne jenes Zögern des Vaters zu zerstören gesucht hatte, das sagt der Märchenerzähler nicht. Es ist aber sicher kein Zufall, dass der Vater, der vor der Trennung intuitiv zurückgescheut hatte, verschont wurde.[7] Er nimmt teil am Erlösungsgeschehen, das diese Familie durch das „Sich-aneinander-Binden“ auslöst. Viel deutlicher als bei Charles Dickens wird die Wirkung der elterlichen inneren Einstellung zur Trennung auf deren eigenes Schicksal thematisiert.

Im 20. Jahrhundert dann findet derjenige, der sich mit dem Gemüt und den seelischen Befindlichkeiten des Menschen auseinandersetzt – zusätzlich zur Sprache der Dichter –, noch weitere Ausdrucksweisen. Es sind die Sprachen und die Terminologien der neu entwickelten Psychologie, Psychoanalyse, Soziologie und auch der Anthropologie, der Lehre vom Menschen.

Geht man davon aus, dass seine Nähe zu den Eltern für das junge Säugetier, zu dem letztendlich ja auch der Mensch gehört, die erste und wichtigste Überlebenssicherung ist, so wundert man sich nicht darüber, dass die Trennung von den menschlichen Eltern für das unreife Kind die größte und existenziellste Bedrohung darstellt.

Der Kinderpsychologe Erik H. Erikson (Erikson, 1950) war ein Schüler von Freud. 1950 machte er durch die Verwendung des Wortes „basic trust“, auf Deutsch „Urvertrauen“, auf ein menschliches Grundgefühl der „optimistischen Zuversicht“ aufmerksam. Diese bewirkt, dass der Träger dieses Vertrauens der Welt und den Herausforderungen seines Lebens zuversichtlich begegnen kann. Das Urvertrauen erwirbt der Mensch in seinen ersten Lebensjahren, indem er die Zuverlässigkeit seiner Mutter oder deren Ersatz erfährt. Bei mangelndem Urvertrauen drohen Auffälligkeiten in der psychischen Entwicklung. Der deutsche Soziologe Dieter Claessens spricht 1962 (Claessens, 1962,4. Aufl. 1979) beim Fehlen des Urvertrauens sogar von einem „Urmisstrauen“, welches lebenslang die Beziehung zu anderen Menschen beeinträchtigt.

Sir Richard Bowlby, der Sohn des berühmten Bindungsforschers John Bowlby, äußerte sich 2007 in einem Vortrag in Frankfurt (Bowlby R., 2007) zu neuen Erkenntnissen der Neurowissenschaften:

„Bei Babys und Kleinkindern unter 30 Monaten entwickelt sich die rechte Hirnhälfte schneller und übt im Vergleich zur linken Hirnhälfte eine größere Kontrolle auf das Verhalten aus. Die rechte Seite entwickelt intuitives Denken und gewährleistet emotionale Fähigkeiten, die für das Entstehen von Beziehungen und das Einfühlungsvermögen in die Gefühle anderer Menschen notwendig sind. Babys lernen diese unbewussten Fähigkeiten, indem sie wieder und wieder verantwortlich und sensibel betreut werden. Und die Qualität ihrer Beziehungen sowie die damit Tag für Tag verbundenen Gefühle können einen entscheidenden Einfluss auf die Struktur des sich entwickelnden Gehirns haben. Diese Erfahrungen können später nicht bewusst erinnert werden, weil sie in der präverbalen Phase der Hirnentwicklung auftreten. Aber die Gefühle und Erwartungen, die in dieser Phase ausgebildet werden, spielen eine wichtige Rolle bei der Formung der Persönlichkeit in der gesamten Kindheit.“

Dieses Zitat ist in insofern interessant, als es nahelegt, dass die moderne Hirnforschung die Theorie von Erik H. Erikson und Dieter Claessens bestätigen.

Doch nun zum Vater, John Bowlby. Wegen seines 1969 erschienenen Buchs „Bindung – Eine Analyse der Mutter-Kind-Beziehung" (Bowlby J., Bindung – Eine Analyse der Mutter-Kind-Beziehung, 1982) gilt er als Begründer der Bindungstheorie. Er war Kinderpsychiater und Psychoanalytiker. 1944 untersuchte er in seiner Studie „Forty-Four Juvenile Thieves: Their Charakter and Home-Life" (Bowlby J., Froty-Four Juvenile Thieves: Their Cahracter and Home-Life, 1944) jugendliche Diebe, die er in klinische Gruppen unterteilte. Die Gruppe der „Gefühllosen Kinder" hatte eine Gemeinsamkeit, die frühe Trennung von ihren Müttern oder Pflegemüttern:

„Wenn zu der Ähnlichkeit in ihren Persönlichkeiten die Entdeckung hinzugefügt wird, dass sie eine bemerkenswert ausgeprägte frühe Geschichte langer Trennungen von ihren Müttern oder Pflegemüttern haben, dann drängt sich einem die Schlussfolgerung auf, dass uns hier nicht nur ein ausgeprägtes klinisches Syndrom vorliegt, das des gefühllosen Diebes, sondern auch ein ungewöhnlich klares Beispiel für den verformenden Einfluss einer schlechten frühen Umgebung auf die Entwicklung der Persönlichkeit."[8]

Aber nicht nur die Trennungs-Vergangenheit interessierte Bowlby, er machte auch klinische Beobachtungen in der aktuellen Trennungs-Situation in einem Kinderkrankenhaus. Bindung ist nach Bowlby ein Primärbedürfnis. Dessen Nichtbefriedigung – ebenso wie Angst, Schmerz und Müdigkeit – das kindliche Bindungsstreben auslöst. Das Bindungsstreben ist die Suche nach der Nähe der Person, an die das Kind gebunden ist. Im Falle eines nicht erfüllten Bindungsbedürfnisses, wird das Kind seine Umwelt nicht erkunden.

John Bolbys Mitarbeiterin Mary Ainsworth baute diese Theorie später dann noch weiter aus, indem sie den Einfluss der Feinfühligkeit und Zuverlässigkeit der Bindungsperson auf die Bindungsqualität nähere Beachtung schenkte. Mit Hilfe ihres berühmten Fremde-Situation-Versuchs gelang es ihr, Bindung zu klassifizieren: sicheres Bindungsmuster, unsicher-vermeidendes Bindungsmuster, unsicher-ambivalentes Bindungsmuster und unsicher-desorganisiertes Bindungsmuster.

Der schweizerische Biologe, Zoologe und Anthropologe Adolf Portmann bezeichnete den neugeborenen Menschen 1951 als sekundären Nesthocker, der noch nicht zu seinem spezifisch menschlichen Verhalten fähig ist. Er kann noch nicht aufrecht gehen, er kann nicht sprechen und ist noch nicht in der Lage, einsichtig zu handeln. Das alles lernt er erst nach der Geburt unter dem Einfluss seiner Umwelt. Er ist für seine Menschwerdung auf eben diese menschliche Umwelt angewiesen. Die anderen höheren Säugetiere hingegen sind Nestflüchter. Würde der Mensch mit einer ähnlichen Reife geboren werden, so müsste die Schwangerschaft 21 Monate dauern. Das Junge des Menschen ist also abhängiger als das des höheren Säugetiers. Die Menscheneltern gleichen die durch die Unfertigkeit bedingte Gefährdung des Kindes durch ihre besondere persönliche Fürsorge aus. Dabei hat die mangelnde Festlegung, also die Offenheit, des jungen Menschen auch eine außergewöhnlich große Formbarkeit durch die Kultur seiner Eltern zur Folge. Der Mensch tendiert zum Lernen von den Eltern, an die es sich bindet. Das hohe Säugetier ist eher festgelegt und durch seine Instinkte an die Umwelt gebunden.

Die große Abhängigkeit der menschlichen Babys von ihren Eltern ist der Preis für ihre Befreiung aus der Welt der festgelegten Instinkte.

1956 beobachtete der Psychologe Harry Harlow Rhesusaffenbabys. Diese ließ er von milchspendenden Mutter-Attrappen großziehen. Eine Gruppe von Affenbabys hatte Attrappen-Mütter aus Fell, die andere hatte Drahtmütter. Bei den Fell-Attrappen suchten die Jungen Schutz und schmiegten sich an sie, zu den Draht-Müttern hingegen bauten deren Junge keine Beziehung auf. Dieser Versuch machte der damals in Amerika und Europa verbreiteten Furcht, ein Kind durch Zuwendung charakterlich zu verderben, ein Ende.

Ein Muss in der Liste derjenigen, denen die Trennung der Kinder von ihren Eltern der Rede wert ist, ist der tschechische Kinderpsychologe und Mitbegründer der SOS-Kinderdörfer Zdenek Matejcek. 40 Jahre lang untersuchte er die Wirkung der kommunistischen Kollektiverziehung und stellte seine Ergebnisse in dem 1983 erschienenen Buch

„Psychische Deprivation im Kindesalter – Kinder ohne Liebe“ (Langmeier & Matejcek, 1983) vor. Anfang der 60er-Jahre wurden ihm und Marie Damborska der staatliche Auftrag erteilt, einen Film zu drehen, der die Überlegenheit der Kinderkrippe gegenüber der Familie zeigen sollte. Dieser Film missriet und geriet zur Mahnung gegen die damaligen Kindertagesstätten und Wochenkrippen. Der Film „Kinder ohne Liebe“ (Goldberger, 2008) wurde zwar in der Tschechoslowakei verboten, war aber schon vorher in den Westen gelangt und 1963 auf den Filmfestspielen in Venedig einem breiten Publikum vorgeführt worden. Die Westdeutschen Ordinarien für Pädiatrie, Prof. Theodor Hellbrügge und Prof. Johannes Pechstein, nahmen daraufhin Kontakt zu Zdenek Matejcek auf und arbeiteten mit ihm zusammen. Die Wirkung dieses Filmes auf die tschechische Familienpolitik ließ sich trotz Filmverbot nicht mehr aufhalten und man korrigierte die Lenkung wieder in Richtung des Vorrangs der Eltern bei der Kindererziehung.

3.2 Die anderen sagen: „Nein. Welche Trennung? Wir reden hier doch über Bildung!“

Und heute ist das familiäre Nähstreben, das Thema so vieler großer Dichter und Wissenschaftler, nicht mehr der Rede wert? Systematisches Totschweigen, welches sich ja leider nicht zitieren lässt, bestimmt die öffentliche Lebenskonzept-Debatte in Deutschland.

Den Gipfel in meiner persönlichen Wahrnehmung bildete eine Talkshow zum Thema „Vereinbarkeit von Familie und Beruf“, in der kein einziges Mal nach den Gefühlen des Kindes gefragt wurde. Es ging schon ab und zu mal um das Kind, aber nicht um seine Person, sondern lediglich um seine Bildung. Interviewte Eltern sprachen, wenn es um den Krippenplatz ging, keinesfalls über ihr Kind oder den Platz für ihr Kind. Sie sprachen wortreich und anschaulich über sich selbst. Da hieß es zum Beispiel: „Nur weil **ich** zu einem Casting gegangen bin, habe **ich** den Kitaplatz bekommen.“ Nachdem ich mir dann den bedauernswerten Vater, noch gezeichnet von den Strapazen des Castings, im hellblauen Strampelanzug auf dem Arm seiner zarten Krippenerzieherin vorgestellt hatte, schaltete ich den Fernsehapparat ab. Dieses selbstbewusste Übergehen des Familienmitglieds „Kind" frustrierte mich deshalb, weil ich schon damals intuitiv das fühlte, was mir dann später in Alfie Kohns Sachbuch über die bedingungslose Annahme von Kindern durch ihre Eltern schwarz auf weiß bestätigt wurde:

„Und, wie zwei kanadische Forscher gezeigt haben, neigen Eltern, die vor allem an ihre eigenen Bedürfnisse und Ziele denken, dazu, ihren Kindern weniger Akzeptanz entgegenzubringen – und mehr dazu, mit ihnen strafend und kontrollierend umzugehen –, als es Eltern tun, die die Bedürfnisse ihrer Kinder und der ganzen Familie im Sinn haben." (Kohn, 2011)

Auch in der politischen Argumentation scheint die emotionale Bedeutung der Ganztagstrennung für das Kind nicht der Rede wert zu sein. Ich meine hier gar nicht die Trennung selbst. Die wird schon manchmal nebenbei erwähnt. Das, was totgeschwiegen wird, sind die Folgen der Ganztagstrennung für das Gefühlsleben von Kindern und Eltern.

Das Argument der „frühkindlichen Bildung" wird mit einer nicht nachlassenden Beharrlichkeit immer und immer wieder bemüht. Das wäre ja eigentlich gar nicht so schlimm, ginge es nicht unweigerlich mit einer Verunglimpfung der elterlichen Erziehungsleistung einher. Denn, wird der Kita beharrlich das Bildungsmonopol zugesprochen, so werden die Ganztagseltern von Ein- und Zweijährigen unterschwellig pauschal in die Rolle von Bildungs-Gefährdenden gedrängt.

4. Ist die Ganztagstrennung des Kindes von seinen Eltern des Fühlens wert?

Offensichtlich ist die Wirkung der Ganztagstrennung auf das Wohlergehen der Getrennten für manche der Rede wert und für andere nicht. Aber warum ist das so? Um diese Frage zu beantworten, muss man von der Oberfläche des Offensichtlichen und Nachweisbaren in die tiefere Ebene der zum Schweigen oder zum Reden bewegenden Emotionen und inneren Bilder vordringen.

Die Emotionen sind die orientierenden und motivierenden Bestandteile der menschlichen Seelenlandschaft. Grundsätzlich sind sie geneigt, sich auf die eine oder andere Art bemerkbar zu machen. In der Regel kann der Mensch die Emotion wahrnehmen. Dann besteht die Möglichkeit, dass sie auf diesem Weg auch in das Denken aufgenommen wird. Das Denken führt mitunter zur sprachlichen Äußerung oder Handlung. Es dringt so auf dem bewussten Weg an die Oberfläche. Die nicht wahrgenommene Emotion sucht sich ihren eigenen, dem Menschen oft nicht bewussten Weg an die Oberfläche.

Nun geht es ja hier zunächst einmal um ein quasi gesellschaftliches Phänomen. Ginge es um die Emotionen des Einzelnen, so könnte er sich von einem Psychoanalytiker bei der Entdeckung seiner Gefühlslandschaft unterstützen lassen.

Der Psychoanalytiker, der von C. G. Jung beeinflusst ist, wird den Träumen seine ganz besondere Beachtung schenken, wenn es um die Entdeckung der noch nicht bewussten Emotionen geht. Nun ist es unter Jungianern, die sich für die Seelenlandschaft eines Volks interessieren, üblich, die Märchen dieses Volks oder dieser Kultur ähnlich zu analysieren wie den Traum des Einzelnen.

„Um den Märchen nahezukommen, wollen wir uns zuerst einmal fragen, wessen Geistes Kinder diese Fantasieprodukte sind: Die Erfinder der Volksmärchen waren meistens einfache, naturnahe Menschen. Märchen sind nicht die Erzeugnisse bewusster Erklügelung, sondern sie sind sehr unwill-

kürlich entstanden und dann unter Mithilfe vieler durch häufiges Wiedererzählen in ihre endgültige Form hineingewachsen. Sie stellen darum viel weniger individuelle als allgemein menschliche Probleme dar und drücken diese in der für das Unbewusste typischen Symbolsprache aus. Die Tatsache, dass die Märchen ihren Ursprung im tiefen Unbewussten haben und von großer Allgemeingültigkeit sind, ist allerdings nicht etwa ein Grund dafür, dass sie sehr leicht zu verstehen wären.

… Da aber die Märchen vielen gemeinsame Fantasieprodukte sind, sind sie Träume der Menschheit und beantworten Menschheitsprobleme. In den Märchen wird das Drama der Seele gespielt und die Figuren, die es spielen, finden sich in jeder Psyche. Da der Deutende ein Teil der Menschheit ist, werden im Märchen auch seine Probleme beantwortet, nicht die alltäglichen kleinen, aber die tiefen, die er mit den anderen teilt." (Birkhäuser-Oeri, 1976) (S. 9–10)

Unsere offene Frage lautet: Ist es für die menschlichen Lebensschicksale zuträglich, wenn sich Eltern von vorneherein und vom Konzept her vorgesehen alsbald ganztags von ihren zuerst kleinen und dann größeren Kindern trennen? Diese gehört zweifelsohne zu jenen von Sibylle Birkhäuser-Oerti angesprochenen „tiefen Problemen, die der Mensch mit anderen teilt".

Und sie ist, wie in der Einleitung schon angedeutet, keineswegs neu. Sehen wir einmal die Protagonisten, die in dem Märchen „Hänsel und Gretel" wirken, als Kräfte innerhalb der Psyche unserer Gesellschaft. Da ist die Uneinigkeit zwischen Vater und Mutter. Die Mutter argumentiert rational mit der Überlebenswahrscheinlichkeit der Eltern, der Vater emotional mit seinem intuitiven Nähe-Streben. Beide haben recht, doch es kann nur eine Richtung eingeschlagen werden.

Tief in unseren Seelen schlummert zudem der ewige Widerspruch des Mutterarchetyps, dessen Eigenschaften Jung so beschreibt:

„Seine Eigenschaften sind das ‚Mütterliche', schlechthin die magische Autorität des Weiblichen, die Weisheit und die geistige Höhe jenseits des Verstandes; das Gütige, Hegende, Tragende, Wachstum-, Fruchtbarkeit- und Nahrungsspendende; die Stätte der magischen Verwandlung, der Wieder-

geburt; der hilfreiche Instinkt oder Impuls; das Geheime, Verborgene, das Finstere, der Abgrund, die Totenwelt, das Verschlingende, Verführende und Vergiftende, das Angsterregende und Unentrinnbare … Die Gegensätzlichkeit der Eigenschaften habe ich dort formuliert als die liebende und die schreckliche Mutter … Das sind drei wesentliche Aspekte der Mutter, nämlich ihre hegende und nährende Güte, ihre orgiastische Emotionalität und ihre unterweltliche Dunkelheit." (Jung, 1954, S. 97f.)

Die bedrohlich Verschlingende ist zugleich die Anziehende und Nährende. Das sind die beiden Seiten der Hexe. Für Hänsel und Gretel gilt es, sich diesem Widerspruch zu stellen, um ihn zu überwinden.

Für unsere Gesellschaft auch. Konfrontieren wir uns also mit unseren inneren Bildern und Wirkkräften. Und gehen wir zunächst einmal davon aus: Ja, die Ganztagstrennung des Kindes von seinen Eltern ist des Fühlens wert.

4.1 Das Fühlen der Eltern

Emotionen hat man. Sie stellen eine Realität in der Psyche des Menschen dar. Ob und welche man dann auch tatsächlich wahrnimmt, das ist eine zweite Frage. Es ist eine der rätselhaften Eigenheiten des Menschen, seine Emotionen wahrnehmen zu können, oder eben auch nicht. Die Gründe für ein Nichtwahrnehmen einer bestimmten eigenen Emotion sind mannigfaltig. Grundsätzlich gilt es, anzuerkennen und zu respektieren, dass manche Menschen aus guten Gründen ihre eigene Gefühlslandschaft nicht in ihrer vollen Komplexität wahrnehmen. Kommt der Mensch in eine Entscheidungssituation, so ist er mitunter gezwungen, die Vielfältigkeit und Widersprüchlichkeit seiner Gefühlswelt nicht in den Blick zu nehmen. Das zu respektieren, heißt aber nicht, einzugestehen, dass die nicht wahrgenommenen Emotionen unwirksam seien. Sie werden weiterwirken und sich ihren Weg an die Oberfläche suchen. Ein Anzeichen für ihr Auftauchen an der Oberfläche ist diese merkwürdig schwelende Gereiztheit in der öffentlichen Debatte um die Frage, wo unsere Kinder ihre Alltage verbringen sollten. Auch die oben beschriebene fehlende Bereitschaft, die psychischen Auswirkungen der Ganztagstrennung zwischen Eltern und Kind wahrzunehmen, ist ein Zeichen für das Vorliegen einer nicht wahrgenommenen Emotion.

Ja, es ist davon auszugehen: Wird ein Elternpaar mit der Ganztagstrennung von seinem jungen Kind konfrontiert, so wird es sich dabei zumindest unterschwellig unbehaglich fühlen. Sieht man, wie oben beschrieben, die Helden im Hänsel-und-Gretel-Märchen als Wirkkräfte in ein und derselben Psyche, so gibt es beide gleichzeitig, den Vater mit seinem Zögern und die Mutter mir ihrem selbstbewussten Willen zur Trennung. Wenn die Wirkkraft der Mutter die Handlung bestimmt und die Trennung vollzieht, so heißt das nicht, dass die bindende Kraft des Vaters nicht auch gleichzeitig existiert und wirkt. Die psychischen Kräfte sind wesentlich komplexer und vielfältiger, als es die nach außen dringenden Worte und die Taten vermuten lassen.

Denken wir darüber hinaus noch an Portmans Erkenntnis über die grundsätzliche Abhängigkeit des menschlichen Kindes vom Schutz seiner Eltern. Die Eltern fühlen ihre Bedeutung für ihr Kind und sind grundsätzlich mit der Bereitschaft ausgestattet, dieser zu entsprechen. Stellen die Lebensumstände oder konkurrierende innere Bilder der Eltern von sich selbst diese grundsätzliche Bereitschaft in Frage oder unter Bedingungen, so geraten sie in einen Konflikt.

Clarissa Pinkola Estés nimmt in ihrem Buch „Die Wolfsfrau. Die Kraft der weiblichen Urinstinkte“ (Estés, 1993) den Konflikt der Entenmutter in dem Anderson-Märchen „Das hässliche Entlein“ in den Blick. Sie stellt dar, dass der Mutter die Bemutterung dieses Jungen von der Gesellschaft nicht gestattet wird. Im Falle des Märchens liegt der Grund für das Nichtgestatten in der Andersartigkeit des Kindes. Interessanterweise geht es in unserer Kita-Debatte oft darum, ob es andersartigen Eltern gestattet werden soll, ihre Kinder zu bemuttern.[9] Beiden Situationen gemeinsam ist aber der gesellschaftliche Druck, der darauf abzielt, die Bemutterung des eigenen Kindes zu unterbinden. Den Zwiespalt, die Autorin spricht von Ambivalenz, in die eine Mutter gerät, von der die Gesellschaft Trennung und das Kind Bindung erwartet, beschreibt sie so:

„Am destruktivsten ist eine Umwelt, in der auf Gehorsam ohne Konsultation der eigenen Seele bestanden wird ..., in der eine Frau sich gezwungen sieht, einseitige Entscheidungen vom Entweder-oder-Typus zwischen ihrer Seele und der Gesellschaft zu treffen ...“ (S. 209) (Estés, 1993)

Der Psychoanalytiker Hans Dieckmann beschreibt in seinem Buch „Gelebte Märchen“ die Herausforderung, die die Macht des Unterbewussten darstellt:

„Wir können uns an dieser Stelle einmal darüber klarwerden, dass unser bewusstes Ich keineswegs immer der Herr im eigenen Hause ist, sondern dass wir Menschen von tieferen seelischen Kräften gesteuert werden, mit denen wir oft nur sehr unzureichend umzugehen verstehen. Wenn es gutgeht, können wir der Diener segensreicher gestaltender und produktiver Kräfte werden, wenn es schlecht geht, werden wir zum Exponenten dunkler, dämonischer Triebe wie Machtgier, Zerstörungswut und Fresslust in pathologischem Sinne.“ (S. 36) (Dieckmann, 1991)

Angesichts dieser großen menschlichen Aufgabe im Umgang mit den nicht bewussten Aspekten der eigenen Person, wäre eigentlich von Seiten der Gesellschaft eine große Zurückhaltung vonnöten. Es ist unsere gesellschaftliche Aufgabe, den Menschen wieder Entscheidungen zu ermöglichen, die sie im Kontakt zu sich selber und ihrem Unterbewusstsein treffen können. Wir alle müssen dafür sorgen, dass die für die Seele destruktive Umwelt gereinigt wird.

Auf jeden Fall ist die gefühlte ebenso wie die beharrlich nicht wahrgenommene Emotion wirksam. Sie wirkt sich auf die Lebensqualität des Einzelnen aus. Es macht nämlich einen Unterschied, ob ich als Einzelner bei Richtungsentscheidungen in meinem Lebenslauf die eigenen Emotionen zu Rate ziehen darf oder nicht. Ist es erlaubt und ziehe ich dann auch meine Emotionen zu Rate, so bin ich im Laufe meines Lebens näher bei mir selbst, als wenn ich mir diese Freiheit nicht nehmen kann.

Hier stellt sich die Frage nach dem Entstehen des inneren Bildes von sich selbst. Je mehr Emotionswahrnehmung sich der einzelne Mensch leisten kann, desto genauer und realistischer wird das innere Bild, das er von sich selbst zeichnet und dann in sich trägt. Es wird eher dazu tendieren, der eigenen Einmaligkeit zu entsprechen. Ist es im engen Kontakt mit der Mannigfaltigkeit und Tiefe seines Gefühlsspektrums entstanden, so wird dieser Mensch nach außen hin einen authentischen und souveränen Eindruck machen. Authentisch deshalb, weil das Selbstbild die eigenen Emotionen und keine fremden Schablonen zur Grundlage hat. Souverän deshalb, weil auch Widersprüche – denn Gefühle sind ganz oft widersprüchlich – ertragen und im Selbstbild integriert werden können. Ein solcher Mensch, nehmen wir einmal die ehemalige Familienministerin Kristina Schröder als Beispiel, kann dann sagen: „Mein Bauchgefühl sagt mir, ich sollte Zeugin der wichtigen Entwicklungsschritte meiner kleinen Tochter sein. Es sagt mir aber gleichzeitig auch, dass ich mein politisches Talent entfalten soll.“ Hätte Kristina Schröder weniger Kontakt zu ihren Gefühlen, so würde sie vielleicht nur eine der beiden sich im Moment widersprechenden Gefühle wahrnehmen und das jeweils andere nicht fühlen.

Zieht ein Mensch seine Emotionen weniger zu Rate, weil er sie nicht wahrnimmt, so ist er im Laufe seines Lebens weiter von sich selbst entfernt. Sein inneres Bild von sich weist an den Stellen Lücken auf, wo er seine Emotionen weniger wahrnehmen kann. Die frei bleibenden Flächen und all die weißen Flecken im inneren Bild von sich selbst können dann wunderbar mit gesellschaftlich verordneten Lebenskonzepten übermalt werden. Die Folge sind sehr systemkonforme und geschmeidige Menschen, die allerdings mitunter wenig authentisch und souverän erscheinen. Zuweilen befällt einen bei der Begegnung mit ihnen das Gefühl, sie wären nicht bei sich selbst zu Hause. Sie wirken so merkwürdig glatt, künstlich und bei aller Konformität dennoch isoliert. Isoliert eben vom mannigfachen Reichtum der Gefühlswelt. So ist es dann schwer, die Art von Kontakt zu knüpfen, die das Gegenteil von Einsamkeit bedeutet und die den Menschen doch so glücklich machen kann.

Hier stoßen wir auf ein Paradoxon, welches das Schicksal des Menschen bestimmt. Spürt der Mensch seine Emotionen nicht, so wirken sie trotzdem. Ihre Wirkung entfaltet die nicht gefühlte Emotion zum Beispiel in Form eines von Fremden gemalten Selbstbildes, welches ihn in die Isolation treibt. Diese Isolation wiederum kann dann auch zu einer Emotion werden, deren Wahrnehmung man sich nicht gestatten kann. So beginnt ein Teufelskreis des Nicht-Wahrnehmens. Ein Kreislauf von Kontaktlosigkeit, der seinen Ursprung in dem zumeist durchaus berechtigten Vermeiden des Kontakts zu den eigenen Emotionen hat.

Nehmen wir einmal das Gefühl bei der Konfrontation mit der eigenen Sterblichkeit. Es wird sich nämlich zeigen, dass dieses sehr viel mit der Kita-Frage zu tun hat. Der Frankfurter Soziologie-Professor Tilman Allert beschreibt, was passiert, wenn die Geburt eines Kindes ein Elternpaar mit dessen eigener Sterblichkeit konfrontiert. Hier stellt sich nämlich die Frage, ob sich das Elternpaar das Fühlen der eigenen Endlichkeit gestatten kann oder nicht.

„Familie, eine unverwüstliche Lebensform“ hieß 2010 Tilman Allerts Vortrag auf dem Düsseldorfer Kongress: „Das Geheimnis erfolgreicher Bildung“. (Allert, 2011) Hier sagte er über die gemischten Gefühle der Eltern bei der Geburt des Kindes, nachdem sie ihre auf immer angelegte Liebe, Zweisamkeit und Jugend in der sexuellen Vereinigung besiegelt hatten:

„Das Kind, das sich interessanterweise genau diesen Moment der Selbstbestätigung affektiver Exklusivität verdankt; das Kind wird also von daher als triumphales Ergebnis der Exklusivität der Beziehung in die Beziehung eingerückt und wird von daher ein prinzipiell oder strukturell ambivalenter Partner dieser Beziehung. Das Kind ist daher gewünscht und nicht gewünscht. Das Kind ist gewollt und nicht gewollt. Es ist die Objektivation einer Zuneigung, die exklusiv ist, die auf Dauer gestellt ist, die im Grunde ewig zu sein hat. Und mit der Geburt des Kindes geschieht etwas Einzigartiges, nämlich, dass in dem Maße, indem die Gestalt des Kindes nun eine Objektivation dieser Unendlichkeitsfantasien in die Welt gesetzt wird, die Eltern in die Lage versetzt werden, ihre eigene Sterblichkeit, ihre eigene Endlichkeit anzuerkennen …“

Manchen frischgebackenen Eltern gelingt es nun, ihre Gefühle zu mischen. Sie fühlen ihre eigene Endlichkeit, ihr Vorrücken in die zweite

Generation. Sie nehmen die Botschaft ihres Kindes wahr. Diese Botschaft lautet: „Ich bin jetzt jung und nicht mehr ihr. Drei zählt jetzt und nicht mehr zwei."

Diese Botschaft ist wahrhaftig geeignet, ein Kind nicht willkommen zu heißen. Gleichzeitig fühlen solche Eltern aber auch: Unsere Zweisamkeit ist dennoch und immerdar auf Ewigkeit und Zeitlosigkeit angelegt. Es ist jetzt unsere Aufgabe, den Dritten im Bunde zu behüten, damit er ungestört reif werden kann. Danach entlässt uns das Schicksal wieder in unsere auf Dauer angelegte Zweisamkeit. Dieses Fühlen kann ein junges Elternpaar gleichzeitig zu dem Nicht-willkommen-Heißen dazu bewegen, ihr Kind willkommen zu heißen.

Gelingt es nicht, beide Gefühle zuzulassen, die Bedrohung der Zweisamkeit und die Freude an der Behütung der nachwachsenden Generation, so entwickelt sich das Elternpaar fortan einseitig. Manchen ist in diesem Zusammenhang die staatlich empfohlene Trennungskultur ein willkommener Anlass, das Kind möglichst umfangreich aus dem eigenen Leben zu organisieren und fast so zu leben wie vorher. Manch anderes Elternpaar vernachlässigt die Selbstverwirklichung und die Paarverwirklichung gänzlich und gibt sich nur noch einseitig der mitunter bedrohlich erscheinenden Bemutterung hin.

Eine Teilnehmerin an einem Internetforum spricht das Vermeiden der Konfrontation mit der eigenen Sterblichkeit an:

„... Auf der anderen Seite denke ich, dass diese Ghettoisierung der unterschiedlichen Alters- und Aktivitätsgruppen auch etwas mit dem Streben nach möglichst langgezogener Jugend zu tun hat. Wenn ich meine eigenen Kinder und Eltern zusammen sehe, wird mir unmissverständlich klar, wo ich anfing und wohin ich gehe. Ich glaube, das sieht man nicht so gerne. Solange ich zusammen mit 150 anderen im Anzug/Kostüm, Hemd/Bluse, mit i-pad, i-phone, BMW zum Flughafen fahre, um meinen Flieger zum Meeting zu besteigen, werde ich nicht älter und bleibe für meinen Arbeitgeber attraktiv." (karoo, 2012)

Es hat den Anschein, als wüchse die Macht des mulmigen Gefühls, wenn man es nicht wahrhaben will. Oder umgekehrt ausgedrückt: Je mutiger man ihm ins Auge sieht, desto machtloser wird es. Gretel musste zuerst zusätzlich zu der Erkenntnis, dass die Hexe nährt, sehen, dass sie zugleich eine verschlingende Menschenfresserin ist. Erst das Erfassen und Erfühlen dieses Widerspruchs befähigt sie zur Gegenwehr. Das Wahrnehmen dieser Widersprüchlichkeit ist die Voraussetzung für die Rettung.

Sehen wir einmal den folgenden Dialog in einem Internetforum (*kri* und *anonym*, 2012) als den Kampf gegen das Wahrhaben einer ein mulmiges Gefühl verursachenden Widersprüchlichkeit.

Ein Vater zweier Kinder im Krippen-Alter zwischen 2 und 36 Monaten ist ein Krippen-Fan. In seinem Beitrag nennt er sich *kri*. Er beschreibt typisch fünfjährige Kindergartenkinder, wenn er von seinen Kleinstkindern redet. Sie kämen abends nach Hause und bilanzierten eloquent ihren Tag in der Krippe und lüden ihre Freunde zum Kindergeburtstag ein. Eine Krippenerzieherin – sie ist selber offensichtlich kein Krippen-Fan – wird stutzig. Sie schreibt das Folgende:

anonym:

Sehr geehrter Herr kri,
ich bin Erzieherin in einer Krippe und müsste mich eigentlich freuen über Ihre wohlwollenden Worte über unsere Einrichtung. Es stimmt ja auch, dass wir uns alle viel Mühe geben, aber so harmonisch und fröhlich, wie Sie das so beschreiben, sieht der Tag für uns und „unsere“ Kinder nicht aus. Neuzugänge sind fast immer herzzerreißend. Ich habe noch so gut wie nie ein Kind erlebt, das nicht verzweifelt und bitterlich geweint und ständig nach Mama gerufen hätte, sobald diese oder eine andere vertraute Person verschwunden war. Und glauben Sie nicht, dass diese tiefe Traurigkeit und die Angst, Mama zu verlieren, eine Sache von wenigen Minuten oder Stunden gewesen wäre. Nein, das kann wochen- und monatelang so gehen und jeder Tag ist ein neues Erleben von Verlassenwerden. Alle Kinder werden irgendwann ruhiger, bei vielen könnte man auch sagen apathischer. Sie steigen nicht mehr laut weinend und sich an ihre Bezugsperson anklammernd aus dem Auto,

den Kopf demonstrativ weggedreht von unserem Gebäude, sondern gehen widerstandslos mit gesenktem Blick darauf zu.

Immer wieder fragen die Eltern, wie sich ihr Kind denn so eingelebt hätte, und glauben Sie bloß nicht, dass wir dann die Wahrheit sagen. Wir spielen in der Regel die Probleme herunter und sollen das auch. Meine Stelle wäre ich schnellstens los, wenn ich offen die Wahrheit sagte. Außerdem würde ich mancher Mutter und manchem Vater nur das Herz schwer machen, weil sie aus zwingenden Gründen auf unsere Krippenbetreuung angewiesen sind. Sie sind liebevolle Eltern, können aber nicht anders als ihr Kind abgeben. Oft geschieht das nur schweren Herzens.

Ich kann Sie, kri, nur beglückwünschen zu Ihren enorm reifen Kindern, die die Krippe als toll erleben, keine Trennungsprobleme haben und hatten und sprachlich sogar so weit sind, von den schönen Stunden in der Betreuung zu erzählen. Meine Zweijährigen sind dazu nicht in der Lage. Sie sind auch nicht in der Lage, selbst Freunde zum Geburtstag einzuladen, das machen (wenn überhaupt) die Eltern, die sich bei uns erkundigen, mit wem ihr Kind denn befreundet ist, was heißt, gern spielt. Unsere Kinder sind anders als Ihre und die Ihrer Bekannten, leider.

Könnten Sie die Krippe nennen, in die Ihre Kinder gehen oder gegangen sind? Ich würde mich gern mit ihr in Verbindung setzen, denn nach dem, was Sie beschreiben, könnten wir vielleicht viel lernen von deren pädagogischem Konzept.

Antwort von *kri* an *anonym*:

Leider kann ich Ihnen Frau „anonym" da nicht viel weiterhelfen. Unsere Krippe passt aber eher zu der für gut befundenen in dem Artikel von „Corinna". Klar ist die Zeit, in der sich das Kind an die Einrichtung gewöhnt, nicht immer leicht. Man muss sich halt mit den Kindern beschäftigen, nachdem man sie abgeholt hat und sich von ihnen erzählen lassen, wie der Tag so war, was passiert ist, was sie gebastelt haben, was sie gesungen haben, welche Kinder da waren, was Lustiges los war. Das Erzählen macht den Kindern Spaß und dann gehen sie auch gerne hin. Wenn Ihre Zweijährigen noch nicht reden können, apathisch sind und keine Meinung haben, dann ist das ein Problem. Aber da würde ich auch mal im Elternhaus nachforschen."

Zunächst einmal wollen wir festhalten, durch sein Engagement im Forum gibt *kri* – wenn auch indirekt – zu verstehen, dass die Trennung des Kindes von seinen Eltern des Fühlens wert ist, denn sonst würde er sich ja nicht so engagieren. Gleichzeitig aber leugnet und bagatellisiert er die von anonym beschriebene psychische Verletzung der getrennten Kinder und auch die seiner selbst. Er zeichnet sich eben nicht durch den Mut der Gretel aus, die dazu in der Lage ist, dem Nährenden und dem Verschlingenden gleichzeitig ins Auge zu sehen, um sich zu retten. Folgte *kri* der Weisheit des Grimmschen Märchens, so würde er die familiären Trennungsschmerzen und die Freude über die doppelte Erwerbstätigkeit gleichzeitig fühlen, um sich aus den Klauen der Verleugnung zu befreien. Dann könnte er das Baby auch wieder Baby sein lassen, das Kleinstkind und die sprachlichen sowie sozialen Errungenschaften des älteren Kindergartenkindes geduldig abwarten. Familien, die das afrikanische Sprichwort „Das Gras wächst nicht schneller, wenn man daran zieht" beherzigen, haben zumeist ein wunderbar entspanntes Leben.

Jedoch, hier geht es gar nicht um *kri* als Person. In diesem Dialog spiegelt sich die Zerrissenheit unserer Gesellschaft wider. Auf der einen Seite stehen die, die Kleinstkinder und Babys schon für unverletzlich halten, sie als reife Kindergartenkinder ansehen und ihren Verbleib anscheinend ohne die geringsten Hemmungen anderen Wirkkräften und Interessen unterordnen. *kri* spricht die Sprache derer, die ihre Emotionen zur ganztägigen Wochentags-Trennung von ihren Kindern nicht wahrnehmen. Er verwirklicht sozusagen die Kraft der Mutter im Märchen und versucht sich den zögernden Vater, verkörpert durch anonym, gefügig zu machen. *Anonym* ist die Person, die das Mulmige fühlen kann, im Märchen der Vater. Für sie sind kleine Kinder verletzliche und hochgradig bindungsbedürftige Wesen.

Interessanterweise haben beide Foren-Teilnehmer zu Kindern wie deren Eltern dieselbe Haltung. So liegen Sympathie und Mitgefühl der Krippenerzieherin, die sich um die Verletzlichkeit des Kindes sorgt, gleichermaßen bei Kindern und Eltern. Sie fühlt mit beiden und versetzt sich in ihrer beider Lagen.

„Außerdem würde ich mancher Mutter und manchem Vater nur das Herz schwer machen, weil sie aus zwingenden Gründen auf unsere Krippenbetreuung angewiesen sind. Sie sind liebevolle Eltern, können aber nicht anders als ihr Kind abgeben. Oft geschieht das nur schweren Herzens."

Der Krippenfan ist zu beiden unbarmherzig, ganz das Gegenteil von einfühlsam. Er stellt die anderen Eltern gar unter Verdacht und möchte da mal „nachforschen".

„Wenn Ihre Zweijährigen noch nicht reden können, apathisch sind und keine Meinung haben, dann ist das ein Problem. Aber da würde ich auch mal im Elternhaus nachforschen."

Dieser Unterschied in den beiden Einstellungen zu den Eltern spiegelt unsere gesellschaftliche Uneinigkeit: Dem Misstrauen von *kri* wird in unzähligen Fernsehdebatten und Zeitungsartikeln die Stimme verliehen. Das Einfühlungsvermögen der Krippenerzieherin schimmert hin und wieder mal, ganz leise und kaum hörbar, durch die Einwände von Besorgten.

Und noch etwas zeigt dieser kurze Forum-Dialog. Jeder, der meint, die Front zwischen den beiden Lagern verliefe zwischen „Heim und Herd" auf der einen Seite und „Kita und Großküche" auf der anderen, der irrt. Diese Kontroverse durchdringt beide Strukturen auch von innen. So gibt es bei diesen beiden Teilnehmern am Unternehmen Krippe, *kri* als Vater und *anonym* als Erzieherin, zwei diametral entgegengesetzte Überzeugungen.

Dieser kleine Ausschnitt aus einem Dialog in einem Internetforum zeigt ganz deutlich: Im Umgang mit den Emotionen zum Thema Ganztagstrennung zwischen Eltern und Kind gibt es grundsätzlich zwei verschiedene Wege. Der eine richtet sich gegen die Emotion, indem er ihr seine Aufmerksamkeit entzieht. Der andere arbeitet mit ihr, fühlt sie und benennt sie mitunter sogar. Erstaunlicherweise handelt es sich in beiden Fällen grundsätzlich um dieselbe Emotion. Und noch etwas ist erstaunlich. Der, der seine eigene Emotion nicht wahrnimmt, stellt Familien, deren Kinder an die Eltern gebunden sind, in ein schlechtes Licht. Er ist nicht souverän und dabei eiskalt. Die Frau aber, die ihre Emotion wahrnimmt, zeigt den Familien gegenüber, deren Kinder an die Eltern gebunden sind, Mitgefühl und Hilfsbereitschaft. Sie ist souverän und dabei mitfühlend.

kri als privat Betroffener bedient sich einer auch öffentlich weit verbreiteten Rhetorik, um die Unsicherheit seiner Position zu überspielen. Die Unsicherheit, die daraus resultiert, dass sich ganz tief in seinem Inneren seine Emotion ja doch zuweilen meldet. Dieses Nicht-richtig-Anfühlen kann oder will er zwar nicht wahrnehmen, aber wieso engagiert er sich im Forum? Nun zu seiner Rhetorik:

Beschreibt ihm eine Krippenerzieherin gebundene Krippenkinder, die sich durch Trennung verletzt zeigen, so verschließt er seine Augen vor dem frühkindlichen Schmerz und stellt stattdessen das Elternhaus in Frage. So kehrt er einfach die strategische Ausgangslage der Kampfaufstellung um, statt sich selber zu verteidigen, werden andere auf die Defensive verwiesen. Sie müssen ihm ihre Unschuld nachweisen.

Ein anderes Beispiel für das private Nicht-Gewahrwerden der eigenen Emotionen habe ich vor vielen Jahren erlebt. Wir waren frisch aus dem Rheinland in eins der neuen Bundesländer gezogen und wurden von einer Familie eingeladen. Ich hatte mich schon gefreut und wurde dann einigermaßen unangenehm überrascht. Mein Empfang in einen neuen Kreis vieler Fremder stellte sich nämlich als öffentliche Strafpredigt gegen meine Betätigung als Hausfrau und Mutter dar. Selten hatte ich mich zuvor so beschämt und herabgewürdigt gefühlt und ich war den Tränen nahe. Nach dem Angriff, ich wollte mich gerade eingeschüchtert zurückziehen, erzählte die Gastgeberin ihre eigene Geschichte:

Einmal im Monat gestand die Obrigkeit ihr einen Haushaltstag zu, an dem sie mit ihren kleinen Söhnen den ganzen Tag zu Hause bleiben durfte. An einem dieser Tage wunderte sie sich über die plötzliche Ruhe, um dann festzustellen, dass die Jungen weggelaufen waren. Später fand sie die beiden, wie sie von außen am Tor der Krippe rüttelten, um zu ihrer Erzieherin zu gelangen.

Diese Mutter war stolz auf die Krippen in der DDR und es spricht wirklich für diese Erzieherin, dass es ihr gelang, die Kinder so fest an sich zu binden, dass sie immerzu ihre Nähe suchten und auch fanden. Ich freute mich für die Kinder. Heute, im Rückblick, stimmt mich diese Geschichte dennoch traurig. Es ist die Trauer um die soziale Mutterschaft dieser Frau. Sie selber schien gar nichts Ungewöhnliches wahrgenommen zu haben. Und dennoch: Die Sonne im Leben ihrer kleinen Söhne war augenscheinlich die Krippnerin, nicht sie, die biologische Mutter. Ich jedenfalls weiß inzwischen, warum diese Frau zuvor so aggressiv auf meinen Einsatz für unser privates Familien-Zuhause reagiert hatte. Die für gewöhnlich versteckte Emotion hatte ihr bei der damals unverhofften Konfrontation mit einer gebundenen Familie hinterrücks einen Stich versetzt. Da hatte diese, ansonsten immer friedliche und ausgeglichene Frau gar nicht umhingekonnt, beleidigend und verletzend zu werden. Dieser Angriff hatte gar nicht mir gegolten, unsere Begegnung und mein Beruf waren nur der Auslöser dafür gewesen, gegen die eigene Emotion zur Wehr zu gehen, die sie doch bisher so erfolgreich unter dem Teppich gehalten hatte.

Nun zurück zu unserer Ausgangsfrage, ob die Ganztagstrennung vom Kind das Fühlen der Eltern wert ist. Im Verlaufe der Argumentation werde ich herausarbeiten, dass die Eltern, die es sich gestatten können, den Trennungsschmerz zu fühlen, weniger unter der Trennung leiden müssen. Das mag zunächst noch widersprüchlich erscheinen.

Doch Menschen wie *kri*, die aus Sicht der Wirtschafts-Lobbyisten und Familienpolitiker sicher als mustergültig gelten, stellen eine Ausnahme dar.

Die meisten Menschen heute wie früher sind aber sehr wohl des Mulmigen gewahr und sie fühlen es auch. Sie sehen ihm ins Gesicht und ziehen ihre Konsequenzen, indem sie

- → die Ganztagstrennung vermeiden und die Förderung im Kindergarten auf halbe Tage und auf ein Alter ab ungefähr drei Jahren einschränken;
- → den Verlust der alltäglichen Nähe, wenn er sich wegen einer Notlage nicht verhindern lässt, bedauern, und die Trennungszeiten auf das Notwendigste beschränken.

Ganz langsam und sachte kommt in die Kita-Debatte ein neuer Mut im Umgang mit Trennungsschmerz auf. Es ist nicht mehr so ganz und gar tabu, ihn beim Namen zu nennen. Im Düsseldorfer Regionalteil der WELT wird unter dem Titel „Meine Mama, meine Mama, geh nicht weg" der Trennungsschmerz einer Grundschullehrerin und ihres zweijährigen Sohns beschrieben. Eine solche Berichterstattung wäre noch vor einem halben Jahr undenkbar gewesen. Ebenso wie die folgende Passage aus dem Artikel:

„Ein ‚Bauchgefühl', das auch Experten bestätigen – wie Petra Adler-Corman, analytische Kinder- und Jugendlichentherapeutin aus Düsseldorf, die sich auch wissenschaftlich mit dem Thema Säuglings- und Kleinkindbeobachtung beschäftigt. ‚Auf uns kommt eine emotional verarmte Gesellschaft zu', befürchtet sie.

Psychische Sicherheit entstehe vor allem in den ersten zwei bis drei Lebensjahren durch den kontinuierlichen Austausch mit den Primärbezugspersonen – meist der Mutter. ‚Hier wird ein psychisches Depot angelegt, das für alle späteren Krisen rüstet', sagt sie. ‚Kinder, die protestieren, haben noch ausreichend gesunde Anteile und die Hoffnung, dass sie gehört und gesehen werden. Es wäre fatal, wenn die intuitive Reaktion darauf als zu sensibel (Kinder) oder zu hysterisch (Mütter) interpretiert würde.'" (Sponholz, 2013)

Kommen wir noch einmal zu unseren Foren-Teilnehmern zurück.

kri wirft dem Berufsstand der erziehenden Mütter per se Grausamkeit vor:

kri:

Manchmal frage ich mich, wenn ich so die Zuhause-Mütter vormittags in der Straßenbahn oder gestern im Zug sehe – schimpfend mit ihren Kindern, aggresiv, weil sie nicht ruhig sind, völlig ohne pädagogisches Gefühl, autoritär, entsprechend der Erziehungsform des 19.Jhs. –, ob das das ist, was Kinder verpassen, wenn sie bis 3-4 in die Krippe gehen und danach die Qualitätszeit mit den Eltern kommt.

Eine Kita-Gegnerin in einem anderen Internetforum steht ihm in nichts nach. Vermutlich sieht sie ihrem Gefühl von Trauer um den eigenen Erwerbsberufserfolg nicht ins Auge. Sie verallgemeinert folgende Beobachtung in der U-Bahn und drückt so ihre Vorurteile gegen Erzieherinnen aus:

„... Und: Kinder in Kindergärten werden von ihren Schutzbefohlenen (Erzieherinnen) GESCHLAGEN. Das habe ich innerhalb der vergangenen zwölf Monate mehrmals (als Zeugin) mitbekommen, als Kindergartenerzieherinnen in der U-Bahn ihnen anvertraute Kinder in der Öffentlichkeit entweder am Arm wegzerrten und auch schlugen und beschimpften. Als ich mich bei den Erzieherinnen darüber beschwerte, taten diese stets so, als ob sie nix hörten. Die Kinder der gesamten Kindergruppe machten auf mich stets einen eingeschüchterten Eindruck. Mein Kind ist nicht in einer Fremd-‚Betreuung'; bewahre!" (Vor-der-Stadt, 2012)

Wie würde es diesen beiden von Wut und Abneigung Getriebenen ergehen, wenn sie – ähnlich wie die Grundschullehrerin – dem Schmerz ins Angesicht sehen würden?

Die oben zitierten plumpen verallgemeinernden Unterstellungen von Gewalt in der Kindererziehung gäbe es wahrscheinlich nicht und die Aussagen könnten dann in etwa so lauten:

kri:

Schön und gut; es gibt schlechte Eltern und schlechte Krippenerzieherinnen oder Kindergärtnerinnen. Dort, wo sich die kleinen Kinder tags aufhalten, ist logischerweise auch der Ort, wo sie von solchen Menschen verletzt werden. Wenn sie nicht in der Kita sind, werden sie dort auch nicht verletzt. Wenn sie nicht zu Hause sind, werden sie auch dort nicht verletzt. Sie werden in der Regel dort verletzt, wo sie sich hauptsächlich aufhalten. Es tat mir weh, mit ansehen zu müssen, wie respektlos eine anscheinend nicht erwerbstätige Mutter in der Straßenbahn mit ihrem Kind umging. Da bin ich schon froh, dass die Krippenerzieherinnen meiner Kinder einen anderen Erziehungsstil haben.

Die U-Bahnpassagierin könnte sogar noch weitergehen, indem sie sich fragt:

Irre ich mich oder bemerke ich bei mir eine gewisse Selbstgefälligkeit? Gut, meine Kinder werden von mir persönlich betreut und ich weiß, dass sie nicht von einer Fremden geschubst und geschlagen werden. Aber, bin ich wirklich immer nett zu meinen Kindern? In welcher Not scheint diese Kindergärtnerin zu sein? Vielleicht ist ihre Kollegin krank geworden und sie muss für zwei arbeiten. Ich gehe jetzt mal hin und biete ihr meine Hilfe an. Mit kleinen Kindern kenne ich mich aus, weil ich ja selber welche habe.

Könnten diese Foren-Teilnehmer es über ihr Herz bringen, ihren mulmigen Gefühlen ins Auge zu schauen, so bestimmte die Warmherzigkeit und das gegenseitige Wohlwollen die Debatte. Die Begegnungen mit dem jeweils anderen fielen auch viel menschlicher aus. Statt Härte gäbe es Verständnis und gegenseitige Unterstützung; statt Maßregelung tatkräftige Hilfe.

Was wäre dann passiert? Bleiben wir bei den beiden:

Ein solcher mutiger *kri* würde sich weiterhin an der doppelten Berufstätigkeit von sich und seiner Frau erfreuen. Er würde aber zusätzlich sehen, dass er die alltägliche Ganztagsbindung in der realisierten Familie vermisst. Das würde ihn traurig stimmen und so wäre er traurig und glücklich zugleich. Das innere Bild, das er von sich und seiner Familie malte, wäre facettenreicher und zugleich realistischer als das von dem echten *kri*. Es würde ihm selber mehr gerecht werden. Auf das Bild malte und auf dem Bild sähe er dann nicht nur die realisierten, sondern auch die nicht realisierten Wünsche. Die gehören doch auch zu ihm.

Auch die Straßenbahnpassagierin hätte zunächst in den sauren Apfel der Konfrontation mit ihrem mulmigen Gefühl beißen müssen. Das ihre bezieht sich nicht auf das Unbehagen über die Ganztagstrennung von ihren Kindern. Sie trauert vielleicht um ihre Entwicklung im Erwerbsberuf. Stellt sie sich dieser Trauer, so malt sie zusätzlich auch die unerfüllten Sehnsüchte auf das innere Bild von sich selbst. Damit nimmt sie sich doch keinesfalls die Freude an der hauptberuflichen Erziehung ihrer eigenen Kinder. Sie ist zugleich die, die sich in der einen Hinsicht mehr entwickelt, und die, die sich in der anderen weniger entfaltet. Was ist daran schlimm? Schlimm ist es nur, wenn sie sich ihre unerfüllte Sehnsucht nicht zugesteht und deshalb ein Bild von sich zeichnet, das durch seine Einseitigkeit verzerrt ist.

Der Trend zur Ganztagstrennung junger Familien verursacht bei nahezu jedem Menschen eine alarmierende Emotion. Auf dieses gibt es zwei Reaktionsarten, das Wahrhaben und das Nichtwahrhaben und natürlich alles, was schwankend dazwischenliegt.

Der, der das alarmierende Gefühl in ein geheimes Verließ verbannt, um dessen Tür mit einem zusätzlichen Riegel zu versehen, wird automatisch bewegt sein, die Trennung zwischen Eltern und Kindern zur Norm für andere zu erheben. Alle Reize, die geneigt wären, das alarmierende Gefühl aus seinem Kerker zu locken, sollen einfach untersagt werden (z. B. durch politische Gesetze zur Abschaffung der Unterhaltspflicht geschiedener Männer; Abschaffung des Ehegattensplittings; Kita-Pflicht; Ganztagsschulpflicht; Sachleistungen für Familien statt Bargeld oder Steuererleichterungen etc.).

Die Mutigen, die dem alarmierenden Gefühl nicht ausweichen, die möchten die Trennung nicht als die Norm ansehen. Beachten Eltern das Alarmierende und schauen sie ihm ins Gesicht, so werden sie bemüht sein, die Trennung so klein wie möglich zu halten. Was für das gesellschaftliche Klima und das individuelle Wohlergehen zählt, ist dann die Wirksamkeit des Trennungsminimierungs-Prinzips an sich. Der tatsächlich messbare Trennungsminimierungs-Erfolg, gemessen in Zeit, hat eine sehr große objektive Bandbreite. Eine halbe Stunde pro Woche wegen des Verzichts auf die Mittagspause verdankt sich demselben Prinzip der Trennungsminimierung wie die heimische Ganztagszuwendung durch Mutter oder Vater.

Unabhängig davon, ob die Familien ganztags getrennt leben oder nicht, ist das innere Bild der Eltern von ihrem Bezug zum eignen Kind von wesentlicher Bedeutung für das Kind. Ist die Bildkomposition des inneren Bildes der Eltern von ihrer Bezogenheit zum Kind von Trennung oder von Bindung geprägt? Dies ist, wie später noch ausgeführt wird, für die Lebensqualität des Kindes entscheidend.

Man kann sich das innere Bild der Eltern von ihrer Bezogenheit zum Kind so vorstellen:

Ich habe eine Blechschachtel mit Wachskreiden. Hinten auf der Packung steht die folgende Malanleitung. Man soll das weiße Blatt mit bunten kräftigen Farben komplett bedecken. Auf diese Schicht wird im zweiten Schritt eine dicke, die Farbigkeit völlig abdeckende Schicht Schwarz aufgetragen. Im dritten Arbeitsschritt nimmt man einen beiliegenden Kratzer und schabt an Stellen seiner Wahl die schwarze Deckschicht wieder ab, sodass der bunte Untergrund geheimnisvoll durchschimmern kann.

Sie ahnen es bereits. Das verborgene untere Bild ist das innere Bild der Eltern von ihrer Bezogenheit zum Kind. Nehmen wir die bunten fröhlichen Farben als Zeichen für die gebundene Bezogenheit.[10] Die schwarze Deckschicht ist die Trennung, die solch ein Ausmaß einnimmt, dass sie bei dem individuellen Kind ein Steckenbleiben in seiner Entwicklung verursacht. Das Kratzwerkzeug vermag es nun, die untere Farbigkeit im Bild der Eltern von der familiären Gebundenheit wenigstens stellenweise freizulegen und sichtbar zu machen. Das Abkratzen der Deckschicht ist eine schwere Aufgabe für die Eltern, denn es gilt ja zuvor, das immer noch dominierende Schwarz der Ganztagstrennung wahrzuhaben. Schon vor der Entdeckung des Kratzers am Boden der Blechschachtel konnte so manches Elternpaar das Schwarz der Trennung nur ertragen, indem es das bedrohliche Schwarz mit Hilfe einer dritten Schicht von der Gesellschaft bunt übertünchen ließ. Nun gilt es, gleich zwei Schichten wegzukratzen, um auf die Ebene seines ganz persönlichen heilsamen Lebens- und Menschenbildes vorzudringen.

Bei meiner Tätigkeit im Kindergarten bekomme ich immer wieder Hinweise auf den Umstand, dass das Freilegen des farbenfrohen inneren Bildes der Eltern von ihrer Bindung zum Kind ganz viel bewirken kann. Den entwicklungslähmenden Trennungsschmerz kann es lindern, wenn die trennende schwarze Schicht weggekratzt wird. Dann entsteht eine wunderbare und hoffnungsfrohe Ahnung von der Pracht des zugrunde liegenden Gemäldes. Egal, ob die Eltern alleinerziehend oder ein Paar sind, ob sie wohlhabend oder arm sind, gebildet oder ungebildet, türkisch oder deutsch, ganztags erwerbstätig oder halbtags oder gar nicht. – All diese Nebensächlichkeiten lenken nur vom Kern der Frage ab. – Das Einzige, was für das Kind zählt, ist, ob die Eltern ein inneres Bild von Trennung oder eines von Verbundenheit in sich tragen. Das eine kränkt und das andere heilt. So einfach ist die Antwort auf Beunruhigung um die Kita-Frage.

Konfrontieren die Eltern sich mit der schwarzen Schicht der Trennung, so versetzt dieser Mut sie in die Lage, den Kratzer zu nehmen, und das wunderbare verborgene Bild ihrer persönlichen Bindung zum Kind freizulegen! Es ist ja schon da. Das Ausmaß des Freilegens kann variieren, ja es kann auch nicht ganz genügen. Ein kleines Fleckchen des durchscheinenden Bunt ist aber mehr als nichts. Selbst die längste Reise fängt mit dem ersten Schritt an.

Der Leser mag jetzt fragen, woher ich das weiß, und die Antwort ist eine ganz einfache. Ich weiß das von Ihrem Kind selbst. Ihr Kind spürt sehr deutlich, welches innere Bild Sie von sich selber in Ihrer Beziehung zu ihm malen. Sie sollten mal das Leuchten in den Augen der Kindergartenkinder sehen, wenn sie morgens von Weitem auf mich zugerannt kommen und jubeln: „Frau Selhorst, weißt du was? Ich bin heute Mittagskind und mein Papa holt mich schon nach dem Mittagsschlaf ab! Und (japs), weißt du (japs), was wir dann machen? …“ Schon hat dieser Vater wieder ein wenig der schwarzen Deckschickt weggekratzt und das Kind ergötzt sich am Bunt des unteren Bildes. Willkommen im Leben der Eltern sind diese Kinder, und wenn auch die Not die gemeinsame Zeit einschränkt, so wirkt die elterliche Sehnsucht nach Zeit mit dem Kind doch auch in der Kita weiter. Die Kinder spüren ja das Hingezogen-Sein ihrer Eltern zu ihnen und fühlen sich in diesem aufgehoben und von diesem behütet, aufgewertet. Deshalb macht es einen riesengroßen Unterschied für das Kind, ob die Eltern von ihrem Glauben an ihr Recht auf Trennung überzeugt sind oder ob diese nur aus einer äußerlichen Not heraus zustande kommt. Müssen Sie sich notbedingt länger von Ihrem Kind trennen als es Ihnen lieb ist, so möchte ich Sie ermuntern, weiterzulesen. Denn, insbesondere Ihnen gelten diese Worte.

Doch zuvor noch einmal zurück zu der Frage: „Welche Folgen hat das Emotionswahrnehmen der Eltern zur Ganztagstrennung vom Kind?“

Eine verheerende Folge ist die schon oben angedeutete Manipulierbarkeit der Eltern, die den Trennungsschmerz nicht fühlen können, durch Politik und Lobby-Gruppen. Können Menschen das Nähstreben zu ihrem Kind nicht wahrhaben, so sind sie geneigt, sich von öffentlichen Behauptungen über die Nichtexistenz ihrer diesbezüglichen Gefühle anziehen zu lassen. So kommt es zum Beispiel zu der merkwürdigen Allianz zwischen Arbeitgeberverbänden, Feministinnen, die beide unpersönliche gesellschaftpolitische Ziele verfolgen, und völlig unpolitischen Eltern, die noch niemals zuvor einen Gedanken an die Unterdrückung der Frau oder die Zukunft des Sozialversicherungswesens verschwendet haben.

Doch gehen wir zunächst einmal sechs Jahrzehnte zurück.

4.2 Wechselnde Moden, die das Fühlen erlauben oder verbieten

Das Argument der fehlenden Zeitgemäßheit war schon immer eine weit verbreitete und sehr anerkannte Methode, um Menschen, die das mulmige Gefühl wegen der Ganztagstrennung von kleinen Kindern wahrnehmen und entsprechend leben, in die Defensive zu drängen. Man liest und hört dann, wenn Eltern sich ihren kleinen Kindern ganztags zuwenden möchten, den Einwand, das sei ein überkommenes Lebensmodell, das sei 50er-Jahre.

Merkwürdigerweise habe ich auf diesen Einwand noch nie die Antwort gehört: „Was habe ich mit der Mode zu tun? Wieso kann ich nicht immer besonders dann auf meine innere Stimme hören, wenn diese mich auf Zeitloses verweist?"

Das trotz nachhaltiger Aufforderungen zur Zeitgemäßheit aufkommende heimliche oder allenfalls halbbewusste Gewahrwerden des Mulmigen gab es schon einmal in einer anderen Zeit, die den Familien eine trennende Beziehung zwischen Eltern und Kindern vorschreiben wollte:

Vor den Fünfzigern, im Dritten Reich, gab es eine weniger offensichtliche, aber dennoch massenhaft verbreitete und ausgesprochen wirksame Ablehnung der Eltern-Kind-Bindung. Die Lungenfachärztin Johanna Haarer schrieb 1934 den später in fast jeder Familie vorhandenen Erziehungsratgeber: „Die deutsche Mutter und ihr erstes Kind", in welchem sie die nationalsozialistischen Erziehungsvorstellungen fast flächendeckend verbreitete. Unter dem Titel „Die Mutter und ihr erstes Kind“ wurde es im Carl-Gerber-Verlag, Nürnberg, zum letzten Mal im März 1996 (!) aufgelegt. Die Gesamtauflage betrug bis dahin ungefähr 1,2 Millionen.

In dem Ratgeber empfiehlt sie den jungen Müttern, für ihre Säuglinge insofern „nicht da zu sein“, als sie ihnen versagende Kälte verordnet, wenn es um die Befriedigung der kindlichen Bindungs-Bedürfnisse geht. Das fängt schon unmittelbar nach der Entbindung an. In einem Interview zu ihrem Buch: „Adolf Hitler, die deutsche Mutter und ihr erstes Kind“ beschreibt Sigrid Chamberlain, selbst Opfer dieser Erziehungsmethode, den Lebensanfang vieler nach Haarer erzogenen Neugeborenen im Dritten Reich:

„Das Kind soll tags wie nachts in einem stillen Raum für sich sein. Die Trennung von Familie und Kind beginnt gleich nach der Geburt: Sobald der Säugling gewaschen, gewickelt und angezogen ist, soll er für 24 Stunden allein bleiben. Erst danach soll er der Mutter zum Stillen gebracht werden. Von der ersten Minute des Lebens an wurde also alles getan, um die Beziehungsunfähigkeit zu fördern. Alles war verboten, was Beziehung förderte.“ (Chamberlain, 2009)

Natürlich war die Mutter, die sich nach Haarers Erziehungsempfehlungen richtete, Hausfrau und Mutter. Das allein heißt aber noch lange nicht, dass sie für ihr Kind mit seinen Bedürfnissen da war. Die Trennung zwischen Eltern und Kind fand hier innerhalb des Elternhauses statt.

Die Kleinen werden im nationalsozialistischen Glauben, so wie er von Johanna Haarer verkündet wird, tendenziell als Wesen mit Defiziten betrachtet. Die Babys müssen deshalb zunächst von ihren Müttern durch Härte und Kälte zu einer völkischen Nützlichkeit zurechtgebogen werden. Natürlich sollte die arische Mutter im gewissen Sinne „da sein“ und sie war in der Regel nicht erwerbstätig. Nicht aber dem Kind als einmaliges und bindungsbedürftiges Individuum galt ihr Dasein, sondern dem besagten Zurechtbiegen des Kindes zum nützlichen Mitglied der völkischen Rasse.

„Was wir von unserer deutschen Jugend wünschen, ist etwas anderes, als es die Vergangenheit gewünscht hat. In unseren Augen, da muss der deutsche Junge der Zukunft schlank und rank sein, flink wie Windhunde, zäh wie Leder und hart wie Kruppstahl. Wir müssen einen neuen Menschen erziehen, auf dass unser Volk nicht an den Degenerationserscheinungen der Zeit zugrunde geht." – Aus einer Rede vor 54.000 Hitlerjungen in Nürnberg, 14. September 1935 (Lindemann)

So wie heute mit der Unzeitgemäßheit argumentiert wird, wenn es um ganztags erziehende Mütter geht, so war es auch für Adolf Hitler wichtig, das, was er wollte, als modern zu bezeichnen, und das, was er nicht wollte, als überkommen. Er wünscht von der Jugend etwas anderes, als die Vergangenheit es tat, nämlich soldatische Gefühlskälte und Sportlichkeit. Das Vergangene zeichnet sich hingegen durch „Degenerationserscheinungen" aus. Damit meint er wahrscheinlich die Zeit vor seinem Regime, als Mütter die eigenen Kinder behüteten.

G. Streicher sagte 2004 auf dem Festkongress zu Jirina Prekops 75. Geburtstag in seinem Vortrag „Das Kinderopfer des Dritten Reichs. Bindungsunfähigkeit als Ergebnis faschistischer Pädagogik" auch etwas über den Nutzen der familiären Bindungsarmut für den Staat:

„Es scheint bei den Ideologen des Nationalsozialismus ein Wissen davon gegeben zu haben, dass der Mensch sich umso besser eignet, im Interesse der Expansion und des Machterhalts eines Systems zu funktionieren, je mehr seine Bindungsfähigkeit im frühen Alter zerstört wurde. Er wird zum willfährigen Werkzeug eines jeden, der ihn missbrauchen will." (Streicher, 2004)

Auch Kristina Tambke kommt in ihrer Diplomarbeit (Tambke, 2010) bei Prof. Dr. Rudolf Leiprecht zu einem ähnlichen Befund:

„Durch die unsichere Bindung zwischen primärer Bezugsperson und dem Kind wurde also die Entwicklung einer sicheren individuellen Identität verhindert. Der Nationalsozialismus lieferte anschließend eine selbstfremde Ersatzidentität."

Das segensreiche Wirken der Eltern, die sich durch ihr mulmiges Gefühl dennoch von der staatlich verordneten Unbarmherzigkeit abhalten ließen, beschreibt sie so:

„Eine emotionale Erreichbarkeit der Mutter erleichterte den Kindern zudem den Zugang zu ihren eigenen Emotionen. Diese Kinder mussten ihre Gefühle nicht verleugnen, sodass eine gespaltene Einstellung gegenüber den eigenen Gefühlen verhindert werden konnte."

Die Auswirkungen der emotionalen Trennung zwischen Eltern und Kindern im Dritten Reich sieht die Diplomandin folgendermaßen:

„Kinder lernen an ihren nahen Bezugspersonen, eigene Emotionen wahrzunehmen und zu benennen. Durch diesen Entwicklungsschritt werden Kinder erst in die Lage versetzt, anderen Menschen Empathie entgegenbringen zu können. Weil die Kriegskinder durch NS-Erziehung, Krieg und Flucht oft nicht fähig waren, ihre Emotionen wahrzunehmen, waren sie häufig auch unfähig, sichere Bezugspersonen für ihre eigenen Kinder zu werden. Weil sie ihr emotionales Innenleben ignorierten, waren sie auch für ihre eigenen Kinder emotional unzugänglich. Deshalb leiden nun auch viele der Kinder der Kriegskinder als dritte Generation unter den Folgen von NS-Erziehung, Krieg, Flucht und Vertreibung. Oft haben sie Beziehungsschwierigkeiten, weil sie nicht ausreichend dazu fähig sind, ihre wirklichen Bedürfnisse wahrzunehmen oder partnerschaftliche Zuneigung zu zeigen und zu empfangen."

Es war also augenscheinlich schon einmal unmodern und unzeitgemäß, dass Eltern ihren Lebensentwurf nach günstigen Bedingungen für die Bindung an das eigene Kind ausrichteten. Schon einmal stand dagegen die konkurrierende gesellschaftspolitische Forderung nach einer Erziehung zur Nützlichkeit im Raum: Heute ist es die sogenannte „Bildung", womit all die Eigenschaften gemeint sind, die der Arbeitsmarkt benötigt. Damals war es emotionale Härte und Sportlichkeit, die die Eigenschaften von Soldaten sind. Diese wiederum werden von Kriegsherren benötigt. Was wird es morgen sein?

Aber zum Glück gab es im Dritten Reich viele Familien, in deren Bücherschränken der Haarer-Ratgeber „Die deutsche Mutter und ihr erstes Kind" verstaubte, während sich Mütter ihren Babys heimlich zuwendeten. Sie haben sich den Kontakt zu ihrem mulmigen Gefühl nicht untersagt oder untersagen lassen. Einmal hörte ich einem Vortrag – ich meine, er wäre einer von Jirina Prekop, der berühmten Festhaltetherapeutin und Buchautorin, gewesen –, dass wir diesen Eltern einen gewissen Prozentsatz an psychischer Gesundheit in der Kriegskindergeneration zu verdanken haben. Auf meine Nachfrage sagte Frau Dr. Prekop das Folgende über Wirkung des Haarer-Gehorsams auf der einen Seite und des Haarer-Ungehorsams auf der anderen:

„Nicht nur die Entfremdung von dem Instinktiven wirkt bis heute. Auch die Instinkttreue der tapferen intuitiven Mütter strahlt und nimmt Kreise."

Vielleicht wird das Mulmige zumindest im Verborgenen immer überleben und dann, nach Zeiten der Unterdrückung, wieder wahrgenommen werden. Man könnte auch sagen, wieder gefühlt werden.

Gehen wir nun über die derzeit viel verschmähten bindungsfreundlichen Fünfzigerjahre zum Ende des 20. und zu Anfang des 21. Jahrhunderts. Hier herrscht ein sozialpolitisches Ziel einer nach Alterssegmenten sortieren Gesellschaft, die sich alltags auf öffentlichen und damit kontrollierbaren Plätzen aufhält. Die Voraussetzung für eine Gesellschaft ist die „Vereinbarkeit von Familie und Beruf".

Gerade eben bekam ich die Einladung zu dem folgenden Seminar einer politischen Organisation. Sie beschreibt die Trennungsmode unserer Zeit:

Herzliche Einladung: Alles unter einen Hut bekommen!

Die Kunst der Work-Life-Balance

Mit Kontrolle und Selbstdisziplin zu effektiver Tagesgestaltung und Arbeitsorganisation

Seminar für Frauen …

Was genau passiert in dem Leben, welches sich der Vereinbarkeit von Familie und Beruf verschreibt? Ich versuche eine Beschreibung, die allerdings zunächst einmal eine Übung im räumlichen Vorstellungsvermögen darstellt.

Stellen Sie sich die Vereinbarkeit von Familie und Beruf wie ein Puzzle vor. Es gibt Puzzlesteinchen, auf denen auf der Oberseite Teile der Berufswelt abgebildet sind. Auf der Unterseite sind sie blau. Und es gibt Puzzlesteinchen, auf denen auf der Oberseite Teile der Familienwelt abgebildet sind. Die sind auf den Unterseiten rot. Alle Puzzleteilchen zusammen, fügt man sie aneinander, ergeben das Bild des vereinbarten Lebens. Von den roten und blauen Seiten sieht man nach dem Legen nichts mehr, denn sie zeigen ja nach unten zum Tisch hin. Doch auch wenn man es nicht sieht, die eine Puzzleteilchen-Gruppe ist von unten rot und heißt „Familie", die andere ist von unten blau und heißt „Beruf".

Doch genießen wir zunächst einmal das Sichtbare. Das Schöne ist, die vor dem Zusammensetzen merkwürdig und abstrakt anmutenden Fragmente machen plötzlich in dem Zusammenhang, in den sie hineingehören, Sinn. Und tatsächlich entsteht, ganz wie auf meiner Einladung versprochen, ein lückenloses Bild. Man kann von einer gelungenen Vereinbarung sprechen.

Es gibt da aber noch das kleine Problem der Teilchenunterseiten. Heimlicherweise und ganz im Verborgenen stehen die einzelnen Fragmente vielleicht gar nicht im selben Rang, auf derselben Höhe wie die Nachbarn. Hängt ein unten rotes Familien-Puzzlesteinchen an einem unten blauen Berufs-Puzzlesteinchen, so mag es den beiden unangenehm sein, auf derselben Ebene abgelegt worden zu sein. Und schon fängt es an zu quengeln, das Mulmige. Die von unten roten und die von unten blauen Steine fordern ihre je eigene Ebene ein. Es verursacht jeder der beiden Gruppen Unbehagen, auf derselben Ebene liegen zu müssen. Und so wirkt das Verborgene, auch wenn es nur auf seiner Unterseite kenntlich gemacht wurde.

Ein sehr beliebter Weg der Erleichterung ist es, der stärkeren Gewichtung von Familie gegenüber dem Beruf einen zusätzlichen Ausdruck zu verleihen. Hier wird dem bisher flachen Gebilde die dritte Dimension hinzugefügt. Stellen wir uns über dem flachen Puzzle eine Glasscheibe vor, die einen Zentimeter über dem Puzzle schwebt. Die roten Puzzlesteinchen, denen ein höherer Rang in der Hierarchie der Gefühlswelt beigemessen wird, wandern jetzt eine Etage höher. Behutsam werden sie auf die Glasfläche gelegt. Jeder einzelne wandert genau an den Platz auf der Fläche, an dem er auch zuvor lag. Die auf der Unterseite roten Familien-Steine scheinen jetzt, an den für sie vorgesehenen Stellen, über den unten liegenden Berufs-Steinen zu schweben. In der ganz genauen Draufsicht fügen sich die Steine dann weiterhin zu einem Bild, denn die obere Ebene wirft keine Schatten auf die untere. Sieht man das Gebilde aber nur ganz leicht von der Seite, so erkennt man das Bild nicht mehr, weil es zwei unterschiedlich hohe Bildebenen gibt. Die obere wirft ihre Schatten auf die untere oder man sieht von der Seite mehr von dem Zwischenraum der Ebenen als von dem ehemals flachen Gesamtbild.

Kurz: Vereinbarkeit gibt es zwar, aber sie ist nur aus einem einzigen von unzählig vielen Blickpunkten sichtbar. Rein statistisch gesehen ist die ganz genaue Draufsicht eine Ausnahme von der Regel der überwiegend eingenommenen schrägen Blickwinkel. Bleibe ich in der Metapher, so komme ich zu dem Schluss, dass die Vereinbarkeit das Lebensbild verzerren kann. Strengt der Betrachter sich an, um diese Verzerrung zu umgehen, so muss er sich zwanghaft auf einen einzigen von unzählig vielen Blickpunkten festlegen. Die Einhaltung genau dieses Blickpunktes ist dabei wahrscheinlich noch wesentlich anstrengender als der organisatorische und logistische Aufwand, der für die Vereinbarkeit betrieben werden musste. In diesem Falle komme ich zu dem Schluss, dass diese Art der Vereinbarkeit die geistige Freiheit und die Flexibilität in der Bild- und mitunter Selbstbildbetrachtung einschränkt. Das ist ihr Preis.

Die Möglichkeiten der nicht verzerrten Betrachtung des inneren Bildes von sich selbst werden also so stark eingeschränkt, dass sie nur von einem einzigen Blickpunkt aus möglich ist.

Eine solche Einschränkung im Blickpunkt vermute ich auch bei den insistierenden Warnung vor einer Anerkennung der Leistung von Eltern, die ihre ein- und zweijährigen Kinder selber erziehen. Diese war in der Debatte um das Erziehungsgeld gang und gäbe. Hier zähle ich all das auf, was die Journalisten und Sozialpolitiker unerwähnt lassen, weil die Fixierung auf den einen einzigen Blickpunkt ihre Wahrnehmung einschränkt:

→ Die Gewissheit aller Familienmitglieder, einmalig, unersetzbar und wichtig zu sein. Fehlte das Kind, gäbe es eine nie mehr schließbare Lücke, fehlten die Eltern, so verhielte es sich ebenso.

- → Die Beglückung und Entspannung, wenn das Kleinkind sich nicht sorgen muss, denn das Bindungs-Angebot ist auf einer zuverlässigen Basis größer als die Nachfrage.
- → Vertrauen und die Erfahrung des Babys und Kleinkinds, dass immer dieselbe geliebte Person zur Stelle ist.
- → Verstanden werden, auch wenn man noch nicht sprechen kann.
- → Nähe, damit man unbesorgt in die Ferne streben kann.
- → Enge, damit man sich reiben und spüren kann.
- → Ruhe zum Wachsen und Kontakt zu sich selbst im Schutz der Privatsphäre.
- → Intensives Erleben der tradierten familiären Kultur der Ahnen.
- → Die zeitliche Unbefristetheit (vgl. unten Tilman Allert).

Das ist die große Realität, die sie nicht wahrzunehmen in der Lage sind: Urvertrauen nennt inzwischen sogar der Volksmund den Schatz, der in diesem Raum ganz besonders gut wächst und dann später vom Kind immerzu durchs Leben getragen wird. Gut, er ist nicht materiell fassbar oder psychologisch messbar, das raubt ihn aber nicht seiner realen Wirksamkeit. Jeder, der die häusliche Erziehung ganz kleiner Kinder in den Blick nimmt und am Urvertrauen vorbeischaut, ist sachlich nicht auf der richtigen Spur, im Blickwinkel eingeschränkt und in der Souveränität beeinträchtigt.

Der veröffentlichten Meinung über die Lebenskonzepte junger Familien gelingt es nicht, gleichzeitig die Vision von einer staatlich gesteuerten Kindheit und all diese oben genannten wunderbaren Gefühle und Gewissheiten in den Blick zu nehmen. Sie ist blind für das eine und sieht das andere. Die Teilblindheit ist der Preis für die Vereinbarkeitsbestrebungen.

Rein vorbeugend werden junge Eltern derweil durch die wiederholte Behauptung, die frühkindliche „Bildung" sei ein Bemessungsinstrument für die Qualität der Zuwendung zum Kind, von der Spur ihres intuitiven Nähe-Strebens abgebracht und in die Irre geführt. Niemals bedient sich diese Rhetorik dabei einer Konkretisierung der Hypothese von der an die Einrichtung gefesselten „frühkindlichen Bildung". Diese Hypothese hat wahrscheinlich einzig und allein die Aufgabe, davon abzulenken, dass es nunmehr nicht mehr um Liebe, Verzicht und bedingungslose Wertschätzung von Einmaligkeit geht. Ersetzt werden diese durch das quasi industrielle Produkt Bildung, dessen Schöpfung in einer Art Massen-Manufaktur, der Kinderkrippe, liegt. Diese wird vom Ursprung der Kinder, ihrer Familie, nahezu entkoppelt. So die Darstellung.

Aber nicht nur mit dem Intellekt der Kinder wird argumentiert, sondern manchmal sogar mit ihren Gefühlen. Jutta Allmendinger zum Beispiel attestiert mit dem Mittel einer Befragung gebundenen Familienmitgliedern eine ungünstige Beziehung zueinander. Sie sammelt und findet statistische Hinweise darauf, dass Kinder ihre vollerwerbstätigen Mütter mehr lieben und achten, als sie es tun würden, wenn diese nur Hausfrauen und Mütter wären. Das tut ihr zunächst gut und auch ihren Lesern, die doch – trotz der langen Trennung während der Kleinkindzeit – so gerne von ihren Kindern geliebt werden. Beide, Forscherin und auch das applaudierende Publikum, haben mein volles Verständnis und ich kann ihre Sehnsucht nach der Liebe des Kindes sehr gut nachempfinden. Und dennoch denke ich wieder an die Einschränkungen und die geistige Einengung, die man erleidet, wenn man beim Betrachten seines Lebenspuzzles auf nur einen einzigen Blickpunkt angewiesen ist. Hätte die Wissenschaftlerin den Mut, ihren Blickpunkt auf dasselbe Objekt hin und wieder einmal zu wechseln, so würde sie vielleicht sogar sehen, dass es gar nicht das Ziel von Erziehung ist, dass sich Eltern beliebt machen. Ganz im Gegenteil, es ist manchmal auch nötig, die versagende Mama oder der strenge Papa zu sein.[11] Es ist sogar eine der wichtigsten Aufgaben von Eltern, dem eigenen Kind die Konfrontation mit dem Vergeblichen zuzumuten. Je besser es da um das Gewissen der Eltern bestellt ist, desto leichter wird diese Aufgabe zu bewältigen sein. Die Kinder von Eltern, die mitunter ihre Unbeliebtheit riskieren, sind dann oft ausgesprochen frustrationstolerant.

Intuitiv scheint die Wissenschaftlerin zu fühlen: Es gibt so viele Eltern, deren Herz blutet, weil sie doch so gerne – z. B. mitten am Donnerstagnachmittag – ihrem Kind ihre Liebe zeigen würden. Das gilt auch, wenn sie gar nicht so konkret fühlen, wie ihr Herz blutet. Diesen Eltern sagt Frau Allmendinger: „Euch lieben eure Kinder mehr. Ihr werdet nachweislich von euren Kindern mehr geliebt als die Hausfrauen von den ihren. Die sind nämlich die eigentlichen Rabenmütter, nicht ihr!" Das tut dann gut und lenkt ab vom Schmerz der verzehrenden Sehnsucht am Donnerstagnachmittag. Nebenbei hilft es auch, am Blickpunkt auf das vereinbarte Lebensbild festzuhalten.

Die derzeitige Mode des vereinbarten Lebenskonzepts wird aber nicht nur von Politik und Wissenschaft gefördert, auch so mancher Publizist und Buchautor tut das Seine. In ihren Veröffentlichungen fordern sie den Leser mitunter ganz ausdrücklich und fast plump zur Strategie des Wegschauens auf.

Das englische Buch „Mothers Work. How to Get a Grip on Guilt and Make a Smooth Return to Work" empfiehlt die bewusste Einschränkung des Blickwinkels:

„Reden Sie nicht mit Müttern, die sich entscheiden, ganztags zu Hause zu sein. Sie werden bewirken, dass Sie sich wie eine Hexe fühlen!"[12]

Die von diesem oder ähnlichen Büchern verordnete Anästhesie wirkt zielgenau wie eine gekonnte Lokalanästhesie, das sehen wir wieder bei *kri*:

„Wie ich schon immer vermutet habe und durch die Kommentare hier bestätigt sehe sind die Hauptgegner der berufstätigen und karriereorientierten Mütter nicht die Männer, sondern entweder die kinderlosen Karriere-Frauen oder die Zuhause-Mütter, die Schuldgefühle zu wecken versuchen." (kri und anonym, 2012)

Nehmen wir die Eltern in den Blick, so ist das Fühlen der Folgen der Ganztagstrennung von ihren Kindern aus vielen Gründen für sie selbst und für die Gesellschaft von Bedeutung. Die Eltern selber werden der Landschaft ihrer Seele näher sein. So können sie sich selbst gerecht werden und sich selbst auch in ihrer eigenen unvermeidlichen Widersprüchlichkeit mannigfacher erfassen. Das wiederum bewirkt, dass sie dieser wichtigen Lebensentscheidung besser gewachsen sind. Sie können die Folgen in einer geistigen Vorwegnahme von mehreren Blickpunkten aus betrachten und gut abwägen. Für die Gesellschaft ist es gut, wenn möglichst viele Eltern ihre Gefühle zur Ganztagstrennung von ihren Kindern zulassen, weil diese dann dazu neigen werden, ihre wie auch immer geartete Entscheidung persönlich zu verantworten. Im Gegensatz zu der gesellschaftlich geforderten, ist die persönlich getroffene Entscheidung, die auch die eigene Konflikthaftigkeit ausgehalten hat, in der Lage, nicht betroffene Dritte derweil in Ruhe zu lassen. Die Folge ist das, was man gemeinhin Frieden nennt, von dem letztlich alle profitieren.

Nun sind wir – endlich! – bei der Hauptperson dieses Buches angekommen, dem Kind!

4.3 Das Fühlen der Kinder

Was bedeutet die oben dargestellte Vereinbarkeit von Familie und Beruf für das Kind? In der oben abgebildeten Einladung ist von einem Leben mit „Kontrolle und Selbstdisziplin" die Rede. Das sind die preußischen Tugenden der Exerzierplätze. Doch sollte das Heim unserer Kinder eine militärische Einrichtung sein?

Der Soziologieprofessor Tilman Allert spricht in dem oben genannten Vortag in Bezug auf die „Vereinbarkeit von Familie und Beruf" nicht von Puzzle-Teilchen, die von unten rot oder blau sind und sich im Dienste der Vereinbarkeit zusammenfügen sollen. Er spricht von „Kommunikationsform". Die Kommunikationsform der Familie kommt, so Allert, in keinem anderen Lebensbereich vor:

„Kommunikationsform in der Familie kennt keine zeitliche Befristung, Liebe kennt keine zeitliche Befristung, die Eltern-Kind-Beziehung kennt keine zeitliche Befristung. Keine andere Beziehung in unserer Gesellschaft ist körperbezogen … Nur die Liebe ist eine Kommunikationsform, in der wir uns in der Einstellung der Einzigartigkeit des Gegenübers treffen. In allen anderen Kommunikationsbeziehungen, die wir eingehen, handeln wir nach irgendwelchen definierten Rollenmustern, aber im Prinzip nicht mit dem Entwurf von Einzigartigkeit … Nur in der Liebe und nur in der Familie, nur in der

Eltern-Kind-Beziehung begegnen die Menschen sich immer schon mit einem Entwurf von Einzigartigkeit, Körperbezogenheit, zeitliche Unbefristetheit. Zwei Elemente, an denen wir sofort sehen, dass die Familie und die Gesellschaft prinzipiell unvereinbare Kommunikationspraktiken entfalten ...“

Zum Thema „Vereinbarkeit von Familie und Beruf“ sagt er:

„Familiensituation, die die Gegenwart so schwierig macht, kommt in der Konfrontation von zwei unvereinbaren Zeithorizonten zum Ausdruck ...“

Der Zeithorizont der Familie lässt sich nicht auslagern oder ersetzen, denn:

Beziehen wir seine Aussagen zur „Kommunikationsform Familie“ in unsere Puzzle-Metapher ein, so sagt Allert im Grunde: Die unten roten Familien-Teilchen und die unten blauen Berufs-Teilchen lassen sich nicht auf ein und derselben Ebene ablegen, denn beide unterliegen unterschiedlichen Zeitherrschaften.

Die blaue Zeit ist geprägt von klaren Strukturen, logischen Abfolgen und in umrissenen Fristen realisierbaren Plänen. Auf einer Linie gibt es ein Vorher, Jetzt und Nachher. Zunächst unabhängige Linien können aufeinander bezogen und abgestimmt werden. Man plant und vernetzt Handlungsabläufe und lässt sie ineinandergreifen, um ein gemeinsames berufliches Ziel zu erreichten. Die Handelnden spielen dabei die ihnen zugewiesenen Rollen.

Die rote Zeit hingegen wird nicht hauptsächlich durch Willensentscheidungen strukturiert. Hier geht es genau umgekehrt zu: Die gegebene Einmaligkeit oder, wie Allert es nennt, die Einzigartigkeit des Gegenübers eines jeden Menschen ist die zunächst einmal verdeckte Struktur, die es in einer gewissen Zeitlosigkeit aufzudecken gilt. Es ist nicht vorab die Zeit, die den Menschen strukturiert, sondern der Mensch strukturiert wegen seines So-Seins die Zeit. Und nur dann tritt er tatsächlich in seiner Einmaligkeit in Erscheinung, der Mensch.

Wie das in der unvereinbarten Familie passiert, habe ich in meinem Buch: „Nur. Essay zum Beruf“ (Selhorst, 2010) genauer beschrieben. Hier gebe ich jetzt ein Beispiel aus der Kunstwerkstatt im Kindergarten, die sechs unserer Kindergartenkinder viermal in der Woche vormittags offensteht. Dazu muss ich hier vorab sagen, dass es mir durch meine Teilzeitbetätigung möglich ist, die Zeit nach hinten hin auszudehnen, denn dann bin ich nicht mehr in die Organisationsstruktur des Kindergartens eingebunden, sondern in der Freiheit der „roten Zeit". Also: Ein Sechsjähriger hat die dritte Dimension entdeckt. Mit Stöcken, Stäben und Brettern klebt und nagelt er riesengroße, raumgreifende Gebilde zusammen und vergisst dabei die Zeit. Er ist eben eingetaucht in die Zeitlosigkeit seiner inneren Struktur und ganz bei sich selbst. Als ich ihn an sein Mittagessen und die blaue Zeit im Kindergarten-Tagesablauf erinnere, wiegelt er ab. Nein, er habe keinen Hunger, und schon ist er wieder abgetaucht. Ich lasse ihn gewähren bei der Entdeckung seiner zeitlosen Struktur.

Zeitlosigkeit – man nennt sie auch Ewigkeit –: Die Rahmenbedingungen für ihre Entdeckung zu schaffen, gehört zu den edelsten und menschlichsten aller Geschenke von Erwachsenen an Kinder. Alles, was die Schenkenden beitragen müssen, ist ihr Dasein; die Abstinenz vom Diktat der blauen Strukturen. Sie ziehen sich derweil soweit wie möglich aus der blauen Funktionszeit zurück und schützen ihr Kind, während seine Strukturen zutage treten. Strukturen, die Gott gegeben hat, von Ewigkeit zu Ewigkeit, sozusagen.

Eindringlich beschreibt Wolfgang Bergmann die Abwesenheit der Kommunikationsform Familie und die Dominanz der blauen Zeit:

„Die Hektik der Eltern zerschlägt den Vertrauenscharakter, das Urvertrauen, das immer da sein muss und nicht nach Terminkalender erst am Abendtisch aufgeteilt wird. Die Elternliebe kommt heute oft viel zu zögerlich, sie wird viel zu oft von anderen Anlässen unterbrochen, die ein Kind nicht verstehen kann und auch nicht verstehen will. Und immer spüren die Kinder dabei die Unsicherheit ihrer wichtigsten Bezugspersonen – Mama und Papa." (Bergmann, Lasst eure Kinder in Ruhe. Gegen den Föderwahn in der Erziehung, 2011) (S. 23)

Die freiwillige und nicht notbedingte Entscheidung seiner Eltern für die Vereinbarkeit zweier Zeithorizonte bedeutet für die Eltern die oben beschriebene mühevolle Puzzlearbeit. Für die Kinder bedeutet sie derweil mitunter ein Zuwenig an Unstrukturiertem, aus dem heraus die ureigene innere Kind-Struktur zum Vorschein treten und aufblühen kann. Das gilt insbesondere für Kinder, die in eine Kita mit preußischen Tugenden gehen. Diese sind aber angesichts der ungünstigen Personalschlüssel eine Überlebensnotwendigkeit für die Erzieherinnen. So kann es passieren, dass die „Vereinbarkeit von Familie und Beruf" dem Kind eine noch größere – und in diesem Falle unfreiwillige – Mühe abverlangt als dem Erwachsenen. Beständig sehnt es sich nach der entspannten Existenz in der Kommunikationsform Familie. Diese ist nämlich das Fruchtwasser, in dem es am besten reif werden kann. Das Kind wird also dafür kämpfen. Dabei habe ich die folgende Vermutung: Nur wenn es gelingt, die Unstimmigkeit der beiden Puzzle-Ebenen im Vereinbarkeitskonstrukt einzuräumen, ist es überhaupt möglich, den Schmerz von Eltern und ihren jungen Kindern zu lindern.

Nehmen wir an, der kleine Junge, der sich in die Konstruktion der räumlichen Gebilde versenkt hatte, wäre in der Kita aus unumgänglichen organisatorischen Gründen immer wieder gezwungen worden, seine Entdeckungsreisen – hier die in die dritte Dimension – jäh abzubrechen. Was wären die Folgen gewesen? Nehmen wir weiter an, der Junge wäre über acht Stunden täglich in der Kita. Er wäre in mehrfacher Hinsicht in seiner Selbstwahrnehmung frustriert und verletzt worden.

→ Er hätte mitunter den Kontakt zur Auseinandersetzung mit seinem eigenen authentischen Raum-Lage-Horizont verloren. Kinder brauchen Zeit, denn für sie ist alles neu. Gibt man sie ihnen nicht, so werden sie beziehungslos. Später, mit 10 Jahren, würde sich die Geometrielehrerin dann über sein Desinteresse wundern. Sie würde in der typischen Oberflächlichkeit der Pisa-Debatte über ADHS nachdenken. Dabei käme sie nicht auf die Idee, dass vier Jahre zuvor die aufkeimende Beziehung dieses Kindes zum Raum frustriert und unterbunden worden war. Der einzige Grund: Der Junge hatte sich aus zwingenden organisatorischen Gründen in die Zeitstrukturen der Einrichtung einfügen müssen.

- → Er wäre im Erleben und in der Erfahrung seiner Selbstwirksamkeit frustriert worden. Immer wieder vergisst man, dass die Kinder, die in der Gesellschaft als gestörte Kinder gelten, von dieser zuvor nachhaltig gestört worden waren. Später, mit 10 Jahren, würden sich die Eltern dann wundern, dass das Kind so passiv ist.
- → Er hätte den Kontakt zu der für ihn zuständigen Erwachsenen verloren, denn sie hätte sich nicht als Beschützerin seiner Identität erwiesen. In diesem Moment war der Junge nämlich ein Entdecker und Baumeister. Als Entdecker immer wieder nicht geschützt zu werden, das spricht doch gegen diese Berufung. Es spricht auch gegen das Vertrauen in den Erwachsenen.

Natürlich geht es nicht um ein einziges Mal. Ein Junge mit 6 Jahren hat ja auch schon seine Vergangenheit. Und ich würde davon ausgehen, dass die Rausschmisse aus der roten Zeit und die Unterwerfung unter den Zwang zur blauen Funktionszeit kumulieren. Ganz viele Verletzungen beim Übergang von der Entdeckung eigener innerer Strukturen zur Anpassung an äußere Organisationsstrukturen entmutigen das Kind und führen mitunter zur Resignation. Man denkt bei derart resignierten Kindern oft, sie seien fügsam bis zur Konturlosigkeit.

Weiß der Erwachsene in der Kindertagesstätte hingegen um die Unvereinbarkeit der roten und der blauen Zeit, die Unvereinbarkeit der Kommunikationsformen in der Familie und denen im Beruf und Kita-Alltag, so kann er sich als Brückenbauer betätigen. Nein, er kann die blauen Strukturen – die Trennung von den Eltern und die institutionelle Organisation – im Leben des Kindes nicht verhindern, er kann sie aber abmildern. Hier sind vorab zwei Voraussetzungen zu erfüllen. Beide hängen mit Anerkennung zusammen.

- → Zunächst einmal gilt es anzuerkennen, dass es für das Kind in seiner Entwicklung wichtig und erstrebenswert ist, sich so viel und so lange wie möglich in roten Zeitstrukturen aufzuhalten. Die rote Zeitlosigkeit ist das nachgeburtliche Fruchtwasser. Sie ist die Nährlösung, in der das Kind so lange reift, bis es dann später einmal in blaue Strukturen entlassen werden kann. Die Bindung ist die nährende Nabelschnur.

→ Dann ist es zusätzlich wichtig anzuerkennen, dass der Übergang von der roten Zeitlosigkeit in die blaue Welt des reibungslosen Funktionierens für das Kind schmerzhaft ist. Ein Kind mit Schmerzen braucht Trost und Verständnis und es muss ihm erlaubt sein, darüber zu weinen.

Genau an dieser Stelle möchte ich kurz meiner Empörung über die öffentliche Kita-Debatte Luft machen. Niemand spricht von dem Preis, den die Allerkleinsten zahlen. Im Gegenteil – den Kleinkindern wird seit Neuestem Bildung und Sprachkompetenz abverlangt und sie werden auch geprüft, von beflissenen Grundschullehrerinnen beäugt, selektiert und mit Qualitätssiegeln versehen. Man fahndet beizeiten nach den Schwächen der kleinen Kinder, um diese dann auszumerzen. Die Nährlösung, in der bildungsrelevante kindliche Strukturen optimal wachsen und gedeihen könnten, wird ausgetrocknet, während man gleichzeitig vehement nach Bildung schreit, sie regelrecht einfordert. Arme Kinder!

Weiß der Erzieher im Kindergarten, den die Eltern mit der Betreuung ihres Kindes beauftragt haben, um diese beiden Umstände – die Wichtigkeit der Zeitvergessenheit und den Schmerz der Vertreibung aus ihr –, so hat er die Möglichkeit, beiden gerecht zu werden, beide zu würdigen, Eltern und Kind. Denn diejenigen unter den Eltern, die das Mulmige zulassen, spüren den Schmerz, das Kind spürt ihn und die Kindergärtnerin oder der Kindergärtner fühlt ihn mit. Was passieren kann, wenn diese drei Parteien, die alle dem Mulmigen ins Auge schauen, zusammentreffen, das wird in Kapitel 5 im Text zu „Der einladungszentrierte Kindergarten“ beschrieben.

An der Trennung des Kindes von seiner Familie sind also drei Parteien beteiligt: das Kind, die zentrale Bindungsperson und die Einrichtung, die fortan mit der werktäglichen Kindererziehung beauftragt ist. Die Trennungs-Bewältigungsstrategie seiner Eltern steht dem Kind noch nicht zur Verfügung, obwohl es aus Liebe dazu tendieren wird, den

Sehnsüchten von Mutter und Vater nach frühkindlicher Aufgewecktheit entgegenzukommen.

Das Kind allerdings hat sie noch nicht, die Draufsicht auf sein Lebensbild. Es kennt all die Techniken zur Vermeidung des mulmigen Gefühls noch nicht. Stattdessen steckt es ganz mittendrin in der gegenwärtigen Verstrickung und muss sich daher unablässig bemühen, die beiden Ebenen miteinander zu verbinden.[13] Es versucht immerzu kleine Leiterchen zwischen den Ebenen aufzustellen. Das verlangt dem Kind ganz viel Kraft ab. Folglich ist es die Aufgabe aller Erwachsenen, ihm so viel dieser Arbeit abzunehmen, wie ihnen möglich ist. Diese Entlastungen für das Kind von Seiten des Kindergartens wird ebenfalls in Kapitel 5.3 „Der einladungszentrierte Kindergarten“ beschrieben werden.

Der kanadische Entwicklungspsychologe Gordon Neufeld hat viele Forschungsergebnisse zur Bindung des Kindes an den Erwachsenen, die für es zuständig sind, zusammengeführt. Daraus hat er eine Theorie entwickelt, die uns in die Lage versetzt, die Entwicklung der Bindung nachzuvollziehen und ihre Bedeutung für die Reifwerdung des Kindes zu würdigen. Fängt er an, sich mit Neufelds Erkenntnissen auseinanderzusetzen, so wird der Erwachsene das Kind zunehmend von innen heraus verstehen. Dieses Verständnis des Kindes hat den Vorteil, dass es ihm als Individuum gerecht werden wird. „Der Neufeld-Ansatz betrachtet Kinder nicht als Automaten, bei denen man nur die richtige Taste drücken muss, damit das erwünschte Verhalten herauskommt. Gordon Neufeld sieht Kinder vorrangig als Bindungsgeschöpfe und als komplexe Wesen in ständiger Entwicklung, deren Verhaltensweisen – so unangemessen sie uns auch manchmal erscheinen mögen – nachvollziebaren, im Prinzip einfachen Gesetzmäßigkeiten folgen.“ Das sagt Dagmar Neubronner in ihrem Buch über den Neufeldansatz mit dem Titel: „Der Neufeld-Ansatz für unsere Kinder“. (Neubronner, D., Der Neufeld-Ansatz für unsere Kinder, 2015)

Dem Interessierten stehen verschiedene Wege zur Beschäftigung mit dem Neufeld-Ansatz offen. Da gibt es zunächst die Möglichkeit einer online-Weiterbildung bei Dagmar Neubronner und auch Video-Kurse.[14]

Diesen Weg beschritten bzw. beschreiten auch die beiden Autoren dieses Buches. Das ist auch der Grund, warum sie des Öfteren aus unveröffentlichtem Kursmaterial zitieren.

Natürlich gibt es auch den klassischen Weg der o. g. Buchlektüre. Gordon Neufelds Buch „Unsere Kinder brauchen uns! Die entscheidende Bedeutung der Eltern-Kind-Bindung“ ist ein Klassiker, der bereits in zweiter Auflage vorliegt. (Neufeld, G. & Maté, G., Unsere Kinder brauchen uns! Die entscheidende Bedeutung der Eltern-Kind-Bindung, 2006/2015)

Das Neufeld-Paradigma wird uns weiter unten darauf hinweisen, dass die Hilfe beim Leiterbauen durch die beteiligten Erwachsenen nicht nur aus menschlicher Sicht geboten ist. Es ist auch nötig für die Reifwerdung des Kindes. Ist es nämlich beständig und erfolglos mit dem Leiteraufstellen[15] beschäftigt, so bleibt dem Kind nicht mehr genug Kraft für seine geistige und psychische Entwicklung.

Möchte man einem Kind bei der Bewältigung von Trennung beistehen, so ist es nötig zu wissen, welche Arbeit ein kleines Kind dabei leisten muss. Vor diesem Hintergrund ist es nützlich, die natürliche Entwicklung von Bindung zu studieren. Erst wenn man sich also bemüht, das Prinzip der Bindung zu verstehen, kann man sich vorstellen, was dem Kind bei ihrem Gegenteil, der Trennung, abverlangt wird.

In seinem Vortrag „Unsere Kinder brauchen uns“ in Aschau am Inn, 20.11.2011, sagte Gordon Neufeld:

„Kinder werden gänzlich beherrscht vom Streben nach und der Bewahrung von Nähe, wenn ihre Bindungsbedürfnisse nicht erfüllt werden oder wenn sie in diejenigen, die Nähe geben, nicht vertrauen.“

In einem Interview beschreibt eine Krippenerzieherin das so:

„Manche Kinder weichen nicht von der Seite der Erzieherin und werden kaum eigenaktiv, halten sich buchstäblich an Spielzeug oder Ritualen fest, reagieren vorschnell mit Panik oder heftigem Widerstand. Während der Eingewöhnungszeit (ca. 8 Wochen) ist das normal, doch danach ist das ein klares Zeichen von mangelnder innerer Sicherheit.“ (Krippenerzieherin, 2013)

Kinder, die sich selber um ihre Bindungs-Versorgung kümmern müssen, das sind die kleinen Leitern-Bauer und sie leisten Schwerstarbeit und sind dabei in der Regel erfolglos. Es baut sich eine Frustration auf. Versucht das Kind das, was in seinem Leben nicht so läuft, wie es laufen sollte, zu ändern und stößt es dabei an seine Grenzen, so vermag es mitunter einzig die Aggression, ihm Luft zu verschaffen. Diese wiederum bringt das Kind noch zusätzlich in Schwierigkeiten.

Manche Kinder schaffen es auch kaum, sich in ihrer Alltagswelt zu orientieren und einzuordnen:

Ein kleiner Junge, der mit knapp zwei Jahren in den Kindergarten kam, weiß mit drei Jahren augenscheinlich immer noch nicht genau, wo er da eigentlich gelandet ist. Er war vorher in einer jener Krippen gewesen, die beflissentlich das Lügenspiel von der frühkindlichen Bildung mitspielen. Ein Fotoalbum aus der Krippenzeit zeigt den hochgebockten Säugling mit einem Pinsel in der Hand und einem Ei auf dem Schoß. Es soll wohl der Eindruck von frühkindlicher Kreativitätsförderung eines Hochbegabten entstehen. Dieses Kind also wird im Kindergarten abgegeben, was – so vermute ich – von ihm nicht nachvollzogen werden kann. Von den typischen Kindergartenritualen in seiner neuen Tagesstätte nimmt er jetzt schon seit einem Jahr keine Notiz. Er ruht noch so ganz in sich selbst und die Kindergärtnerin ist ratlos. Die Freude der anderen Kleinen an den täglichen Verrichtungen und Ritualen vermag dieses Kind nicht anzustecken. Deshalb wird es mühsam bis aufreibend, ihn zu lenken. Mit Erwachsenen, egal mit welchen, spielt er immer wieder dasselbe Spiel. Er ist ein Baby, wird gestillt, gefüttert und in den Schlaf gesungen. Dann, ganz plötzlich, unverhofft und willkürlich richtet er sich auf und ist plötzlich ein Schulkind. Diese Willkür im gespielten Abbruch der Lebensphase „Baby" entspricht wahrscheinlich dem Erleben des Kindes, als es ein Jahr zuvor unverhofft in den Kindergarten verbracht worden war und davor, als Säugling, in die Krippe. Die erwachsene Person, die vorher Mama spielen sollte, ist dann unversehens die Lehrerin. Der im Spiel immer wiederkehrende Bruch zwischen Säuglingsalter und Schulalter deutet zumindest darauf hin, dass der Kleine es nicht schafft, seinen Status als Kindergartenkind als Resultat seiner Entwicklung zu erfühlen. Es ist eben nicht so, wie die Erwachsenen es gerne hätten. Das Kind fühlt sie überhaupt nicht, die nur vorgetäuschte Reife. Es ist da ehrlicher als die Erwachsenen.

Die Kommunikationsform Familie würde es den Eltern erlauben, beim Eintrittszeitpunkt in die Kita ähnlich vorzugehen wie bei der Geburt. Das Kind fühlt selber, wann es reif ist. Eine verlässliche Person kann ihm so lange seine tatsächliche Reife spiegeln, bis er in etwa Folgendes erleben kann: „Oh, jetzt zerbricht mir das Osterei nicht mehr in der Hand. Jetzt kann ich es in einer Hand halten und mit der anderen die Farbe rühren. Ich bin es, der diesen roten Punkt auf das weiße Ei gemalt hat. Werde ich jetzt vielleicht langsam groß?" Beantwortet sich das Kind diese Frage und spiegelt die verlässliche Person ihm diese sich selbst gegebene Antwort, so kann ganz langsam das Gespräch auf den Kindergarten kommen. Wunderbare Bilderbücher zu dem Thema zeigen auch die gemeinsamen Rituale und Verrichtungen an diesem Ort. Dieses Kind hat die Gelegenheit, sich mit Mutter oder Vater schon lange vor seinem ersten Tag im Kindergarten dort einzufühlen. Es kann im Geiste schon im Kindergarten angekommen sein, bevor es jemals da war. Dieses Kind durfte nämlich vorher kindergartenreif werden. Und: Zuvor hatte es die Gelegenheit, selber zu erfahren, wie es sich anfühlt, sich zu entwickeln.

Wird dieses Eigenerleben von Reifwerdungsprozessen durch das willkürliche Diktat der Erwachsenen, der Vorwegnahme dessen, was kommen wird, aber noch nicht da ist, verhindert, so wird die Entwicklung dieses Kindes stagnieren. Stagnieren wird sie auch, solange sich nicht Alltag für Alltag dieselbe erwachsene Person für es zuständig zeigt und es in seinem Jetzt-So-Sein würdigt und es dabei auch noch vor der Vortäuschung unangemessener Frühreife schützt.

Kommen wir an dieser Stelle kurz auf unsere beiden Foren-Teilnehmer *kri* und *anonym* zurück. *kri* beschrieb das Verhalten seiner beiden Krippenkinder. Das beschriebene Verhalten der Kinder entspricht dem des typischen älteren Kindergartenkindes. Tatsächlich sind die Kinder aber im Krippenalter und somit jünger als 36 Monate. Ich vermute also, dass *kri* es mit der Wahrheit nicht so genau nimmt. Man kann diese Scheu von der Wahrheit durchaus mit dem Foto von dem oben genannten Osterei malenden Säugling vergleichen. Hier wird eine Reifestufe vorgetäuscht, die noch lange nicht erreicht ist. Der unbeabsichtigte, doch folgenschwere Schaden für diese Kinder ist, dass sie ihr Reifwerden nicht selber spüren können und stattdessen in der Falle des Täuschungsmanövers stecken bleiben. Der kleine Ostereimaler hatte nie die Gelegenheit zu fühlen, dass er kein Baby mehr ist; zu fühlen, dass er wächst. Stattdessen herrschte die Willkür, die er nicht nachvollziehen kann und konnte und die er durch das tägliche Spielen von Brüchen in seiner Biografie zu verarbeiten sucht. Ein kleiner verzweifelter Leiterbauer, der paradoxerweise genau deshalb den Anschluss verliert, weil er das Wunschdenken der ungeduldig auf Reife drängenden Erwachsenen kompensieren muss.

Aber warum nehmen die Erwachsenen, und ausgerechnet die Pfleger der anderen preußischen Tugenden, es hier mit der Wahrheit nicht so genau? Ich beantworte diese Frage nicht, jedoch sage ich, was sie damit eigentlich eingestehen. Indem sie eine größere Reife vorgeben als die tatsächliche, sagen sie ja, dass die Krippe ein Ort für Kindergartenkinder (3-6-Jährige) ist und keiner für Babys und Kleinstkinder (0-2-Jährige). Darüber sollte unsere Gesellschaft einmal nachdenken. Bei der Erarbeitung angemessener Krippenkonzepte ebenso wie bei der individuellen Entscheidung für oder gegen eine nicht notbedingte Krippenunterbringung.

Damit das Kind erleben darf, wie sich die eigene Entwicklung anfühlt, braucht es das zuverlässige Dasein seiner Bezugsperson, Ruhe und weiche annehmende Herzen. Es braucht eine Atmosphäre, die sich deutlich von der, die durch „Selbstdisziplin, effektiver Tagesgestaltung und Arbeitsorganisation“ entsteht, unterscheidet.

Vor diesem Hintergrund kann ich es nur mit sehr viel Mühe hinnehmen, dass größere Babys bzw. Kleinstkinder von ein und zwei Jahren in Deutschland nun standardmäßig jäh aus der Verträumtheit ihrer ersten Bindung, aus dem aufkeimenden Vertrauen in die Verlässlichkeit des vom Kind geliebten Erwachsenen gerissen werden. Werden diese kleinen Menschen nun aber obendrein noch durch die Lüge der frühkindlichen Bildung als Gewinner der Trennung von ihren Eltern hingestellt, so ist die Grenze der Erträglichkeit überschritten. Ich kann, wenn es um die sogenannte frühkindliche Bildung geht, Wolfgang Bergmann, dem leider zu früh verstorbenen bindungsorientierten Pädagogen und Familientherapeuten, nur zustimmen: „Lasst eure Kinder in Ruhe!" (Bergmann, Lasst eure Kinder in Ruhe. Gegen den Förderwahn in der Erziehung, 2011) Rote Zeit oder, wie Tilman Allert es nennt, die Kommunikationsform Familie heißt letztlich nichts anderes, als das heranwachsende Kind in Ruhe lassen. Ruhe, nicht in dem Sinne von Vermeidung, sondern Ruhe im Sinne von bedingungslosem Zeitgeben und derweil, beschützend und beachtend, da sein.

Der Grad, der zwischen der Vernachlässigung und dem beachtenden und behütendem Dasein für das Kind liegt, ist ein schmaler, äußerlich oft nicht leicht erkennbar. Neulich besichtigte ich eine riesengroße Tagesstätte für mehr als 170 Kinder. Auf zwei Etagen wurden Kinder von null bis sechs Jahren frühkindlich gebildet. Hier lag der Schwerpunkt eindeutig auf Bildung. Schon die Krippenräume hatten bildungsrelevante Namen, wie etwa „Buchstaben und lesen" oder „Zahlen und rechnen". Die Räume, in denen diese Kinder groß werden, nennen sich Funktionsräume. Sie sollen die Funktion der Wissensvermittlung zu verschiedenen Themen erfüllen. Eine Erzieherin war sichtlich stolz darauf, nicht zu wissen, wo sich die Kinder, für deren Wohlergehen sie verantwortlich ist, tagsüber so aufhalten. Wenn die Eltern abends nachfragen, brüstet sie sich damit, dass sie es nicht wisse. Sie, die Eltern sollen doch bitte ihr Kind fragen. Während sich bei mir gerade eine tiefe Verzweiflung breitmachte, kam eine rettende Stimme aus dem Hintergrund. Eine fotokopierende Kollegin meinte: „Das gäbe es bei mir nicht. Meine Kinder dürfen nur den Raum verlassen, wenn ich das erlaube, und die ganz Kleinen, wenn überhaupt, nur in Begleitung der größeren." In diesem frühkindlichen Bildungs-Moloch gibt es doch tatsächlich eine Gruppe, die sich Familiengruppe nennt, und diese hat – wie soeben gehört – eine Erzieherin, die etwas von Bindung versteht. Sie kopierte das nächste Blatt, während sich alle gebannte Blicke auf sie richteten, und schickte dann den folgenden

Satz nach: „Und ich möchte auch nie eine andere Gruppe haben!" „Ja!", jubelte ich, wenn auch leise, und der Tag war gerettet.

Vermutlich hat man beim Erstellen des Funktionsraum-Kitakonzepts schon einmal davon gehört, dass kleine Kinder ausschwärmen und die Umgebung erkunden. Das nennt man Exploration und diese erweitert dann tatsächlich den kindlichen Horizont. Die Exploration aber ist eine der Früchte einer sicheren Bindung und keinesfalls ein Ersatz für diese.[16] Das haben Bowlby und Ainsworth schon vor sechzig Jahren erforscht. Wenn sich die Erzieherin der Familien-Gruppe ihre Kinder nahehält, bis sie reif für die Exploration sind, dann wird es auch zu dem heiß ersehnten Bildungsgeschehen kommen. Setzt man aber das Kleinkind schon vorher aus und überlässt es sich selbst, so wird es sich verzweifelt an Gleichaltrige binden oder rastlos Leiterchen bauen. Früher, als ich ein Kind war, nannte meine Mutter eine solche Erziehungspraxis Vernachlässigung. Das Aussetzen kleiner Kinder ist nämlich eine ganz alte und keineswegs moderne Erziehungs-Ersatz-Praxis. Die gab es schon immer, nur dass es statt der Funktionsräume die freie Natur, die Straßen und Spielplätze gab. Gleichaltrige werden der gegenseitigen enormen Verantwortung füreinander nicht gerecht werden können, weil sie ja selber Ungebundene bzw. Ausgesetzte sind. In diesem Kindergarten ist das kleine Kind – wenn es nicht das Glück hat, der Familiengruppe zuzugehören – schutzlos 170 anderen Kindern und einer Unzahl von Funktionsräumen ausgeliefert und die Erzieherin, die für es zuständig wäre, ist nicht da, sondern irgendwo. Sie weiß nicht, wo das Kind ist, und das Kind weiß vermutlich nicht, wo sie ist. Im Eingangsbereich dieser Kita gibt es einen hochkomplexen Grundriss der Kita, auf dem Erwachsene mit einem hinreichenden IQ und sehr viel Mühe erschließen können, welcher Erwachsene wann wo zu finden ist. Die Kinder aber, sollten sie sich an ihre Bezugserzieherin binden wollen, haben keinen Zugang zu dieser Orientierungshilfe. Das ist die Erbarmungslosigkeit unserer Bildungsgier und hier sind es beileibe nicht nur die Räume, die funktionalisiert werden.

Der Unterschied zwischen der Familien-Erzieherin und der Funktionsraum-Erzieherin liegt vermutlich in deren inneren Bildern vom Kind.

Für die zweite ist das Kind ein Schwamm beziehungsweise ein Empfänger von Bildung und der Funktionsraum ist der Nürnberger Trichter. Das geflügelte Wort vom „Nürnberger Trichter" hat seinen Ursprung in der Rezeption eines Buchs von Georg Philipp Harsdörfers: „Poetischer Trichter – Die Teutsche Dicht- und Reimkunst / ohne Behuf der Lateinischen Sprache / in VI Stunden einzugiessen". Nürnberg 1648–1653. (Harsdörfers, 1648–1653, hier: reprografischer Nachduck 1971) Der Titel suggeriert ja, dass es möglich sei, den Prozess des Lernens und Lehrens durch Mechanik zu ersetzen. In dem Flyer dieser Tagesstätte heißt es:

„Die Kinder gewinnen in der ‚Offenen Arbeit' einen Zuwachs (sic.) an Selbstständigkeit, werden unabhängiger, mutiger und lernen sich zu organisieren."

Über das Bild, das die Familiengruppen-Erzieherin vom Kind hat, weiß ich nicht so viel, weil sie bis auf die oben genannte Einlassung nicht mit uns geredet hat. Ich würde ihr mein Kind dennoch anvertrauen, denn sie verantwortet ihr pädagogisches Handeln persönlich. Die aktive Übernahme von Verantwortung für ein Kind sagt diesem immer auch: „Ich bin die Antwort für dich." Auch deinen Eltern gegenüber werde ich antworten und dich nicht ungeschützt der Außenwelt ausliefern, bevor du dafür reif bist. Das ist eigentlich die Kernkompetenz einer guten Erzieherin. Und von diesem Heimathafen aus wird sie intuitiv ganz viel richtig machen.

Wertvolles Know-how ist keinesfalls ein Privileg von Gelderwerbstätigen. Vieles hat sich über die Jahrhunderte im Beruf der Hausfrau und Mutter angesammelt. Mütter, die überzeugt waren, ihren Kindern gutzutun, schufen wunderbare Rahmen für die Reifwerdung ihrer Kinder: Rahmen, in denen sie sich geborgen und willkommen fühlten, in einer Atmosphäre von Schutz, Beachtung und Umgrenzung. Wichtig für die Orientierung des Kindes, des kleinen wie des großen, war und ist die Abgrenzung nach außen. Sie drückt sich aus in dem, was ein Kind darf, vor allem aber in dem, was es nicht darf. Vorschulkinder etwa dürfen alleine nicht weiter als bis zur nächsten Straßenecke gehen, Schulkinder verlassen das Wohnviertel nicht. In diesem Nahe-Halten des Kindes, einer intuitiven Weisheit der erziehenden Mutter, stecken drei Botschaften: Die erste ist, die Welt ist gefährlich und ich übernehme die Verantwortung für deinen Schutz. Die zweite ist, je reifer du wirst, desto mehr kannst du dich selber dieser Gefahr stellen und Eigenverantwortung übernehmen. Die dritte Botschaft ist eigentlich die wichtigste: Ich bin in deiner Nähe und schütze dich, solange du noch unreif bist. Intuitiv schafft die erziehende Mutter so alle Bedingungen, derer es zur Reifwerdung des Kindes bedarf.

„Weisheit ohne Worte", so nennt Gordon Neufeld die Intuition und es wird nun Zeit, Worte für die Weisheit der alltags erziehenden Eltern zu finden. Es wäre schade für unsere Kinder und unsere Kultur, wenn sie abreißen würde, die Tradierung der Erfahrung von einer Generation zur nächsten. Zum Glück gibt es daher immer mehr Hausfrauen, die zur Feder greifen, und es gibt mitunter sogar Wissenschaftler, wie Gordon Neufeld und Tilman Allert, die es vermögen, genau die wichtigste intuitive erzieherische Haltung und den zugrunde liegenden Berufsethos in Worte zu fassen. So machen sie das greifbar, was der alltags erziehende Elternteil und das Kind leisten, die Kultivierung von Bindung. Einige der intuitiven Erkenntnisse der hauptamtlichen Hausfrauen und Mütter sind an ihr Lebensmodell gebunden und nicht etwa auf eine Kindertagesstätten-Erziehung zu übertragen. Dazu gehört das, was Tilman Allert die Kommunikationsform Familie nennt. Die Ausrichtung auf einen Entwurf von Einzigartigkeit. Das kann eben keine Einrichtung leisten. Es gibt aber auch Vorzüge der Familienerziehung, die durchaus auch die Kita-Erziehung bereichern könnten.

Langfristig hätte eine neue Solidarität und ein Austausch von Know-how zwischen Müttern oder Vätern, die gerne und mit freudigem Eifer ihre Kinder zu Hause erziehen, und dem der Kindergärtnerin (wenn es Kindergärtner sind, meine ich sie gerne mit) aber nur unter einer Voraussetzung eine Chance: Die alltägliche Erziehung kleiner Kinder in ihren Familien braucht den Schutz und die Anerkennung der Gesellschaft, denn sie ist nicht robust und unverletzlich. Gingen die Angriffe auf ganztags erziehende Familien im selben Ausmaß wie derzeit weiter, so würde diese Lebensweise aussterben. Damit würde auch die eine wertvolle Wissensquelle versiegen.

Die Kindergartenpädagogik, die zum Ersten selbst das Kind einlädt (was ja eine Selbstverständlichkeit ist) und dabei insbesondere an die Einladung der Eltern an das Kind anknüpft, nenne ich, wegen ihres doppelten Anknüpfens an diese, Einladungszentrierung. Es handelt sich um ein anspruchsvolles Unterfangen, denn sie kann nur gelingen, wenn das einzelne Kind mehr in den Blick genommen wird als die Organisation der Gruppe. Gerade wegen dieses Aufwandes kann die Einladungszentrierung nur in Kindergärten mit einem günstigen Personalschlüssel und vor allem in Teams mit völliger Einigkeit über dieses Ziel realisiert werden.

Der Gedanke an ein Heer von fast einhundert und siebzig umherirrenden Kleinkinder und Kindergartenkinder in einem Labyrinth von Funktionsräumen verschafft der Einladungspädagogin Alpträume. Warum eigentlich? Diese intuitive Abneigung, dieses beunruhigende mulmige Gefühl verweist mich auf ein Wissen, dem zunächst einmal die Worte fehlen. Worte kann ich ihm geben, wenn ich das Paradigma von Gordon Neufeld verinnerliche. Es schenkt der Intuition der Berufs-Mutter/Vater und auch der/dem Einladungspädagogin/en Worte.

Neufeld deckt den Hintergrund der Delegation der Kindererziehung an Gleichaltrige auf: „Hinter der Gleichaltrigenorientierung der Kinder von heute steht der zügellose Materialismus und die Technologieverliebtheit der globalisierten Wirtschaft. Selbst im kontinentalen Europa, wo den älteren Kulturen traditionell Respekt entgegengebracht wird, sind die Menschen gegen diesen Fluch nicht immun. Um davon verschont zu bleiben, muss sich in der Gesellschaft ein Bewusstsein für Bindung entwickeln und die starken Kind-Erwachsenen-Bindungen müssen wiederhergestellt werden." (Neufeld, G. & Maté, G., Unsere Kinder brauchen uns! Die entscheidende Bedeutung der Eltern-Kind-Bindung, 2006/2015 S. XIIf.)

Das Neufeld-Paradigma ist eine neue und zugleich alte und zutiefst intuitive Sicht auf das Leben und insbesondere auf das Kind. In seinem

Zentrum steht die Bindung, die das Zusammenwirken der Kräfte antreibt, ordnet und auch erklärt. Man kann auch sagen, die Bindung hält die Kräfte zusammen und regelt ihr Miteinander. Folglich erklärt sie auch die Welt. Das gilt sowohl für das Planetensystem, die Naturwissenschaften, für Flora und Fauna als auch für das menschliche Miteinander und deren Entwicklungen.

Die Bindung ist nämlich auch die Voraussetzung und der Raum für das, was gemeinhin als Erziehung gilt. Wird der Bindungshunger kleiner Kinder weniger gestillt, so verschlechtern sich die Voraussetzungen für das Zustandekommen von Erziehung. Es verwundert deshalb nicht, dass proportional zur Reduzierung der gemeinsamen Zeit in Familien der Markt für Erziehungsratgeber wächst und das Angebot bis zur Unübersichtlichkeit anschwillt.

Gordon Neufeld arbeitete ursprünglich mit straffälligen Jugendlichen und stellte sich, wie schon John Bowlby vor ihm, die Frage, wie es zu deren starrer Gefühllosigkeit kam und zu der kalten Gleichgültigkeit, die sie ausstrahlten. Er erlebte sie als Menschen, die nicht bei sich selbst zu Hause sind, weil sie ihre eigenen Emotionen nicht fühlen konnten. Weder die schönen Gefühle und das Glück noch die Schmerzen und das Leid: Nichts, keine Bewegung, keine Regung, einfach Starre. Coolness würde man heute ihre Voraussetzung nennen, „chillen“ ihr unverletzliches Nichts-Tun in der Jugendgruppe. Und hier, in der Bewegungslosigkeit, liegt auch der Grund für das Steckenbleiben der Entwicklung. Ist der Heranwachsende nicht zu Emotionen fähig, so kann er sich gar nicht weiterentwickeln. In dem Wort Emotion steckt „movere“, das lateinische Verb für das Bewegen, ohne das es eben nur den Stillstand geben kann.

Bei seiner Arbeit im Jugendgefängnis lernte Neufeld, die menschliche Entwicklung um die Bindung zentriert zu sehen. Das kam so: Eines Tages fiel dem Gefängnispsychologen bei der Beschäftigung mit den Werdegängen seiner Patienten etwas auf. Nahezu alle straffälligen Jugendlichen hatten eine Gemeinsamkeit, die Konfrontation mit Trennung, bevor ihre Gehirne reif dafür waren, sie zu ertragen. So ging Gordon Neufeld zunehmend davon aus, dass Bindung das ist, was jeden Menschen psychisch nährt und emotionsfähig hält. Bindung hält die Herzen weich und fähig, Emotionen zu fühlen. Bindung macht die psychische Nahrungsaufnahme möglich, die noch wichtiger ist als Lebensmittel. Ihr Entzug kann durchaus zum Tod führen. Der Stauferkaiser Friedrich Wilhelm II. machte auf Sizilien ein Experiment. Er wollte wissen, ob sich die Sprache von innen oder von außen entwickelt. Um das herauszufinden, ließ er Waisenkinder von Ammen betreuen und verbat denen, mit den Kindern zu sprechen. Die Folge war: Alle Kinder starben.

Fragt man nach den Bedingungen für die menschliche Reifwerdung und den Gründen für ein Steckenbleiben, so kommt der Bindung die zentrale Bedeutung zu:

1. Das bindungsfrustrierte Kind, das unablässig um Bindung ringen muss, ist so beschäftigt und im Streben nach und Aufrechterhaltung der Bindung zu dem für es zuständigen Erwachsenen gefangen, dass ihm dann die Kraft für seine eigene Reifwerdung fehlt. Um in unserer Metapher zu bleiben: Das Kind, das unablässig mit dem Leiter-Bauen zwischen den verschiedenen Puzzle-Ebenen beschäftigt ist, kann sich in dieser Zeit nicht entwickeln. Es ist eben in der Hinsicht nicht frei und, was noch schlimmer ist, es ist frustriert.
2. Die Starre und Unfähigkeit, die eigenen Emotionen zu fühlen, hat sehr viel mit den Verletzungen durch Trennung zu tun. Panzerungen schützen vor den Gefühlen von Verletzlichkeit. Das ist ja auch in dem Moment gut und erstrebenswert, jedoch hat dieser Schutz, wird er chronisch, einen Preis. Er lässt nämlich auch keine Freude und liebevolle Hingabe mehr zu. Der Panzer kennt nur die Emotion schlechthin und schirmt das Kind von allen Emotionen ab. Es kann sein Leid nicht fühlen und das ist gut; es kann aber zugleich auch die Freude und die Wärme nicht spüren und das ist schlecht. Ja, es wird nicht mehr verletzt, aber es wird auch nicht mehr genährt.
3. Ein Vierjähriger in unserem Kindergarten lacht nicht mehr. Seine Bezugserzieherin erwähnte neulich, er sei werktäglich neun Stunden im

Kindergarten und am Wochenende ginge die Mutter arbeiten. Wen wundert die emotionale Verhärtung des Kleinen vor diesem Hintergrund?

4. Gibt es hingegen eine Bindung des Kindes zu dem für es zuständigen Erwachsenen, so entlastet das den kleinen Menschen von der Zuständigkeit für seinen eigenen Schutz und seine eigene psychische Ernährung. Sein Herz kann weich bleiben, sodass es fühlen kann. Weiche Bindung und kein harter Panzer ist für dieses Kind ein Schutzschild gegen Verletzungen. Insbesondere auch gegen Verletzungen durch gleichaltrige Kinder.

Zum Punkt 3 ein Beispiel:

Ich hörte einmal die Klage der Mutter eines älteren Kindergartenkindes, eines Mädchens. Ihre Tochter würde von den anderen Mädchen in ihrer Selbstbestimmung beeinträchtigt und belästigt: „Wenn du jetzt nicht …, dann bist du nie mehr meine Freundin!" Das Kind hatte seinen Schmerz zuvor weinend seiner Mutter anvertraut und diese hatte es getröstet und ihrem Kind geantwortet: „Das ist ja Erpressung. Da wäre ich auch traurig." Vielleicht hat sie dem Kind das Wort sogar erklärt. Die Mutter fragte nun die Kindergärtnerinnen, wie und ob sie dem Kind helfen könnte. Dabei hatte die Mutter das intuitiv schon längst selbst erledigt, indem sie ihre Schulter zum Weinen anbot. Die Bindung des Kindes an seine Mutter wird nämlich die verletzenden Gleichaltrigen von nun an gewissermaßen draußen halten. Denn im Kontext der Bindung konnte die Mutter ihrer Tochter ein Schutzschild sein und gleichzeitig die Gefühle des Kindes weich halten. Bei dem nächsten Versuch der Spielkameradinnen, sie in die Enge zu treiben, werden sie auf ein verändertes Mädchen treffen.[17] *Die Tränen, die sie darüber vergießen durfte, haben dabei geholfen, sich in das Unvermeidliche – die erpresserischen Gleichaltrigen – zu fügen, ohne Schaden am weichen und warmen Herzen zu nehmen. Dieses Mädchen lebt in einem Kontext, in dem es wunderbar reif werden kann.*

Greifen wir bezüglich des soeben geschilderten Erziehungsgeschehens Tilman Allerts Hypothese von der Konfrontation zweier nicht vereinbarer Zeithorizonte auf. Die Vereinbarkeits-Lobby wird an dieser Stelle einwerfen: „Das dauert doch nicht lange, mal eben zu seiner Tochter zu sagen: Das ist Erpressung." Dafür räumen wir am Abend eine Stunde Quality-Time ein. Dann kann sich das Kind über den vergangenen Kita-Tag Gedanken machen und ihn gemeinsam mit Mutter und Vater und sich mutig an die Zeitlosigkeit des sich bedingungslos Aufeinander-Einlassens wagen. Geschieht das immer und immer wieder, so können sich Kind und Erwachsener so nahestehen, dass der Erwachsene zum Beschützer der zartesten kindlichen Gefühle werden kann. Aber nur dann. Ein im Berufstakt eingeplantes Sitzungs-Stündchen vermag niemals die Bindung zu ersetzen.

Die Bindung ist zwar unsichtbar, aber so gigantisch wie ein eigenes Universum, gebaut aus unzähligen getrockneten Tränen, verstandenen Zeichen und Blicken, erzählten Geschichten und respektierten Gefühlen. Und immer und immer wieder: „Auch wenn du es schwer hast, auch wenn du dich nicht an die Regeln hältst und die Wut dich übermannt, ich bleibe bei dir und wir gehören zusammen, egal, was ist." Bis dieses Lebensgefühl der bedingungslosen Zugehörigkeit einsinkt und richtig tief verinnerlicht ist, bedarf es unzähliger Wiederholungen und eben – in den ersten drei Jahren – einer fast ständigen Anwesenheit der zuständigen erwachsenen Person, der Mutter, des Vaters, der immer gleichen Kinderfrau oder Großmutter. Gebaut werden konnte dieses Universum auf dem Fundament des Daseins. Das Wegsein nämlich ließe alles wegrutschen. Und so ist es gar nicht die Erziehung selber, die das Zeitproblem darstellt, sondern es ist die Schaffung der Voraussetzung, unter der Erziehung überhaupt erst stattfinden kann. Die Schaffung des Kontexts stellt eine Herausforderung an den für das Kind zuständigen Erwachsenen dar. Sie erfordert die Bereitung des Bodens, das Pflügen und Säen. Der Kontext Bindung kann in der Regel nur durch den Verzicht auf ein beruflich bestimmtes Zeitmanagement erschafft werden. Es ist gar nicht die Erwerbsarbeit selber, die den Bindungsprozess stören würde, sondern das damit einhergehende Verlassen des Zeithorizonts, in dem die Bindung alles zusammenhalten kann. Die

Erziehung selber, die eben dieses Kontexts bedarf, ja, die kann in der Tat in einem kleinen Quality-Stündchen erfolgen. Sie ist nämlich die Ernte aller vorhergehenden Mühen. Sie springt dem Bauern, der sich aus Überzeugung und mit Leib und Seele seinem Ein und Alles verschreibt, wie von selbst in die Scheune.

Hätte in unserm Beispiel der Kontext der Bindung zwischen Mutter und Tochter nicht vorgelegen, so hätte das Kind nicht erzogen werden können. Die entscheidende Frage, was dann stattdessen passiert wäre, ist schnell beantwortet: Das Kind wäre nicht erzogen worden. Und: An diesem Umstand hätte kein einziger Erziehungsratgeber der Welt etwas ändern können.

Bindung ist aber weit mehr als der Kontext, in dem Erziehung stattfinden kann, sie ist auch der Schlüssel, um das Kind von innen heraus verstehen zu können.

Neufeld sagt: „*Kinder ohne Verweis auf Bindung zu verstehen, ist schlechterdings unmöglich.*"

Er erkennt die Bindung als ein übergeordnetes System, das insbesondere auch universale Grundlage aller biologischen, chemischen und physikalischen Wechselwirkungen ist. Bindung ist so selbstverständlich, wie sie zugleich auch schwer zu fassen ist. Vor allem geht mit jeder Bindung zugleich auch ihr Gegenteil einher. Neufeld spricht von Polarität. Wie beim physikalischen Universum gibt es zum Pol den Gegenpol, beim Magnetismus und bei der Schwerkraft den negativen Pol, die dunkle Energie. Ausdruck von Bindungspolarisierung sind etwa Fremdeln oder Schüchternheit Fremden gegenüber, mit denen das Kind die existierende Bindung zu schützen sucht. Ist das wenige Monate alte Baby mit seiner Beziehungsperson zu einer Ebene des Erkennens und des Vertrauens auf die Zuverlässigkeit gelangt, so strebt es diese Zweisamkeit zu erhalten, sie zu schützen. Kommt ein Fremder hinzu, so wendet sich das Kind der vertrauten Person zu und vom Fremden ab. Das ist ein Zeichen für eine intakte Bindung, ein Grund zur Freude, denn das oben genannte „Universum" beginnt Form anzunehmen. Es ist der Kontext, in dem das Kind dann erzogen werden kann.

Bindung ist das elementare Bedürfnis, ein Instinkt des Gehirns, Neufeld spricht sogar von „Bindungsgehirn". Sein Gegenteil, die Trennung, ist folglich die Quelle der größten Verletzungen für das Kind. Trennung ist die Hauptquelle für kindliche Frustration mit all ihren Folgen von der Aggression bis zur Resignation, die fast immer mit einem Steckenbleiben in der Entwicklung einhergeht.

Viele Rätsel, die den Beobachter unglücklicher Kindern quälen und mitunter fast zur Verzweiflung treiben, lösen sich beim Studium von Neufeld.

Wer das Kind von der Bindung her betrachtet und unter Umständen um die schwere Arbeit des Kindes an dem Ringen um sie weiß, der erwartet auf einmal viel weniger vom Kind und ist ihm gegenüber gnädiger als vorher. Es macht schon einen Unterschied, ob man als Erzieher im Kind, das sich und anderen das Leben schwer macht, eher das Opfer eines Mangels oder den Täter und Quälgeist sieht. Entwicklungsverzögerungen werden dann auch auf einmal nicht mehr auf einen Mangel an Anregungen zurückgeführt und oberflächlich mit Funktionsräumen oder noch mehr Trennung und frühkindlicher Förderung beantwortet, sondern mit mehr Bindung.

Die jahrhundertelange Erfahrung der Mutter, die sich ihr kleines Kind nahehält, die schlichte Erfahrung, dass kleine Kinder unter die Flügel einer Glucke gehören, um zu reifen, dieser Weisheit hat Neufeld Worte geschenkt. Dabei ist es völlig egal, ob sie nun zeitgemäß sind oder nicht.

Das Neufeld-Paradigma, so gesteht sein Entwickler ein, stellt keine neue wissenschaftliche Erkenntnis dar. Es ist das vorläufige Ergebnis der Reflexion entwicklungspsychologischer, psychoanalytischer, philosophischer und anthropologischer Erkenntnisse in Hinblick auf die Bedeutung der Bindung für die Reifwerdung des Menschen. Oben hatte ich gesagt, dass Gordon Neufeld mit dieser Leistung der Intuition derjenigen Eltern Worte verleiht, für die sich die persönliche Erziehung ihrer Kinder einfach richtig anfühlt. Hier möchte ich sogar noch einen Schritt weitergehen und sagen: Er verleiht einem fast archetypisch und sehr intuitiv verankerten Allgemeinwissen über das, was Kinder brauchen, um zu reifen, Worte. Als Beispiel hierfür werde ich im Anschluss an die folgende Kurzeinführung in das Neufeld-Paradigma einen Jugendbuchautor zu Wort kommen lassen.

4.3.1 Die Entwicklung der Bindung nach Gordon Neufeld

Nirgendwo habe ich eindringlichere Beschreibungen von der Natur und der Entwicklung von Bindung gelesen als bei Wolfgang Bergmann. Hier ein Beispiel:

„Woraus kann die Brücke (hier zwischen Welt und Kind) nun bestehen? Die Antwort ist wirklich äußerst simpel, fast zu simpel. Dabei bewegen wir uns doch auf dem höchsten Gipfel der neuzeitlichen Philosophie und Pädagogik … Es ist die Liebe, die diese Brücke schlägt.

Liebe ist auch nicht einfach. Schon wieder so etwas Vertracktes. Die Liebe, von der wir hier reden, kann viele Erscheinungsformen annehmen und ist in der Substanz doch immer dieselbe. Die ersten Spuren der Liebe, ihre Markierungen ins seelische Geschehen hinein, davon müssen wir reden. Wir reden von der stillen Gewissheit, die das Kind in den Armen der Mutter, des Vaters empfangen hat, viele Male, Tag für Tag. So wird sie sicherer Seelenbestand. Eine Behütung."

Für diejenigen Leser, die ihrem Kind in jedem Alter bindungsmäßig gerecht werden möchten, ohne sich zuvor mit den Einzelheiten der Bindungsentwicklung zu befassen, reicht eigentlich dieser Appell Gordon Neufelds, den ich auf einem Seminar in Berlin im Oktober 2014 in mein Notizheft schrieb, die mich an jene Bergmannsche „Gewissheit" erinnerte:

„Das Kind muss die Erfahrung machen können, eingeladen zu sein, in der Gegenwart von Mutter und Vater zu existieren."[18]

Die Brücke des Kindes zur Welt, die braucht es, um sich zu bilden. Der Entwicklungspsychologe Gordon Neufeld nimmt diese Brücke namens Bindung ganz genau unter die Lupe. Er sagt:

„Bindung ist ein Trieb oder Bezug, der durch das Streben nach Nähe charakterisiert ist."

Gordon Neufeld geht vom Folgenden aus: Wenn die Bindung der stärkste Trieb ist, dann ist deren Abwesenheit, die Trennung, die stärkste Verletzungsquelle für den Menschen und insbesondere für das von Natur aus abhängige kleine Kind. Bindung ist der stärkste Trieb im Menschen und die Nicht-Bindung die Hauptquelle von Verletzung. Nun ist die Bindung, wie oben schon beschrieben, kein starres Konstrukt, sondern ein komplexes und bewegtes Universum, das sich immerzu fortentwickelt.

Wollen wir die Quelle für Verletzungen studieren, so gilt es zunächst einmal, den ungestörten Verlauf der Entwicklung von Bindung aufzuzeigen.

„Die Fähigkeit zur Verbindung entsteht schrittweise in sechs Phasen, von denen jede den vorigen Arten, Nähe aufzubauen und zu bewahren, eine neue und umfassendere Form der Bindung hinzufügt",

sagt Neufeld in dem oben genannten Vortrag in Aschau am Inn. Ein Prinzip der bindungsmäßigen Entwicklung ist Folgendes: Mit ihrem Fortschreiten senkt sich das Prinzip der Bindung immer tiefer in die Seele des Menschen ein. Vom äußerlich körperlichen der ersten Bindungsstufe entwickelt sie sich fort bis zum Wertvollsten, der tief gefühlten Vertrautheit, dem Gefühl, in seinem Wesen erkannt zu werden und das der anderen zu erkennen. Und noch etwas Prinzipielles gilt: Je weiter die Bindungsentwicklung fortschreitet, desto größer wird das Risiko, verletzt zu werden. Neufeld spricht von Verletzlichkeit. Eine solche Verletzlichkeit drückt der Held in einem Roman von Andreas Steinhöfel folgendermaßen aus:

S. 123: Frederico, dachte ich, du spinnst wohl! Ich war drauf und dran gewesen, dem Bühl meine geheimsten Sachen zu erzählen, dabei war ich nicht mal mit ihm befreundet.

Ein weiteres Charakteristikum der Bindung ist der Umstand, dass sie besser sättigt, wenn sie zuvor gar nicht erbeten oder nachgefragt werden muss. Ihrer Natur nach ist die Bindung ein Selbstzweck und Ausdruck jener Bedingungslosigkeit im Annehmen des anderen, die Alfie Kohn in seinem Buch „Liebe und Eigenständigkeit" so wunderbar veranschaulicht. Zu dem Bindungsangebot von Seiten der Eltern, die der Nachfrage des Kindes zuvorkommt, äußert er sich so:

„Was ist mit der anderen Version eines an Bedingungen geknüpften Erziehungsstils, die darin besteht, Kindern das, was sie brauchen (oder was ihnen einfach Freude macht), nur dann zu geben wenn sie uns gehorcht oder zufriedengestellt haben? Die Alternative ist, ihnen ganz ohne Grund etwas zu geben, ab und zu ein besonderes Vergnügen oder Geschenk anzubieten – eine schöne Unternehmung, ein Buch oder Spielzeug –, einfach weil Sie sie lieben. Im Grunde ist es ziemlich beunruhigend, wenn man sich darüber klar wird, wie lieblos es sein kann, Kindern etwas als Belohnung dafür zu geben, dass sie getan haben, was wir wollten. Wenn wir allzu viele Dinge vom Verhalten eines Kindes abhängig machen, wird unsere Liebe selbst als abhängig von bestimmten Bedingungen wahrgenommen." (Kohn, 2011) (S. 177)

Sehr deutlich hat Alfie Kohn herausgearbeitet, dass der Ausnutzung des kindlichen Bindungsbedürfnisses zur Steuerung seines Verhaltens etwas Liebloses anhaftet.

Die starke Wirkung der Bedingungslosigkeit und des zuvorkommenden Bindungsangebots geht paradoxerweise gar nicht in Richtung Bindung und Abhängigkeit. Die Reise geht viel mehr in das Reich der Unabhängigkeit. Das erkläre ich mir so: Spürt das Kind die Verlässlichkeit der Person, die sich für seine Bedürfnisse zuständig zeigt, so kann es sich bezüglich seiner Versorgung entspannen. All die ihm zur Verfügung stehende Energie steht ihm dann für das Ausschwärmen in unbekannte Gefilde frei. Gordon Neufeld nennt diesen Effekt „Emergenz", eine Frucht der Bindung, die sich automatisch einstellt. Aber Achtung! Hierbei bedarf es schon der echten und aufrichtigen Bedingungslosigkeit, so wie Alfie Kohn sie beschreibt. Ein Schauspiel bildungsbeflissener Eltern zum Zweck der „frühkindlichen Bildung" würde vom Kind durchschaut werden und die zweckdienlichen Maßnahmen gerade wegen ihrer Lieblosigkeit entkräften.

Doch nun zurück zur Entwicklung der Bindung:

Für jede der sechs Bindungsstufen veranschlagt Neufeld ungefähr eines der ersten sechs Lebensjahre, wobei alle Entwicklungsstufen auch später – ja sogar bis zum Lebensende – noch nachgeholt werden können.

Die Bindungsstufen nach Neufeld:

1. Bindung durch die Sinne

Im ersten Lebensjahr strebt der Säugling vornehmlich nach physischer Nähe. Die Bindungsnahrung, nämlich der Körperkontakt, geht eng mit der Lebensmittelnahrung einher. Der Säugling wird in der Regel gestillt oder bei engem Körperkontakt mit der Flasche ernährt. Das Kind hält sich den für es zuständigen Erwachsenen durch körperlichen und visuellen Kontakt nahe.[19]

2. Bindung über Gleichheit

Das inzwischen krabbelnde und dann laufende Kind hält sich den für es zuständigen Erwachsenen nahe, indem es danach strebt, so zu sein wie dieser. Das ist die am wenigsten verletzliche Art der Bindung, denn der Nachgeahmte kann es nicht zurückweisen. Die Aktivität liegt ja ganz auf der Seite des Nachahmers. Auf dieser Stufe sind oft Jugendliche in ihren Peergroups gebunden. Fragen wir uns, warum sie alle die gleichen Frisuren oder Hosen tragen, so lautet die Antwort: Sie sind auf der Stufe der Bindung über die Gleichheit.

3. Bindung über Zugehörigkeit und Loyalität

Jetzt hält das kleine Kind den Erwachsenen nahe, indem es ihn als Eigentum beansprucht. Es sagt oft „meins!!!“ oder „meine Mama“ und das bedeutet dann nicht Eigentum, sondern Bindung. Typische Begleiterscheinungen auf dieser Stufe der Bindungsentwicklung sind dann folglich neben dem Besitzanspruch auch die Eifersucht und das Parteinehmen. Das Kind ist beständig bemüht, sich auf dieselbe Seite zu stellen wie die Person, an die es gebunden ist. Die Bindung auf dieser Stufe ist

– zumindest für Erwachsene – nicht sehr verletzlich. Wieso sollte sich jemand, dem gegenüber ich mich loyal verhalte, von mir trennen wollen? Unter Erwachsenen, deren Bindungsentwicklung ihren Schwerpunkt auf dieser Stufe hat, gibt es häufig eifrige Fußballfans, deren Wohl und Wehe mit dem Erfolg ihrer Mannschaft einhergeht.

4. Bindung über Wertschätzung

Das über Wertschätzung gebundene mittlere Kindergartenkind zeichnet sich durch ein immer differenzierteres Selbstbild aus. Die Person, an die es gebunden ist, so sein Wunsch, soll seine Bedeutsamkeit und Besonderheit erkennen. Ebenso, wie es seinen Bindungspartner wertschätzt, hält es sich diesen nahe, indem es in seiner Gunst zu stehen sucht. Das vierjährige Kind sucht zu erfreuen und Zustimmung zu gewinnen. Ungunst oder übersehen werden verletzt es zutiefst, denn es will von dem, an den es gebunden ist, ausgewählt und eingeladen sein. Wagt sich der Mensch in diese Bindung über Wertschätzung, so geht er schon ein ziemliches Verletzungsrisiko ein. Es schmerzt dann sehr, wenn man nicht als wertvoll und bedeutsam angesehen wird.

5. Bindung über emotionale Vertrautheit

Liebe nennt man es wohl, dieses warme, tiefe Gefühl von Zuneigung, zu dem sich die Bindung des Vorschulkindes entwickeln kann. Es kann jetzt mitunter ganz tief und verletzlich fühlen. Das erkennt man an seinem intensiven Streben nach emotionaler Vertrautheit und Intimität. Das Kind schenkt Mutter und Vater sein Herz und überschüttet sie mit Liebesbekenntnissen. Kinder in der Kunstwerkstatt im Kindergarten malen dann Bilder für Mama, Papa oder Oma. Ihre Augen leuchten dabei schon in Erwartung auf die Freude, die sie schenken. Liebe, so Neufeld, ist der lange Arm der Bindung. Das Kind kann jetzt das Elternteil trotz körperlicher Trennung über längere Zeit innerlich nahhalten.[20] Die Kehrseite ist: Das verschenkte Herz kann leicht gebrochen werden, wenn es nicht sehr behutsam und zuverlässig behandelt wird.

6. Bindung über psychologische Nähe

geht mit einem Gefühl von Vertrautheit einher. So um die Zeit der Einschulung fühlt sich das Kind nahe, weil und wenn es sich gekannt und verstanden fühlt. Es erlebt jetzt das Gesehen- und Gehört-Werden psychologisch. Den, an den es gebunden sein möchte, hält es nahe, indem es mit ihm seine Geheimnisse teilt. So macht das Kind sich ganz und gar transparent und offenbart sich selbst, so wie es ist. Viele Menschen erreichen diese Bindungsstufe nie, denn sie geht mit einer gefährlich großen Verletzlichkeit einher. Jeder Verrat käme ja einer Zerstörung des innersten menschlichen Kerns nahe.[21]

Vorangehende Entwicklungsstufen der Bindung werden durch die weitere Differenzierung nicht unwirksam. In jeder neuen Stufe sind die bisherigen enthalten. Was die Fortentwicklung der Bindung so schwierig und störanfällig macht, ist das stetige Zunehmen der Verletzlichkeit mit jedem Bindungsfortschritt. Einerseits wird die Bindung immer erfüllender, andererseits aber auch gefährlicher. Für das Gehirn unerträgliche Verletzlichkeit wird mit einer Panzerung oder der Entpersonalisierung von Bindung abgewehrt.

Weiter oben haben wir festgestellt, dass die Bindung die Voraussetzung für die Erziehung ist. Danach hatten wir gefragt, was statt der Erziehung passiert, wenn ein Kind nicht vornehmlich mit Bindung, sondern nachhaltig mit Trennung konfrontiert ist. Trennung ist ein Seins-Zustand, in dem Erziehung nicht möglich ist, denn es fehlen die Voraussetzungen Nähe und Erreichbarkeit. Das gilt sowohl für die Abwesenheit von physischer als auch später für die Abwesenheit zwischenmenschlicher und psychischer Nähe.

Wenn ein Kind mit mehr Trennung konfrontiert ist, als sein Bindungsgehirn ertragen kann, wird es sich gegen das Fühlen seiner Emotionen panzern. Das so gepanzerte Kind fühlt dann alle seine Emotionen nicht mehr. Wie bereits ausgeführt, ist die Verletzung durch das vergebliche Nähe-Streben nur eine unter allen Emotionen, die abgewehrt werden. Andere Emotionen, wie Freude und Lust, werden auch nicht mehr wahrgenommen. Das führt zu einer allgemeinen Abstumpfung, die einer weiteren Reifwerdung des Kindes dann im Weg steht.

Es gibt eine beständige Wechselwirkung zwischen diesen drei Aspekten der Entwicklung:

→ Bindung/Trennung
→ Verletzlichkeit/Panzerung gegen Verletzlichkeit
→ Reifwerdung/Steckenbleiben

Idealerweise bindet sich ein Kind an den für es verantwortlichen Erwachsenen und wird mit dem Aufbau dieser Bindung verletzlich, denn es öffnet sein weiches Herz ganz weit. Es verlässt sich darauf, dass der Erwachsene es schützt und es wird auch nicht verletzt. Kinder, die unter solchen Umständen groß werden, können leicht erzogen werden und ganz automatisch ihre Potenziale und Wachstumsmöglichkeiten ausschöpfen.

Das liegt daran, dass das im Bindungsgeschehen geöffnete und weiche Herz das Kind formbar und aufnahmefähig für das macht, was es lernt. Deshalb ist die Bindung der Schoß der Reifwerdung.

Dieser ideale Verlauf kann gestört werden, wenn das Kind gerade wegen der mit der Bindung einhergehenden Verletzlichkeit tatsächlich verletzt wird. Nehmen wir an, ein Kind bindet sich an den für es verantwortlichen Erwachsenen und wird mit dem Aufbau dieser Bindung verletzlich, denn es öffnet sein weiches Herz ganz weit. Es verlässt sich darauf, dass der Erwachsene es schützt und es wird dennoch verletzt. Das im Bindungsgeschehen geöffnete und weiche Herz panzert sich nun gegen die Verletzlichkeit. Hinter dem Panzer ist das Herz zwar noch weich, aber es ist nicht mehr offen und zugänglich, prägbar und bildsam. Die Entwicklung bleibt stecken.

Die Bindung erlebt eine Störung, aber auch die Reifwerdung kommt durch die Panzerung ins Stocken, denn die Voraussetzung, die Öffnung des weichen und formbaren Herzens nach außen, ist nicht mehr erfüllt. Tragischerweise wird das Kind trotz seiner Panzerung gegen die Bindung wieder auf eben genau diese Bindung zurückverwiesen. Ist es nämlich unreifer, ist sein Bedarf nach Bindung nicht kleiner, sondern größer. Das ist das Paradoxon, unter dem wegen zu viel Trennung stecken gebliebene Kinder leiden. Das ist auch das Paradoxon, unter der eine Gesellschaft leiden wird, die nicht anerkennt, dass das Gebäude „Bildung" nur auf dem Fundament „Bindung" aufgebaut werden kann.

Oben wurde ausgeführt, dass mit zunehmender Bindungstiefe die Verletzlichkeit des Kindes zunimmt, weil es ja immer mehr von sich preisgibt und dem anderen anvertraut. Das vergrößert die Angriffsfläche. Aber auch eine verzögerte Reifwerdung vergrößert die Angriffsfläche des Kindes, denn es kann sich ja weniger selber helfen und muss sich folglich anderen mehr anvertrauen als das reifere Kind. Zwischen der Reifwerdung und der Verletzlichkeit baut sich eine böse Wechselwirkung auf. Die wegen der Unreife zusätzlich erhöhte Verletzlichkeit verursacht eine noch stärkere Panzerung. Das Kind fühlt seine Emotionen noch weniger und kann dann auch weniger lernen, denn die nicht gefühlten Emotionen können es nicht zum Lernen bewegen.

In der Folge kommt das Kind entwicklungsmäßig noch stärker ins Hintertreffen und muss sich noch dringlicher durch einen Panzer vor dem Fühlen seiner Emotionen schützen. Das wiederum führt dazu, dass es nicht mehr, sondern dann noch zusätzlich weniger reif werden und dazulernen kann. Das ist ein Teufelskreis.

Die Unreife, die eine noch stärkere Bindungsbedürftigkeit verursacht, macht die Bindung jetzt zum Problem. Das Kind wird nämlich noch abhängiger von ihr und läuft aus der Not heraus Gefahr, sich an vertrauensunwürdige Menschen zu binden. Manche binden sich auch an Gegenstände oder Rituale.

Umgangssprachlich würde man sagen, dass das im Bindungsbestreben verletzte Kind immer cooler wird. Es gibt sich eben wegen seiner besonders starken Empfindlichkeit unverletzlich. Oberflächlich betrachtet wirkt das in der Bindung verletzte Kind selbstständig und unabhängig, weil die für die Kindheit typische Vertrauensseligkeit, Naivität und Unbefangenheit fehlen. Doch der Erwachsene, der über Bindung nachdenkt und das Kind von innen heraus zu verstehen trachtet, kennt die Not dieser zutiefst verletzten und verängstigten Kinder. Er weiß auch, dass gerade die kindliche Unbefangenheit und seine unverfälschten Gefühle die Voraussetzung zum Lernen sind, denn nur ein Kind, das seine Emotionen fühlt, kann sich von diesen zum Lernen bewegen lassen.

Was bedeutet Neufelds Erklärungsmodell aber für den Alltag? Es ist von aller größter Wichtigkeit, ein Kind, das sein Herz öffnet und sich selber dem Erwachsenen anvertraut, zu schützen:

→ vor Verletzungen durch den Erwachsenen selbst
→ vor Verletzungen durch Dritte und insbesondere durch ebenfalls unreife Gleichaltrige.

Eine der vielen Verletzungen, die dem Kind im Bindungsgeschehen widerfahren können, ist die Trennung von der zentralen Bindungsperson, bevor das Kind in der Lage ist, diese trotz physischer Abwesenheit innerlich nahezuhalten. Das Kind gerät so in Alarm.

An dieser Stelle erkennt man den Konstruktionsfehler in der derzeitigen Krippen-Politik. Es ist Programm, Kinder durch vorzeitige Trennung von ihren Bindungspersonen zu verletzen, und gleichzeitig möchte man weiche und formbare Kinderherzen, die in diesem Sinne bildungsfähig sind.

Andere mögliche Verletzungen werden mitunter sogar als Erziehungsmethoden bezeichnet. Dazu gehören: Beschämung, Bloßstellen und gezielt eingesetzte Kurzzeit-Trennungen wie die Auszeit oder etwa das Treppensitzen, propagiert von Super-Nannies in Doku-Soaps. Ganz verbreitet ist auch die Erziehung durch Erpressung. Das Bindungsstreben eines Kindes wird zuweilen von Eltern und Erziehern genutzt, um ihm Bedingungen zu stellen. „Wenn du gehorchst, dann hab ich Dich lieb. Sonst nicht."

Manch einer wird jetzt einwenden, Trennung sei nicht immer verletzend für ein Kind, und ich stimme da zu. Man muss hier sehr stark differenzieren und nach der Qualität und der Entwicklungsstufe der Bindung fragen. Auch die Dauer der Trennung ist von Bedeutung. Diese muss man in ein Verhältnis zum Alter des Kindes setzen. Allerdings gibt es auch große individuelle Unterschiede. Mein Sohn war mit drei Jahren froh, drei bis vier Stunden im Kindergarten zu sein und seinen Horizont zu erweitern. Im Kindergarten gibt es aber auch Kinder, die noch mit vier oder fünf Jahren überfordert sind, wenn die Eltern sie zurücklassen.

Zunächst einmal ist es ein sehr gutes Zeichen, wenn ein Kind sich durch die Trennung verletzt zeigt und weint, spricht das doch für eine funktionierende Bindung und ein weiches und formbares Herz.

Deshalb muss man eher dann alarmiert sein, wenn ein Kind sich durch Trennung nicht verletzt zeigt, als wenn es protestiert. Es kann bedeuten, dass das Kind gepanzert ist und vor lauter Angst vor Verletzung die Bindung abwehrt.

Fehlender Trennungsschmerz kann aber auch ein Zeichen der Reife sein und darauf hinweisen, dass das Kind schon in der Lage ist, den für es verantwortlichen Erwachsenen trotz physischer Trennung innerlich nahezuhalten.

Ist es dazu noch nicht in der Lage, so wird es unweigerlich auf seine Weise um die Erhaltung der Bindung kämpfen oder es gibt sein Nähe-Streben auf. Derweil nehmen seine Gefühlstiefe, die Lebensfreude und die Entwicklung Schaden.

Es wäre folglich besser, wenn statt der Flut von Erziehungsratgebern Bücher über Bindung den Markt überfluteten. Die würden die Erziehungstechniken überflüssig machen und stattdessen die Voraussetzung für die im Kind bereits angelegte Reifwerdung schaffen.

4.3.2 Die Erziehung des gebundenen Kindes

Wie wirkt sich nun die Bindung zwischen dem Kind und den für es zuständigen Erwachsenen auf das Erziehungsgeschehen aus? Ganz einfach: Bindung erleichtert Abhängigkeit und die wiederum weckt den kindlichen Impuls, gut zu sein. Und eigentlich muss ein guter Mensch im landläufigen Sinne gar nicht mehr erzogen werden. Der zuständige Erwachsene muss es ihm nur gestatten und ermöglichen, ihm nahe zu sein.

Ein gebundenes Kind zu erziehen, ist zwar herausfordernd, aber nicht übermäßig kraftraubend, denn es ist und steht uns nah.

1. Es ist uns körperlich nahe (Bindung über die Sinne). Wir müssen es nicht aufsuchen, sondern es stets in unserer Nähe willkommen heißen, es einladen.
2. Es ahmt uns nach (Bindung über Gleichheit). Wir müssen nur selber machen, was unserem Erziehungsziel entspricht, und ein Vorbild sein.
3. Es verteidigt uns (Bindung durch Zugehörigkeit und Loyalität). Wir müssen uns als verteidigungswürdig erweisen.
4. Es will in unserer Gunst stehen und uns erfreuen (Bindung über Bedeutsamkeit und Besonderheit). Wir müssen uns nur von Herzen über die Existenz dieses Kindes freuen. (Bergmann, Warum unsere Kinder ein Glück sind: So gelingt Erziehung heute, 2009)
5. Es strebt nach emotionaler Vertrautheit und Intimität (Bindung über emotionale Vertrautheit, d. h. Liebe). Wir müssen das Geschenk seines Herzens annehmen und sehr verantwortungsvoll damit umgehen, indem wir es nach allen Kräften schützen.
6. Es teilt seine Geheimnisse mit uns (Bindung durch psychologische Nähe, d. h. Vertrautheit). Wir müssen uns bemühen, das Kind zu verstehen, zu kennen und die Geheimnisse zu hüten wie einen Schatz.

Die Kindererziehung wird – trotz aller oft unvermeidbaren Schwierigkeiten und Frustrationen – zu einer deutlich erfreulicheren Betätigung, wenn es den verantwortlichen Erwachsenen gelingt, ein behutsames Bindungsklima zu schaffen.

Ist die Erziehung nicht leicht und kraftraubend, so gilt es nicht, die Erziehungs-Technik oder Erziehungs-Methode selber in Frage zu stellen, sondern ihren Kontext, die Bindung. Sie ist das Fundament, ja die Voraussetzung für Erziehung, ganz gleich, welcher Ausrichtung. Wird die Bindung gepflegt, kultiviert und stabilisiert, dann wird die Erziehung leichter.

Ein gebundenes Kind ist aber noch aus einem anderen Grund angenehm zu erziehen. Es ist nämlich in der Regel nicht bei seiner Reifwerdung stecken geblieben, es entfaltet mit einer zauberhaften Leichtigkeit sein individuelles Menschsein.

Die Reifwerdung eines jeden Menschen ist die Verwirklichung seines zuvor verborgenen Potenzials. Sie ist in der Natur eines jeden Menschen angelegt. Jedoch ist ihr Lauf leider nicht automatisch gewährleistet, sondern ein Resultat eines komplexen Prozesses, den die zuständigen Erwachsenen vor Störungen schützen müssen.

Gordon Neufeld berichtet über einen Interview-Film mit C. G. Jung:

„In einem Film sieht man ihn (C. G. Jung), wie er mit einem Stock geht. Am Seeufer in der Schweiz, sein Zuhause, wo er seine Theorien bildete und überwiegend arbeitete. Und er geht mit dem Interviewer. Während er so geht, sehen wir ihn bei den Rinnsalen, die in den See hineinfließen, immer wieder Hindernisse beiseiteräumen. Und der Interviewer fragt ihn: ‚Herr Jung, was machen Sie denn da?' Und da sagt der: ‚Ja, das habe ich mein ganzes Leben lang gemacht. Ich mach nur den Weg frei, damit die Natur sich entfalten kann, so wie es vorgesehen ist.'

Was wollte er damit sagen? Das Wasser floss sowieso bergab. Seine Aufgabe war es nicht, das Wasser zum Fließen zu bringen. Seine Aufgabe war nicht Wachstum oder Heilung, sondern seine Aufgabe war, die Hindernisse zu entfernen …

Das ist das Herz der Reifwerdungstheorie. Die Reifung geschieht spontan, aber sie ist nicht automatisch und unausweichlich, diese Prozesse können stecken bleiben und unsere Aufgabe ist es, die Hindernisse, wenn wir können, zu entfernen." (Neufeld & Neubronner, Intensivkurs Level I in deutsch, Kinder verstehen, Lektion 2, 2010)

Den ungesättigten Bindungshunger eines kleinen Kindes kann man sich als Hindernis im Flussbett seines Lebenswegs vorstellen. Hinter dem Damm findet sich nur wenig Wasser und vielleicht Morast, weil der Wasserstrom seitlich neben dem Bachlauf versickert.

Für die traditionellen Hausfrauen und Mütter ist es gar nicht nötig, das tradierte und auch intuitive Wissen darum, dass es gut ist, sich sein Kind nahezuhalten und es zu beschützen, so auszudrücken wie Neufeld es darlegt. Dennoch vermag es seine These, das Selbstbewusstsein dieser

Intuitiven zu stärken, denn sie werden in unserer Gesellschaft zunehmend angegriffen. Allein der Begriff der „Helikopter-Mutter“ stellt einen solchen Angriff dar.

Aber nun zurück zur Reifwerdung. Die Reifwerdung des Kindes zeigt sich nach Neufeld in seiner:

1. Emergenz,
2. Adaption und
3. Integration.

1. Emergenz ist mehr als Kreativität. Laut Duden bedeutet Emergenz: „Begriff der neueren englischen Philosophie, wonach höhere Seinsstufen durch neu auftauchende Qualitäten aus niederen entstehen.“ (Duden online, 2014) Emergenz ist die menschliche Bestrebung, die sich auf das Unbekannte hin ausrichtet. Das emergente Kind zeigt sich unternehmungslustig, von einer lebhaften Energie bewegt und neugierig. Es ist ein Eroberer einer neuen Welt und strotzt vor Lebenskraft. Gerade bei der Emergenz wird deutlich, dass Entwicklung nicht automatisch stattfindet. Ihre Krone ist der Heranwachsende mit dem Gefühl vom eigenen Ich. Am Ende dieser Entwicklung steht die Fähigkeit, sich selber auch getrennt von seinen Bindungen wahrzunehmen. Das individualisierte Selbstgefühl ist ein Gefühl vom Ich, das sich von anderen unterscheidet. Wunderbar ist auch die Fähigkeit, sein eigener Beobachter zu werden und Zeuge seines Seins zu werden. In dem Roman „True Women“ von Janice Woods Windle (Woods Windle, 1993) überlegt eine der beiden Protagonistinnen, Euphemia, ob sie vielleicht nur eine Geschichte wäre, die sich jemand ausgedacht hat, und sie eigentlich nie geboren worden war.

Die Heldin ist fünf Jahre alt und kann diese Reifestufe in ihrer Emergenz-Entwicklung noch gar nicht erreicht haben. Die Autorin verfügt nicht über den intuitiven Zugang zu dem Zusammenhang von Bindung und Reifwerdung. Im Gegensatz zu Andreas Steinhöfel weiß sie offensichtlich nicht, dass der Weg dorthin ein weiter ist. Und: Er steht nur den Satten offen. Bevor der Mensch unabhängig werden kann, muss er bei der Erfahrung von Abhängigkeit immer und immer wieder gefühlt und erfahren haben, dass es keinen Mangel gibt. Wird dieses wiederholte Fühlen von Bindungsfülle und Überangebot zur Gewissheit, so erlaubt sich das Kind den Exkurs in die Bindungslosigkeit mit all ihren Abenteuern und Entdeckungen. Das ist ein Luxus der Satten.

Die schlechte Nachricht: Diesen Prozess kann man selbst dann nicht beschleunigen, wenn er schon zum Greifen nah erscheint. Es hat keinen Zweck, am Gras zu ziehen, denn es wächst dadurch nicht schneller.

Besonders gefährdet sind groß gewachsene Jugendliche, die von ihren ungeduldigen Eltern in die unbehütete Welt geschubst werden, weil diese einen Emergenz-Prozess beschleunigen wollen. Dieses Aussetzen wird dann ein Steckenbleiben verursachen. Man kann das verfrühte Aussetzen von Kindern – seien es nun Babys, Kleinkinder, Schulkinder oder Jugendliche – mit einer vorzeitig eingeleiteten Geburt vergleichen. Es ist ja auch nicht angezeigt, eine Geburt vorzeitig einzuleiten, weil der Fötus schon vor dem errechneten Geburtstermin die Größe eines durchschnittlichen Neugeborenen erreicht hat. Der groß geratene Fötus würde ohne die Versorgung durch die Nabelschnur aber genauso Schaden nehmen und sterben wie ein gleichalter, klein geratener Fötus. Die Kunst der Abnabelung, sei es nun die des Säuglings oder des Jugendlichen, liegt in dem Erkennen des richtigen Zeitpunks in der Emergenz-Entwicklung. Weder bei dem Geburtstermin noch bei der Abnabelung des Heranwachsenden lässt sich der Termin von den Eltern willkürlich bestimmen oder gar vorverlegen. In beiden Fällen liegt die Entscheidung über den angemessenen Zeitpunkt der Abnabelung keinesfalls bei den Eltern oder Erwachsenen. Sie liegt auch nicht bei statistisch ermittelten Normwerten, sondern ausschließlich beim individuellen Kind selber. In beiden Fällen stellt ein vorzeitiges Eingreifen der Erwachsenen eine Entwicklungsgefährdung dar. Die Erwachsenen müssen und sollen diesbezüglich keine Entscheidung treffen. Sie brauchen nichts anderes tun, als ein Bindungs-Angebot bereitstellen, das größer als die Nachfrage ist. Dann kann das Kind vor dem Hintergrund einer Sättigungsgewissheit seinen persönlichen Emergenz-Termin fühlen und gehen. Im Falle des Jugendlichen oder jungen Erwachsenen bedarf das ausgesprochen reifer Eltern. Lehnt der Heranwachsende ihr Überangebot an Einladung zur Nähe nämlich ab, so riskieren sie ein gewisses Maß an Kränkung. Das gilt es, dem Kind zuliebe, zu ertragen.

Ein emergentes Kind zu erziehen, ist deshalb nicht schwierig, weil es im Kontakt zu sich selbst steht, und im Zweifelsfall weist es den Erwachsenen darauf hin, was es braucht. Es ist ein Experte seiner selbst. Ich nenne ein Beispiel aus der Kunstwerkstatt:

Ein vierjähriges Mädchen rief immer wieder: „Frau Selhorst, heeelf mir!" Ich konnte nicht sofort kommen, weil andere Kinder mich aufhielten. Als ich mich ihr dann zuwendete und ihr beim Sägen helfen wollte, sagte sie streng: „Nein, das kann ich alleine!" „Gut", sagte ich, „und warum bittest du dann um Hilfe?" Die Kleine: „Du sollst zugucken."

Seitdem nehme ich mir immer, wenn dieses kleine Mädchen kommt, so viel Zeit wie möglich, um ihr einfach zuzuschauen. Wir haben einen wunderbaren tiefen und vertrauensvollen Kontakt zueinander, der auf dem Boden der kindlichen Selbstwahrnehmung ruht.

Ein solcher Kontakt vermag es, ein Kind zu sättigen, denn er beruht auf der Wahrheit seines Seins. Wäre dasselbe Kind nicht emergent, so würde es unruhig und die Kindergärtnerin wäre darauf angewiesen, Vermutungen anzustellen. Natürlich wäre das auch möglich, aber es machte die Erziehung nicht gerade leicht und die Vermutung nicht unbedingt richtig.

Zeigt sich ein Kind emergent, so ist es eine Frage des Fingerspitzengefühls, die Grenzen zwischen Erlaubtem und Verbotenem nicht so eng zu setzen, dass das Kind in einen allzu großen Konflikt zwischen seinem Wunsch nach Gehorsam und seinem Drang zu Abenteuern gerät. Eigentlich sollte der zuständige Erwachsene beides fördern, den Wunsch nach Gehorsam, um die Bindung zu schützen, und das Drängen in halbverbotene Gefilde. In der Kunstwerkstatt versuche ich Kinder, die emergente Bestrebungen zeigen, in das Unbekannte zu entlassen, ohne ihnen mit einem Bindungsentzug zu drohen. Ich halte den Spielraum für das emergente Handeln des Kindes so groß, wie es die Umstände zulassen. Manche Kinder lieben den Heißkleber und dürfen ihn ausprobieren, wenn sie Handschuhe tragen. Manche kramen gerne in der Vorratskammer für Bastelmaterialien, andere lieben die japanische Säge. Dieses Entgegenkommen kann ich mir aber nur deshalb erlauben, weil ich nie mehr als sechs Kinder zwischen drei und sechs Jahren gleichzeitig betreue. Auf die Entscheidung, Vorstöße in die Regionen des für den Kindergarten Unüblichen nicht mit Bindungsentzug zu strafen, werde ich in dem Kapitel 5 im Text zu „Der einladungszentrierte Kindergarten" noch näher eingehen.

2. Die Arbeit an der Adaption ist der zweite Reifwerdungsfaktor, an dem man erkennt, ob ein Kind sein Potenzial entwickelt und nicht stecken geblieben ist. Laut Duden bedeutet Adaption in der Biologie: „Anpassung des Organismus, von Organen an die jeweiligen Umweltbedingungen." In der Soziologie bedeutet Adaption: „Anpassung des Menschen an die soziale Umwelt." (Duden online, 2014) Der Entwicklungspsychologe Gordon Neufeld denkt natürlich nicht in erster Linie über die Biologie oder Soziologie nach, sondern über Prozesse in der Psyche. Er spricht von Situationen, in denen etwas für den Menschen nicht so funktioniert, wie es funktionieren sollte. Oft spricht er auch von Frustration. Weil die Bindung das Hauptbedürfnis eines jeden Kindes ist, ist die Trennung folglich die Hauptquelle von Frustration.

Neufeld entdeckte das Bild des Labyrinths, um den Prozess der Adaption zu beschreiben. Wir stellen uns das Leben vor wie ein weit verzweigtes Labyrinth, durch das wir unseren Weg erfühlen müssen. Das ist nur möglich, wenn wir Sackgassen als solche erfühlen, dieses Gefühl ganz tief einsacken lassen und wir darüberhinaus noch die Kraft zur Umkehr schöpfen können. Situationen, die nicht zum Ziel führen, die wir aber auch nicht ändern können, die verändern uns und bewegen uns zur Umkehr und dann zur Neuorientierung. Zoomen wir einmal eine solche adaptive Herausforderung für ein Kindergartenkind heran:

Ein fünfjähriger Junge hat ein wunderschönes Bauklotzgebäude errichtet. Er hatte die ganze Woche daran gearbeitet und nun sollte er es abbauen, denn freitags wird der Boden geputzt. Er weint und versucht mit seinem Erzieher zu verhandeln, doch der folgt seiner Intuition als Adaptions-Helfer und bleibt bei seiner Anordnung. Gleichzeitig lässt der Erzieher den Jungen nicht allein und tröstet ihn so lange, bis ein Schütteln durch das schluchzende Kind geht und es sich entspannt. Interessanterweise bewirkte das Einsinken der Vergeblichkeit bei dem Kind einen emergenten Prozess. Eine halbe Stunde später – das Gebäude ist noch nicht eingerissen – fragt es den Erzieher nämlich, ob es das Bauklotzgebäude vor seinem Abriss fotografieren könne. Hier sieht man deutlich, wie die Adaption es vermag, den Weg für eine Neuorientierung frei zu machen und emergente Prozesse auszulösen.

Ein adaptives Kind erkennt man daran, dass es weinen kann, loslässt und sich neu orientiert. Ohne Adaption ist kein Lernen möglich. Dieses erfolgt ja in der Hauptsache auf dem Wege eines beständigen Versuchens und Irrens. Nicht adaptive Kinder werden also als Folgeerscheinung dümmer, weil sie weniger lernen. Sie werden aggressiver, weil sich ihre Frustration nicht in Form von Tränen entlädt, sondern in Form von impulsiven Ausbrüchen.

3. Der dritte Reifwerdungsfaktor ist die Integration. Sie mündet in die große menschliche Leistung, sich in eine Gruppe einzufügen, ohne sich zugleich darin zu verlieren. Alles dreht sich bei der Integration um das nur dem Menschen eigene Sowohl-als-auch. Ich fühle mich sowohl als Mitglied dieser Gruppe als auch als ein Mensch, der sich von allen Gruppenmitgliedern unterscheidet. Ich bin böse auf den, der mir geschadet hat, und zugleich liebe ich ihn. Ich freue mich auf den Fernurlaub und zugleich fürchte ich den Flug. Die Integration, das heißt das gleichzeitige Fühlen widersprüchlicher Emotionen, ist die Voraussetzung für die innerpsychische Mäßigung von unmäßigen Impulsen. Zwei Gefühle werden gleichzeitig gefühlt und können sich eben wegen der Gleichzeitigkeit gegenseitig beeinflussen. Die Integration ist deshalb auch die Mutter der Freiheit, der Freiheit von jener Impulsivität, die den Menschen ja im Grunde entmündigt, während sie ihn erbarmungslos in ihre Richtung treibt.

Emotional-integrative Fähigkeiten sind nicht zuletzt aus zivilisatorischer Sicht so notwendig, denn sie machen eine friedliche Gesellschaft erst möglich. Durch Liebe, Zuneigung und Mitleid, die er gleichzeitig fühlt, kann der integrative Mensch seinen Zorn in Schach halten. Hier erkennt man auch wieder die segensreichen Früchte der Bindung. War es nicht die Bindung, die das Kind schon in den ersten sechs Lebensjahren die Sehnsucht gelehrt hat? Die Sehnsucht, in der Gunst seiner zentralen Bindungsperson zu stehen, die Sehnsucht nach Zugehörigkeit und Loyalität, Bedeutsamkeit und Liebe. Wuchsen auf diesem Boden nicht all die guten Absichten, die nun zu den Gegnern des Zorns werden? Natürlich werden sie nicht immer siegen, die mäßigenden Früchte der Bindung. Aber durch ihre Bereitschaft haben sie zumindest immer wieder eine Chance.

Ein Teil des menschlichen Gehirns heißt Präfrontale Hirnrinde. Sie sitzt hinter der Stirn. Dieser Teil des Gehirns ist dafür zuständig, unsere Impulse so zu steuern, dass wir das werden, was man gemeinhin ein soziales Wesen nennt. Kein Kind kann vor dem Vorschulalter integrative Leistungen erbringen, denn die Fähigkeit in der Präfrontalen Hirnrinde, die Gefühle zu mischen, kann man nicht beschleunigen. Erst mit fünf bis sieben Jahren kann dieser Teil des Gehirns die entsprechende Größe erlangt haben. Er mischt nun Gefühle, die das Kind zuvor nur ungemischt und in ihrer reinen und absoluten Form erlebt hat. Wut auf eine ansonsten geliebte Person treibt das Kindergartenkind nahezu zu Gewalt-Exzessen, weil es nur noch Wut fühlt und gleichzeitig nichts anderes. Die Wut treibt es, während sie gefühlt wird, erbarmungslos an. Es ist dann gar nicht das Kind, das handelt, es ist die Wut, die durch das Kind handelt. Können sich die Gefühle mischen, so vermag das Vorschulkind dann gleichzeitig mit der Wut auch die Liebe zu spüren, die es eigentlich für diese Person hegt. Die beiden widersprüchlichen Gefühle können dann miteinander ringen. Die Liebe bekommt so die Chance, trotz Wut das Verhalten des Kindes zu bestimmen. Dieses Beispiel zeigt auch, dass die Reifwerdung der integrativen Fähigkeiten die Selbstbestimmungsfähigkeiten stärken.

Ich hatte einmal einen sehr begabten siebzehnjährigen Schüler, der mich, bevor ich das Neufeld-Paradigma studieren konnte, vor ein Rätsel stellte. Er bereitete sich auf seinen mittleren Schulabschluss vor. Ich gab ihm Aufgaben, um eine bestimmte grammatikalische Struktur zu trainieren. Er war ganz begeistert und ich war mir sicher: Morgen kann er es. Am nächsten Morgen, in der nächsten Woche, ja im nächsten Monat konnte dieser ausgesprochen begabte Junge nichts, gar nichts. Sein Schicksal war, dass er nicht integrationsfähig war. Er konnte sehr gut fühlen, wie er sich freuen wird, wenn er die Aufgabe bewältigt hat. Daher rührte seine keinesfalls geheuchelte anfängliche Begeisterung. Er konnte sehr gut fühlen, wie hart es ist, zu pauken und durchzuhalten. Was er nicht konnte, war beides gleichzeitig fühlen. Das wäre aber nötig gewesen, um das zu machen, was man im Volksmund „den inneren Schweinehund überwinden" nennt. Hätte er gleichzeitig mit der Anstrengung fühlen können, wie es sich anfühlen wird, es geschafft zu haben, dann hätte dieser Junge die Möglichkeit gehabt, sich zu bilden.

Integration, so Neufeld, ist ein Sich-Einfügen ohne Verlust der Eigenständigkeit. Das Yin und das Yan verlieren sich nicht, während sie sich dennoch gegenseitig bedingen. Das Leben gibt es nicht ohne den Tod und den Tod nicht ohne das Leben. Die Reifwerdung wird nur dann in das Leben des Menschen eintreten, wenn er sich auf widerstreitendes Fühlen einlässt. Einerseits ist Lernen ermüdend und andererseits ist das darauf folgende Können belebend. Einerseits wäre ich gerne ganz oben auf dem Baum, aber andererseits befürchte ich, hinabzufallen …

So wie die Bindung mit ihren aufsteigenden Entwicklungsstufen, so differenziert sich die Integration im Laufe der menschlichen Entwicklung beständig aus:

Neufeld beginnt mit der zellulären Integration. Die Zellen brauchen ihre Wände, bevor sie sich zu Organismen integrieren können. Fusionieren sie vor ihrer Ausdifferenzierung mit anderen Zellen, so entstehen Krebsgeschwüre.

Der Schweizer Pädagoge und Entwicklungspsychologe Jean Piaget beobachtete bei Kindern unter fünf oder sechs Jahren das Fehlen von kognitiver Integration. Neufeld gibt ein Beispiel für fehlende kognitive Integration. Ein Kind mag gerne Saft und bittet seine Mutter um ein Glas dieses Getränks. Es ist nur noch wenig Saft in der Flasche und die Mutter gießt diese Menge in ein breites Glas. Das Kind befindet die vorhandene Saftmenge als zu gering. Daraufhin gießt die Mutter eben dieselbe Saftmenge vor den Augen des Kindes in ein schmales Glas. Der Saftpegel ist nun in diesem Glas höher und das Kind ist mit der Saftmenge zufrieden. Die Zufriedenheit des Kindes hat nichts mit mangelnder Intelligenz zu tun. Sie liegt einzig und allein an der Unfähigkeit, zwei Fakten gleichzeitig zu wissen. Hier: Die Menge des Safts hat sich nicht geändert und der Pegel der Flüssigkeit ist hoch. Die einzelnen Fakten kennt das Kind, es vermag es aber noch nicht, sie gleichzeitig wahrzuhaben.

Erst auf die kognitive folgt die Fähigkeit zur emotionalen Integration. Ein Beispiel habe ich eben schon angeführt. Zuerst kann ein Kind noch nicht gleichzeitig Liebe und Wut fühlen. Deshalb wird es abwechselnd von seiner Wut und seiner Liebe getrieben. Hat seine Präfrontale Hirnrinde die Fähigkeit zum Mischen von Gefühlen entwickelt, so kann das Kind den Ausbruch seiner Wut durch den mäßigenden Einfluss der gleichzeitig gefühlten Liebe im Zaum halten.

Die soziale Integration bedeutet, dass sich ein Mensch in eine Gruppe mischen kann, ohne sich in dieser quasi aufzulösen.

Die Religionslehrerin meines Sohnes fragte mich, nachdem sie mein Buch „nur - essay zum beruf" gelesen hatte: „Ihr Buch, also neulich lief ich durch die Stadt und begegnete einer Gruppe von Jugendlichen. Eigentlich bin ich es gewohnt, dass meine Schüler mich nicht grüßen, weil ihnen das peinlich ist. Ihr Sohn aber hat sich sofort aus der Gruppe gelöst, mich begrüßt und gefragt, wie es mir geht. Hat das etwas mit Ihrem Buch zu tun?"

Ich wusste es nicht und ich wusste ganz genau, dass ich ihm nie Lektionen im Benehmen erteilt hatte. Dann später machte ich eine Neufeld-Weiterbildung und bekam die Antwort auf das Rätsel des guten Benehmens meines Sohns. Er zeigte sich integrationsfähig, indem er sich in der Diaspora gleichzeitig seiner nicht gläubigen und evangelischen

Schulkameradengruppe und der Gruppe der Katholiken zugehörig fühlen konnte. Das verschaffte ihm den Spielraum, die Religionslehrerin zu grüßen – das Zeichen seiner Eigenständigkeit – und sich zugleich in die Gruppe der Jugendlichen eingefügt zu fühlen. Eine der Folgen von sozialer Integration ist in diesem Fall tatsächlich gutes Benehmen in Form von Loyalität.

Diese Entwicklungsstufe der Integration kann der Mensch nicht erreichen, bevor er nicht zu gemischten Gefühlen in der Lage ist. „Ich gehöre in diese Gruppe und unterscheide mich dennoch von ihr. Das muss ein Jugendlicher gleichzeitig fühlen, bevor er es leisten kann, diesen Unterschied auch zu leben, indem er auch einmal gegen eine Gruppenregel – hier ist es die des Nichtgrüßens – verstößt.

Die kulturelle Integration ist dann die höchste Stufe. Die Kultur ist ja quasi das Erbe unserer Vorfahren und das Erbe unserer Region. Bevor das jugendliche Kind in der Lage ist, dieses Erbe für sich anzunehmen, ohne zugleich zu befürchten, sich als individuelles Selbst zu verlieren, muss es beides, das kulturelle Angebot und das Es-selbst-Sein, ganz tief und gleichzeitig fühlen können. Das jugendliche Kind muss eben integer sein, ein Mensch, der sich in eine Gruppe mischen kann, ohne dabei seine Eigenständigkeit zu verlieren.

In diesem Zusammenhang möchte ich noch einmal auf die Journalisten und Sozialpolitiker zurückkommen, die es in der Erziehungsgeld-Debatte geschafft haben, gleichzeitig sowohl die Leistungen erwerbstätiger als auch die Verdienste erziehender Eltern kleiner Kinder im Alter von einem und zwei Jahren zu fühlen. Diese Unfähigkeit zeugt von einer mangelnden Integrationsfähigkeit, einem Steckenbleiben bei der Reifwerdung. Wären sie reif, so gelänge es ihnen, die Leistungen beider Gruppen gleichzeitig nachzufühlen und dann auch zu würdigen.

Die Fähigkeit zu gemischten Gefühlen kann zwar nicht durch Verhaltensanweisungen erlangt werden, denn sie ist das Resultat eines Reifungsprozesses des Gehirns. Erwachsene können aber die kindlichen Voraussetzungen für die Entwicklung der gemischten Gefühle fördern.

Zunächst einmal gilt es nämlich, jetzt die einzelnen Gefühle zu würdigen. „Ja, ich kenne das auch, wie das ist, wenn einem etwas weggenommen wird, das man gerade ausprobieren wollte. Ich weiß genau, wie ich mich fühle, wenn ich dann ganz wütend bin." Beim Üben zweier Emotionen gleichzeitig mit sanften Gefühlen zu beginnen. „Wenn du jetzt auf den Spielplatz gehst, dann kannst du nicht in die Kunstwerksatt. Dann freust du dich auf das Toben draußen und bist gleichzeitig traurig, dass du heute nichts bauen kannst."

Die wichtigste Voraussetzung für die Integration ist die vorherige Trennung, das ungemischte Fühlen. Eine Zelle ohne Zellwand wäre keine Zelle und ließe sich nicht in einen Organismus integrieren. Es ist daher, will man die Integrationsfähigkeit kleiner Kinder fördern, ausgesprochen wichtig, ihnen Worte für ihre ungemischten Gefühle zu geben. Eltern oder Kindergärtnerinnen, die den Gefühls-Wortschatz der Kinder fördern, setzen sich schon vorab für die Integrationsfähigkeit der Kinder ein. „Ja, du spürst ihn, den Drang zu hauen." Oder: „Jetzt hat es dich aber richtig getrieben, Mia zu helfen, weil sie heute so traurig ist. So ist es, wenn man Mitleid hat." Jedes Gefühl muss einzeln hinreichend gewürdigt worden sein, bevor es mit dem anderen gleichzeitig erlebt werden kann.

Bevor ein kleines Kind seine Gefühle mischen kann, ist die Zeit des ungemischten Fühlens, und das gilt es zu zelebrieren. Die Zelle fokussiert sich so lange auf die Bildung ihrer Zellwand, bis sie sich selber zur Gewissheit wird. Erst dann ist sie in der Lage, sich ohne Verlust der Eigenständigkeit an der Entwicklung des Organismus zu beteiligen. Zwingt man ein Kind vor seiner Fähigkeit zu gemischten Gefühlen dazu, sich zu sozialisieren, so besteht die Gefahr eines Verlusts an Eigenständigkeit. Nehmen wir einmal die Aufforderung, einem anderen Kind zu vergeben oder um Vergebung zu bitten. „Sag jetzt Entschuldigung!", heißt es dann an die Adresse eines Vierjährigen und es reicht seinem Gegner tatsächlich die Hand. Auf diese Weise nötigt so mancher unkundige Erwachsene dem Kind allenfalls Heuchelei ab. Es kann nicht gleichzeitig Güte und Feindschaft fühlen. Es kann allenfalls so tun, als könne es das. Gibt man ihm jedoch Raum für das ungemischte Fühlen beider Emotionen, so wird es sie später dann einmal mischen können. Der Zeitpunkt liegt irgendwann zwischen dem fünften und siebten Geburtstag, wenn die Präfrontale Hirnrinde die entsprechende Größe und Leistungsfähigkeit erreicht hat. Das gleichzeitige Fühlen der beiden Emotionen und die Kontrolle, die die Güte dann über die Feindschaft gewinnt, ist die Vergebung.

Exkurs: Neulich wurde ich in der Kunstwerkstatt Zeuge der unbändigen Freude eines knapp fünfjährigen Jungen. Er hatte es zum ersten Mal geschafft, genau das zu bauen, was er zuvor im Kopf hatte: ein splittriges Schwert, aus dem zudem seitlich noch die furchterregendsten Schrauben ragten. Der Kleine war selig, ihn beschäftigt seine Wehrhaftigkeit sehr, und jetzt schwelgte er in dem Gefühl, sich ganz allein geholfen zu haben. Ja, es ist unser Ziel, den Kindern die reinen und ungemischten Gefühle zuzugestehen. Um welches Gefühl es sich handelt, ist allein Sache des Kindes. Bei anderen Kindern ist es zuweilen das Gefühl von Fürsorglichkeit. Dann schleifen die Kinder so lange an ihren Holzobjekten, bis keine raue Stelle mehr die zarten Fingerchen des Babys zu Hause gefährden kann. Auch dieses Gefühl wird so ganz tief ausgeschöpft. Heute Morgen kam die Mutter des Wehrhaften mit der Bitte zu mir, ich möge doch bitte dafür Sorge tragen, dass er, wenn er in der Kunstwerkstatt etwas baut, die Sicherheit seines kleinen Bruders im Auge behält. Ein berechtigtes Anliegen. Jedoch, diese Spur seines Spiels wäre nicht mehr die seine, wenn ich mich da einmischen würde. Ich sagte, der Junge sei zudem noch zu klein, um gleichzeitig mit der Freude an seiner Selbstwirksamkeit die Bedürfnisse seines kleinen Bruders im Blick zu haben. Wenn er dann später zwei Gefühle gleichzeitig fühlen könne, die beschützenden und die schaffensfreudigen, dann würde ich ihn gerne daran erinnern. Jetzt aber sei die Zeit, die ungemischten Gefühle zu zelebrieren. Diese Schaffensfreude, wird sie gefeiert und kann sie dann eine dicke Zellwand bilden, sie wird so stabil werden, dass er später dann gleichzeitig auch noch etwas anderes fühlen werden kann. Zum Beispiel die Fürsorge dem Baby gegenüber. Aber jetzt geht das noch nicht. Die Mutter und ich, wir konnten uns dann gemeinsam an der Freude des Kleinen freuen. So arbeitet – im Gegensatz zu den Irrlehrern der frühkindlichen Bildung – der einladungszentrierte Kindergarten. Gemeinsam mit den Eltern lädt er das

Kind ein, ganz tief zu fühlen: „So wie ich jetzt bin, so bin ich eingeladen. Das jetzige So-Sein und So-Fühlen, gilt es zu würdigen, damit das Kind danach reif werden kann. Die Einladung ist die Vorleistung der Erwachsenen. Das Gras wächst eben nicht schneller, wenn man daran zieht.

Die letzten zehn Jahre haben durch bildgebende Verfahren ganz neue Einsichten in die Entwicklung des Gehirns ermöglicht. So hat man festgestellt, dass die Präfrontale Hirnrinde unreifer Erwachsener, die ihre Gefühle immer noch nicht mischen können und deshalb zu Gewaltausbrüchen neigen, tatsächlich nicht größer ist als die eines vierjährigen Kindes. Zum Glück aber lässt sich dieser Teil des Gehirns jenseits des Vorschulalters trainieren wie ein Muskel.

Gordon Neufeld sagt: „Viele der Eigenschaften, die traditionellerweise als menschliche Tugenden bezeichnet werden – Mut, Geduld, Weisheit, Ausgewogenheit, Rücksicht, Vergebung, Fairness –, sind die Früchte des Integrationsvorgangs.“ (Neufeld, Skript zum Online-Intensivkurs II, Übersetzung von Dagmar Neubronner, transkribiert von Michael Miedaner, 2011)

Sie alle verlangen dem Menschen das gleichzeitige Erleben von Widersprüchen ab.

→ Beim Mut sind es Angst und Begehren.
→ Bei der Geduld siegt die Freude auf das Erreichen des Ziels über die Ermüdung, und man hält durch.
→ Bei der Ausgewogenheit zähmen sich gegenteilige Impulse, sodass sie sich in der Mitte treffen.
→ Der Rücksichtige nimmt sich zurück, um einen Schwächeren nicht zu benachteiligen.
→ Die Vergebung hat gleichzeitig den Schmerz des erlittenen Unrechts und den Wunsch zur Wiederanbindung im Blick.
→ Die Fairness ist auch eine Art der Ausgewogenheit. Sie verzichtet auf den unverdienten Sieg, nicht aber auf den Sieg.

Die Früchte der Bindung – die Sehnsucht nach Zugehörigkeit und Loyalität, Bedeutsamkeit und Liebe – sind die mäßigenden Instanzen bei den emotionalen Integrationsprozessen. Werden sie gleichzeitig mit den unmäßigen gefühlt, so besteht zumindest die Chance, dass die Früchte der Bindung einen Sieg erringen.

Exkurs: Ich komme gerade aus dem Kindergarten, wo ich ein wunderbares Erlebnis mit einem fünfjährigen Mädchen hatte. Sie ist eins von vielen Geschwisterkindern, die alle immer vollkommen bindungssatt in den Kindergarten kommen. Diesem Mädchen hatte ich vor einiger Zeit verboten, sich auf meinen neuen Drehstuhl in der Kunstwerkstatt zu setzen. Heute sollte sie etwas aus diesem Raum holen und sie war deshalb kurze Zeit alleine mit dem verbotenen Stuhl. Später waren wir zusammen in der Kunstwerkstatt. Sie sagte: „Frau Selhorst, rate mal was ich gerade gemacht habe, als du nicht da warst!" Ich habe lange und erfolglos geraten. Irgendwann gab ich auf. Und, ich vergaß die Angelegenheit. Die Kleine aber nicht. Sie sagte: „Frau Selhorst, guck dir doch mal alles an, was hier steht, was könnte ich wohl gemacht haben? Ich sag es dir, wenn du versprichst, dass du nicht schimpfst." Da wusste ich sofort, welcher Versuchung sie erlegen war, doch ich habe nicht geschimpft.

Dieses Kind beginnt, zwei Emotionen gleichzeitig zu fühlen. Auf der einen Seite steht die Sehnsucht nach einem gewissen Einklang mit den Regeln im Kindergarten. Seine Eltern haben nämlich diesen Kindergarten ausgewählt und die Autorität, die das Kind ihnen gewährt, quasi auf den Kindergarten ausgeweitet. Das nennt Neufeld Bindungsdorf, welches in Kapitel 5 im Text über das Bindungsdorf näher beschrieben wird. Das Kind jedenfalls hat den Wunsch, es mir recht zu machen. Damit bringt es zum Ausdruck, dass es an die zuständigen Erwachsenen im Kindergarten gebunden ist. Das kleine Mädchen gesteht mir sein heimliches Abenteuer, damit es nicht als etwas Trennendes zwischen uns steht. Gleichzeitig ist da auf der anderen Seite auch der Drang nach dem Ausprobieren des Verbotenen. Oben hatte ich gesagt, dass man bei der Erziehung von Kindern kein Augenmerk auf Erziehungstechniken legen muss. Wenn die Bindung nämlich den Zusammenhang darstellt, in dem es zu erzieherischen Situationen kommt, so ist die Pflege der Bindung im Zweifelsfall immer die richtige Antwort. So auch in diesem Beispiel: Das Kind brachte zum Ausdruck, dass seine emergente Energie mit seinem Wunsch, es den Erwachsenen recht zu machen, in einen Konflikt geraten war. Der Grundsatz der Bindungspflege legt es hier nahe, den Rahmen des Erlaubten in Hinblick auf den kindlichen Hunger nach Erfahrungszuwachs zu erweitern. Die zuständige Erwachsene, in diesem Fall ich, ist in der Bindung geblieben, um das Kind sanft beim gleichzeitigen Fühlen zweier Sehnsüchte zu begleiten. Der Sehnsucht danach, es recht zu machen, und der Sehnsucht danach, Recht zu brechen, um seinen Horizont zu erweitern. Ich sagte ihr also: „Jetzt erlaube ich dir meinen Stuhl." Ich drehte ganz sanft und sie quietschte vor Vergnügen und forderte ein schnelleres Tempo. Später dann schrieb ich ihr einen Brief, in dem ich ihr versprach, dass sie in Zukunft jedesmal, wenn sie in die Kunstwerkstatt kommt, einmal auf meinen Stuhl darf. Ich würde ihr dann sagen, wann und wie lange.

4.3.3 Einsamkeit, wenn das Streben nach Nähe nachhaltig frustriert wird

Das Beispiel mit der kleinen Drehstuhl-Eroberin zeigt, wie leicht es gebundene Kinder haben und wie erfreulich es für die Erwachsenen ist, sie zu erziehen. Liegt sie hingegen nicht oder nur unzureichend vor, die Bindung, dann haben alle Beteiligten ein anstrengenderes Leben miteinander. Dazu gebe ich ein Beispiel:

Neulich besichtigte ich eine Tagespflege. Das war ein Hort, in den das Jugendamt die teilnehmenden Schulkinder zwangsweise eingewiesen hatte. Die Leiterin dieses unfreiwilligen Unternehmens leitete zugleich einen freiwilligen Hort, der sich in der Etage darunter befand. Die freiwilligen Horteltern und Kinder wurden und werden jährlich einmal zu einer gemeinsamen mehrtägigen Hort-Fahrt eingeladen. Auch die Tagespflege-Kinder fahren mit. Deren Eltern werden aber nicht eingeladen mitzufahren. Man unterstellt diesen argwöhnisch auf Abstand gehaltenen Menschen, die unter prekären Umständen leben, von vorneherein, die Fahrt nicht bezahlen zu können. Sie bleiben draußen.

Das Erdreich Bindung der hortpflichtigen Kinder wird durch diese Nicht-Einladung der Eltern ausgetrocknet, die Kinder werden in der trockenen Erde weniger gut gedeihen.

Bindungsstörungen erkennt das geschulte Auge oft schon auf den ersten Blick. Als ich den Hort betrat, fiel mein Blick umgehend auf ein Plakat mit Verhaltensregeln. Und ich dachte: Kinder und Jungendliche, die an ihre Hortnerin gebunden sind, verinnerlichen die Regeln und machen ihr deren Einhaltung zum Geschenk. Ich dachte an das Mädchen mit dem Drehstuhl. Nun mag der aufmerksame Leser sehr zu Recht einwenden, dass sei leichter gesagt als getan. Ich kenne aber schon eine Gelegenheit, die diese Hortnerin verpasst hat. Hätte sie auch und gerade die Eltern der Tagespflegekinder eingeladen, an der Hortfahrt teilzunehmen, so hätte sie die günstige Gelegenheit herbeigeführt, sich auf die Seite der Bindung zwischen Eltern und Kind zu stellen. Sie hätte sich die Möglichkeit einer Arbeitsgrundlage für die Erziehung dieser Kinder und Jugendlichen schaffen können. Diese Chance hat sie nun verpasst.

Nehmen wir einmal an, die Eltern in prekären Verhältnissen wären auf der Hortfahrt dabei gewesen und es hätte sich die folgende Szene abgespielt:

Ein Jugendlicher beschwert sich bei seinem Vater über den Schiedsrichter beim Fußballspiel. Der Vater hält lautstark pöbelnd zur Mannschaft seines Sohnes und flucht unflätig über das Foul der gegnerischen Mannschaft, welches der Schiedsrichter nicht hinreichend geahndet hatte.

Mehr als diese Beobachtung hätte die Hortnerin zunächst einmal nicht machen müssen. Das Ertragen der unflätigen Sprache und der Pöbeleien wäre vielleicht für eine bürgerliche Frau nicht einfach gewesen, aber sie hätte keinen ernsthaften Schaden genommen. Was sie nun wüsste, wäre, dass dieser Junge einen Vater hat, der an ihn glaubt und der zu ihm hält. Gelänge es ihr, sich später irgendwann einmal an dieses durch Parteinahme und Loyalität geprägte Bindungsgefüge zwischen Vater und Sohn anzuschließen, so bräuchte sie für diesen Jungen keine Verhaltensregeln mehr an die Wand zu schreiben. Dann würde sie vielleicht einmal ganz beiläufig sagen: „Ich glaube, auch dein Vater fände es ungerecht, dass deine Deutschlehrerin nicht erkennt, wie viel Mühe du dir gibst. Dein Vater und ich, wir werden uns schon darum kümmern." Dieses sich auf die Seite des Kindes und gleichzeitig auch auf die Seite der Bindung zwischen Vater und Sohn Stellen könnte der Horterzieherin die Erziehung des Jungen erleichtern. Sie bräuchte auch keine Kraft mehr in Maßnahmen der Maßregelung stecken. Stattdessen könnte sie ihm nun vielleicht beim Erlernen der Rechtschreibregeln helfen. Schließlich müssen die Drei (Sohn, Vater und Horterzieherin) es jetzt ja der Deutschlehrerin zeigen! Dann wäre sie so auf eine Weise in Kontakt zu dem Jugendlichen, dass er sich ihr anvertrauen könnte, bevor er in Schwierigkeiten gerät. Sie und der Vater würden den Jungen gemeinsam in einen schützenden Mantel hüllen. Er würde es den beiden danken, indem er loyal die unausgesprochenen Hort-Regeln verinnerlichen würde.

Der immer noch aufmerksame und kritische Leser wird jetzt einwenden: Aber nicht jeder verhaltensauffällige Jugendliche hat eine Bindung zu seinen Eltern. Darauf antworte ich: Ein liebevoller und wohlwollender Blick vermag es, bei jeder Familie einen Anknüpfungspunkt zu finden. Im Englischen gibt es ein Sprichwort, das lautet: „Beauty lies in the eyes of the beholder." „Die Schönheit liegt im Auge des Betrachters." Bindung ist so etwas Schönes und auch Allgegenwärtiges, dass man es in jeder Familie sehen kann, wenn man es wohlwollend zu finden trachtet.

Was macht unsere Horterzieherin stattdessen? Sie raten es nicht! Auch sie arbeitet mit der Bindung zwischen Eltern und Kind. Sie erpresst die Familien mit eben dieser Bindung. – Ganz nebenbei ist das der Beweis dafür, dass sie auch in diesen Familien, die in prekären Verhältnissen leben müssen, Bindung zu finden vermag. – Wichtigtuerisch zog sie uns bei der Besichtigung ins Vertrauen:

Sie besäße den Mut, den Eltern ganz offen und frei heraus Unangenehmes über ihre Kinder zu sagen. Ihre unverblümte Art wäre das, wofür sie weit über die Grenzen des Horts hinaus geschätzt würde. Außerdem würde das Jugendamt ihr die Machtposition einräumen, die Empfehlung für eine vollständige Trennung zwischen Kind und Eltern zu veranlassen. Sie nannte dafür ein sozialpädagogisches Fremdwort, das ich mir dann von ihr erklären ließ. Vor dem Wort habe ich mich dann so geekelt, dass ich es verdrängt habe. Um diese Macht zur Trennung, die sie, die Horterzieherin, innehabe, wüssten die Familien. Folglich wären die Kinder und Jugendlichen also gezwungen, nach dem Plakat im Eingangsbereich zu leben.

Die Hortleiterin wendet also die Bindung zwischen Eltern und Kind, die sie willkürlich zu trennen vermag, als Waffe gegen die Familien, um die Kinder zum Gehorsam zu zwingen. Damit kann sie allenfalls äußerliche und ganz kurzfristige Erfolge erzielen.

Dieses Beispiel einer eklatanten bindungsmäßigen Unterversorgung und zugleich Bedrohung durch Hortpersonal ist aber ganz gewiss nicht typisch für alle Horte in Deutschland. Man kann aber daraus lernen. Zunächst einmal liegt es in der Verantwortung der Eltern, bei der Auswahl der Kita auf das Bindungsklima zu achten. Für diesen speziellen Fall einer Hortpflicht müsste das Jungendamt eben mehrere derartige Einrichtungen zur Auswahl stellen. Es müsste den Familien schon möglich gemacht werden, in einem Umfeld zu leben, in dem ihr wertvollstes Gut, die familiäre Bindung, nicht gegen sie verwendet wird.

In allen Bildungs- und Wohlstandssegmenten unserer Gesellschaft gibt es aber tatsächlich Kinder, die in ihrem Elternhaus bindungsmäßig unterversorgt werden. Das kann ganz verschiedene Gründe haben, so zum Beispiel psychische Beeinträchtigung oder Krankheit, Gefühlskälte, kulturelle Armut, bindungsfeindliche Kulturen oder Milieus, unreife Eltern … Ich möchte an dieser Stelle nicht auf diese widrigen Lebensumstände eingehen. Fakt ist, dass es sie – wenn auch sehr selten – gibt, die einsamen Kinder. Fakt ist aber auch, dass der wohlwollende Blick auf die Familien immer Ansätze von Bindung zu erkennen und zu fördern vermag.

Ein Wort, das Gordon Neufeld merkwürdigerweise nie verwendet und das landläufig eher für alte Menschen verwendet wird, ist „Einsamkeit". Es gibt aber viele winzig kleine Menschen, die an diesem verzweifeln. Das einsame Lebensgefühl stellt sich ein, wenn der Hunger nach Nähe im Großen und Ganzen ungestillt bleibt. Vor diesem Hintergrund erscheint die Kälte, mit der im politischen Exkurs die Bindungsfrage ausgeklammert wird, wenn es darum geht, kleine Kinder aus dem Leben der für sie zuständigen Erwachsenen heraus zu organisieren, umso befremdlicher. Nein ich übertreibe nicht! Gestern noch las ich von einem dänischen Kindergarten, in dem die Kleinen einmal pro Woche übernachten, damit sich deren Eltern derweil zu Hause genussvoll reproduzieren können. Woche für Woche gibt es da einen Abend, eine Nacht auch, an dem und in der die Eltern ihr eigenes Kind nicht in seiner Familie willkommen heißen, weil sie es als störend ansehen. Ja, das einsame Kind ist mitten in unserer Gesellschaft. Und der Ausschluss aus seiner Familie hat sehr oft viel weniger mit der Notwendigkeit zur doppelten Erwerbstätigkeit zu tun, als gemeinhin behauptet. Ein Indiz dafür ist auch die Inflation von Kinderanimationen für pauschalreisende Familien. Ohne eine entsprechende Nachfrage gäbe es die Animationsangebote nicht.

Aber, auch wenn Neufeld das Wort „Einsamkeit" nicht verwendet, so beschreibt er sie nichtsdestotrotz hinlänglich: die Einsamkeit selbst und das hilflose wie verzweifelte Ringen um Abhilfe, um Bindung. Neufeld spricht vom „Streben nach Nähe angesichts von Trennung". Man kann aber nicht sagen, je verzweifelter das Kind dieses Streben zeigt, desto größer ist die Einsamkeit. Das Ausmaß an Einsamkeit, das den Erwachsenen am meisten alarmieren sollte, liegt bei den Kindern, die den Kampf um die Bindung bereits aufgegeben haben. Die Krippenerzieherin anonym beschreibt solche Kinder folgendermaßen:

„Alle Kinder werden irgendwann ruhiger, bei vielen könnte man auch sagen apathischer. Sie steigen nicht mehr laut weinend und sich an ihre Bezugsperson anklammernd aus dem Auto, den Kopf demonstrativ weggedreht von unserem Gebäude, sondern gehen widerstandslos mit gesenktem Blick darauf zu."

Dieser gesenkte Blick sollte unsere Herzen noch mehr erweichen als das laute Gebrüll.

Wie aber erkennt die Kindergärtnerin, die das Kind von innen heraus verstehen möchte, die Einsamkeit des Kindes? Was sind ihre Anzeichen? Eigentlich gibt es auf diese Frage nur eine einzige Antwort:

Es macht sehr viel Mühe und Kummer, ein einsames Kind zu erziehen. Denn der Kontext für die Erziehung, die Bindung, ist nicht gegeben. Erziehung ohne Bindung hat immer etwas Willkürliches und Übergriffiges. Sie fühlt sich an wie ein Ringen zwischen Wille und Gegenwille.

Auf einen frustrierten kindlichen Bindungshunger weisen die folgenden Anzeichen:

Da ist zunächst das oben schon mehrfach erwähnte Steckenbleiben in der Entwicklung. Steckengebliebene Kinder sind

→ wenig emergent. Sie spielen und gestalten nicht frei und selbstvergessen.
→ Sie sind nicht adaptiv. Ihnen fällt die Anpassung an Situationen schwer, die anders sind als gewünscht oder erwartet: das Fühlen von Vergeblichkeit, die Tränen darüber und die darauf folgende Anpassung an das Unvermeidliche mit der Umkehr der Richtung. Man sieht sie fast nie weinen, die nicht adaptiven Kinder.
→ Bei Schulkindern hapert es oft an der Integrationsfähigkeit. Sie können – so wie die Kindergartenkinder unter fünf – immer nur ein Gefühl gleichzeitig fühlen, sodass das eine das andere nicht unter Kontrolle halten kann: Die Liebe kann nicht die Wut kontrollieren; die Freude auf das Lernergebnis nicht den Impuls zur Vermeidung von Anstrengung; Angst nicht die Gefahr … Solche Kinder haben Lernprobleme und können ihre aggressiven Impulse nur schwer kontrollieren.

Im Kapitel 4.3.1 im Text zu „Die Entwicklung der Bindung nach Gordon Neufeld“ wurden die Reifwerdung eines Kindes und die drei Faktoren der Reifwerdung dargestellt. Abgesehen vom Steckenbleiben bei der Reifwerdung gibt es noch weitere Anzeichen für die Einsamkeit eines Kindes:

So manches Kind, welches in seinem natürlichen angeborenen Bindungsstreben verletzt wird, wird sich gegen das Fühlen seiner Emotionen verhärten. Es wird sich panzern gegen Leid und damit leider zugleich gegen Freude: Freude, die der Motor der Bewegung und einer jeden Weiterentwicklung ist. Gepanzerte Kinder lachen nicht unbeschwert. Sie lernen schlechter, denn der Motor des Lernens – die Freude – kann von dem Kind nicht hinreichend gefühlt werden.

Zuweilen sind kleine Kämpfer um Bindung ausgesprochen aggressiv. Das immerzu frustrierte Grundbedürfnis „Bindung" macht sich so Luft. Versucht die Kindergärtnerin das Kind von innen heraus zu verstehen, so sieht sie nicht die Aggression, sondern die Not des Kindes. Sie stellt sich auf die Seite von Kind und Eltern. Auf die Seite von dem, was diese retten kann, die Bindung.

Eine Folge von verletztem Bindungsstreben, wiederholter Zurückweisung und eben Einsamkeit beschreibt Neufeld als den Prozess der „Entpersonalisierung von Bindung", der zu Marotten führt. Sie stellt eine Variante des Ringens um Bindung angesichts von Trennung dar.

Eine eindrückliche Beschreibung der Entpersonalisierung dreier Kinder finden wir in „Nicholas Nickleby" (Dickens, 2013). Statt an Menschen binden sich hier Kinder an anderes: ein Gebäude, einen Vogel und einen Hund. Zum Zusammenhang der Szene im Roman: Störende Kinder wurden im viktorianischen England gerne von ihren Eltern in Yorkshire-Schulen abgeschoben. Dort wurden sie gegen ein geringes Entgelt von brutalen Schullehrern ausgebeutet und misshandelt. Im Roman wird ein solcher Schullehrer überführt und verhaftet und die Kinder strömen, sich selbst überlassen, in alle Winde:

„Da waren einige ängstliche Kinder, die, so trostlos sie auch gewesen sein mögen und so viele Tränen sie in der elenden Schule auch vergossen haben mögen, dennoch kein anderes Zuhause kannten und zu ihr eine Art der Bindung aufgebaut hatten, die sie zu Tränen bewegte, als der kühnere Mut nachließ. Diese Bindung veranlasste die Kinder, in eben dieser Schule Zuflucht zu nehmen. Einige dieser Kinder fand man, wie sie unter Hecken oder ähnlichen Orten weinten, verängstigt durch das Alleinsein.

Eines hatte einen toten Vogel in einem kleinen Käfig; er war fast zwanzig Meilen gewandert, und als sein kleiner Liebling gestorben war, hatte er den Mut verloren und sich neben ihn gelegt. Ein anderer wurde in einem Hof ganz in der Nähe der Schule gefunden, er schlief neben einem Hund, der alle biss, die gekommen waren, um das Kind zu holen. Ihm leckte er das blasse Gesicht."[22]

Hier ein Beispiel für eine beginnende Entpersonalisierung von Bindung bei einem Fünfjährigen im Kindergarten:

Der Junge schmeißt sich an jeden Erwachsenen, der die Kita betritt ,und umklammert ihn. Er buhlt regelrecht um seine Gunst und Anerkennung. Das stört dann das momentane Bemühen der Kindergärtnerin um die Anpassungsfähigkeit des Jungen. Sie nutzt nämlich regelmäßig sein Nähe-Streben, um sein Verhalten zu lenken. „Wenn du dich einfügst in unsere Gemeinschaft und in unsere Regeln", mag sie signalisiert haben, „dann bist du auch wertvoll und liebenswert für uns." Mit dem Erscheinen des Fremden sieht sie ihre diesbezüglichen Felle schwinden. Die Erzieherin kann den Jungen, wenn ein Fremder kommt, nicht mehr lenken. Der Fremde öffnet die Tür des angsterfüllten und unzuverlässigen Bindungsraums zwischen Kind und Kindergärtnerin. Flugs entwischt der Kleine und kann sich der Drohung der Erzieherin entziehen. Das frustriert die Erzieherin fast noch mehr als die Aggressionen und die Unangepasstheit des Kleinen. Nun ist diese Erzieherin keine böse Frau. Sie ist selber in Not und sie sieht auch die Not, in die der kleine Junge durch sein abweichendes Verhalten gerät. Sie will ihm helfen, ihn lenken. Auf diese Weise möchte sie erreichen, dass er nicht noch in zusätzliche Schwierigkeiten gerät.

Freitags, wenn die meisten Kinder früher aus dem Kindergarten geholt werden, fällt sein aggressives Verhalten besonders auf. Mit jedem anderen Kind, das vorzeitig abgeholt wird, wird er aggressiver. Opfer seiner Aggressionen sind zumeist die kleineren Kinder, die er – so scheint es – aus Bosheit aus der Versunkenheit ihrer Spiele reißt. So zwingt er alle, sich mit ihm auseinanderzusetzen.

Wird das kindliche Streben nach Nähe länger und stärker frustriert, als das Kind es ertragen kann, so zeigen sich Marotten, die ihre Ursache in der Verzweiflung beim Ringen um Bindung zu der Person seiner Sehnsucht haben. In der Regel sind die Eltern es, denen diese „Ehre" zuteilwird. Stehen diese – aus welchem Grund auch immer – nicht hinreichend zur Verfügung und trifft das Kind darüber hinaus in der Tagesbetreuung nicht auf ein tröstendes und verständnisvolles Umfeld, so besteht die Gefahr einer Entpersonalisierung von Bindung. In unserem Beispiel ist die Marotte eine auffallende und unangemessene Distanzlosigkeit Fremden gegenüber.

Das Kind, dessen Nähe-Streben nicht gestört wird, richtet seine Annäherungen an eine von ihm auserwählte bekannte Person. Die Handlung läuft in drei Schritten ab und richtet sich nach der aktuellen Bindungsstufe. Unser kleiner Junge würde normalerweise:
1 a) fordern
2 a) besonders zu sein
3 a) für Mutter und Vater

Weil ihm der Übergang vom zweiten zum dritten Schritt immer und immer wieder misslingt, hilft sich das Kind mit der Entpersonalisierung von Bindung. Bei ihm verläuft das Streben nach Bindung dann so:

1 b) fordern
2 b) besonders zu sein
3 b) für jeden x-beliebigen Menschen (Beispiel unser Fremden gegenüber distanzloser Junge)

Später einmal, erfährt der Kleine keine Hilfe, wird er nur noch:
1 c) fordern
2 c) egal was
3 c) von jedem x-beliebigen Menschen

Das wird ihn dann als Marotte sein Leben lang begleiten.

Man findet diese ehemaligen Kinder später vermehrt unter den Stars von Film und Fernsehen. Aber auch in den helfenden Berufen sind sie stark vertreten. Jeder kennt sie, die Menschen, die einfach nur nerven, weil sie immerzu

→ anziehend sind,
→ gewinnen wollen,
→ mithalten müssen,
→ fordern,
→ beeindrucken müssen,
→ helfen,
→ nett sind,
→ charmant sind und
→ Status suchen

Bevor die Marotte ganz gefestigt war, wollten sie noch eine der vielen Varianten von Nähe anstreben. Die, die

→ anziehend sind, wollten die Aufmerksamkeit einer bestimmten Person
→ gewinnen wollen, wollten Zustimmung einer bestimmten Person
→ mithalten wollen, wollten Wertschätzung einer bestimmten Person
→ fordern, wollten besonders sein für eine bestimme Person
→ beeindrucken müssen, wollten die Hochachtung einer bestimmten Person
→ helfen, wollten wichtig sein für eine bestimmte Person
→ nett sind, wollten Sympathie einer bestimmten Person
→ charmant sind, wollten Liebe einer bestimmten Person und
→ Status suchen, wollten Anerkennung einer bestimmten Person

Zur Marotte wäre es nicht gekommen, wenn besagte bestimmte Person, nach deren Nähe sich das Kind vergeblich sehnen musste, ihm diese gewährt hätte. Am besten wäre es, wenn jedes Kind beizeiten von der Person, nach der es sich sehnt, hinreichende

→ Zustimmung
→ Wertschätzung
→ Beachtung seiner Einmaligkeit und Wichtigkeit
→ Hochachtung

→ Sympathie
→ Liebe und
→ Anerkennung

erführe. Am besten wäre es gewesen, wenn es diese schon erfahren hätte, bevor es überhaupt danach streben musste. Das wäre möglich gewesen, wenn es erst gar nicht zu einer Trennung gekommen wäre. Ist diese unumgänglich, so ist es angezeigt, dass die Eltern für ihr Kind zuvor ein Bindungsdorf bauen (Kapitel 5 Text zu „Das Bindungsdorf nach Gordon Neufeld), um die bedauerlicherweise notwendige Trennung zu überbrücken.

Wie beantwortet eine Kindergärtnerin oder ein Kindergärtner die Einsamkeit eines Kindes und bewahrt es vor der Entpersonalisierung von Bindung? Der erste Schritt ist, wie gesagt, das Sicheinfühlen in die Lage des Kindes.

Versucht sie, den Jungen von innen heraus zu verstehen, wird die Kindergärtnerin ihren Unwillen unwillkürlich gegen Mitleid mit dem Kind tauschen. Das wiederum wird automatisch dazu führen, dass sie das Richtige macht. Sie wird ihm zu seinen Tränen über kleinere Frustrationen verhelfen und ihn trösten. Das stärkt seine adaptive Entwicklung. Sie wird ihm größere Bindungsangebote machen als den gesättigten Kindern. Das stärkt seine Bindung auf der Stufe 5. Bindung über Wertschätzung. Sie wird ihm immer wieder sagen und zeigen, dass sie ihn bedingungslos annimmt, auch und gerade dann, wenn er aggressiv ist. Sie sagt ihm, dass sie an ihn denkt, wenn sie mal nicht da ist. Und sie wird vielleicht den Fremden sagen: „Das ist aber unser Karl. Der gehört in diese Gruppe und ich bin für ihn zuständig. Sie dürfen nur mit ihm spielen, wenn ich das erlaube." So hilft sie dem Kind aus ihrer Alphaposition heraus, seine Bindungsenergie angemessen zu lenken und über seine bindungsmäßige Promiskuität hinwegzukommen. Freitags wird sie ihm sagen: „Wenn die anderen Kinder weg sind, dann erzähle ich nur dir ganz alleine Geschichten über den tapfersten Ritter aller Zeiten. Die habe ich mir nur für dich ausgedacht." In diese Geschichten wird sie dem Kind behutsam zu seinen Tränen verhelfen. Vielleicht gibt es da einen Knappen, der sich so nach seinem Bruder sehnt?! Natürlich, die Eltern wird keine Kindergärtnerin ersetzen können. Das geht sicher nicht. Sie wird aber vielleicht irgendeinmal die Gelegenheit haben, sich auf die Seite der Bindungssehnsucht der Eltern zu stellen und ihnen ihr Kind zu erklären.

Eine andere Kindergärtnerin eines anderen bindungshungrigen und in der Hinsicht unterernährten Kindes wird ganz anders reagieren. Es gibt so viele Wege für das Verständnis von vereinsamten Kindern und alle führen sie unweigerlich zum Ziel. In jedem Kindergarten gibt es zum Beispiel auch die kleinen „Lernmaschinen“ und frühkindlich gebildeten Vorzeigepersönchen. Aus Liebe zu und Solidarität mit ihren Eltern spielen sie das Spiel des frühkindlichen Bildungserfolgs mit. Sie nähern sich jedem, der ihnen über den Weg läuft, unaufgefordert an und rezitieren ungefragt ihr Wissen. Trifft man diese Kinder, so gilt es, sie auf einer zuverlässigen Basis anzuerkennen, ohne dass sie sich die Zuneigung zuvor durch Zurschaustellung von Bildung erkaufen müssen. Man kommt ihnen einfach zuvor und hat sie lieb, weil sie sie sind und nicht weil sie etwas können oder wissen.

Das einsame Kind erkennen Kindergärtner und Kindergärtnerin daran, dass seine Erziehung Mühe macht und viel Kraft kostet. Ferner ist es häufig in seiner emergenten, adaptiven und im Falle von Schulkindern integrativen Entwicklung stecken geblieben. Die Kinder zeigen manchmal schon Marotten, Unruhe und Aggressionen jenseits des 7. Lebensjahres. Die Ausdrücke dieses Steckenbleibens sind als Zeichen dafür zu werten, dass das Kind mehr Trennung von dem für es zuständigen Erwachsenen erleiden muss, als sein Bindungsgehirn ertragen kann. Die Kindergärtnerin oder Horterzieherin hat vielfältige Möglichkeiten, der Familie das Leben zu erleichtern. Allen voraus ist sie in der Lage, das Kind von innen heraus zu verstehen.

5. Das Anerkennen des Fühlens kann den Trennungsschmerz lindern

Diese Behauptung bedarf einer Erklärung.

Zu Anfang haben wir aufgezeigt, dass der erwachsene Mensch, der Vater oder die Mutter, über ein großes Spektrum an Emotionen verfügt. Nicht immer gelingt es ihnen aber, alle Emotionen auch tatsächlich zu fühlen. Unerfüllte Wünsche und frustrierte Sehnsüchte werden manchmal gar nicht erst wahrgenommen. Das führt dann zu einer einseitigen und insofern weniger harmonischen Entwicklung, denn diese Person würdigt sich selbst dann ja nicht in ihrer Ganzheit, Breite und mitunter sogar Widersprüchlichkeit. Zudem ist eine solche Person ständig angespannt und angestrengt. Sie muss ja immerzu wachsam sein, um nicht unverhofft an die unerfüllten Sehnsüchte erinnert zu werden. Es gilt dann ja, immerzu wachsam zu sein, damit das komplizierte Festungsgefüge zur Verhinderung der diesbezüglichen Selbsterkenntnis nicht jäh zusammenstürzt.

In der Regel verzichten Eltern entweder auf das alltägliche Beisammensein mit ihrem Kind oder auf denjenigen Erfolg im Erwerbsberuf, der den Ganztagseinsatz voraussetzt. Beide Verzichte gilt es so zu verarbeiten, dass die Sehnsucht, gerade wenn sie sich nicht erfüllen mag, dennoch Bestandteil der Selbstbildkomposition sein darf. So leistet der einzelne Vater und die einzelne Mutter echte Versöhnungsarbeit. Sie versöhnt die erfüllten und die unerfüllten Möglichkeiten der eigenen Entwicklung miteinander.

„Das Anerkennen des Fühlens kann den Trennungsschmerz lindern", so lautete die Behauptung und tatsächlich ist der erste Schritt schon getan. Die Trennung zwischen den nicht zu vereinbarenden Entwicklungsmöglichkeiten im frühen und mittleren Erwachsenenalter wird gefühlsmäßig überbrückt, indem man dem nicht realisierten Weg seinen eigenen Platz im Selbstbild zugesteht. Gelingt das, so wird der befürchtete Schmerz über den Verzicht nachlassen, denn dem nicht Realisierten steht ja zumindest sein eigener Raum in der Seele zu. Das so in das Selbstbild integrierte weniger Entfaltete muss nun nicht mehr bekämpft werden und es kommt zu einem Frieden mit sich selbst. Erfreulicher Nebeneffekt: Souverän gelingt es derart integren Persönlichkeiten, friedliche und wohlwollende Gefühle gegenüber denen zu hegen, die in einer vergleichbaren Lage den jeweils anderen Weg eingeschlagen haben. Der tatsächlich eingeschlagene Weg kann jetzt nicht weniger, sondern sogar noch mehr genossen werden. Das Opfer, das man ihm gebracht hat, wertet ihn ja noch zusätzlich auf.

Nur ein derart mit sich selbst versöhnter Erwachsener kann dann im zweiten Schritt dem Kind gerecht werden, weil er sich dann nicht immerzu mit seiner Selbstgerechtigkeit beschäftigen muss. Die eifrigen Talkschau-Teilnehmer merken oft gar nicht, wie sie sich immerzu um sich selbst kreisen müssen.

Erwachsene, die mit sich selbst im Reinen und im Frieden sind, weil sie die Trauer um ihre weniger entwickelten Möglichkeiten zulassen, sind frei, sich in ihre Kinder und deren Bedürfnisse zu versetzen. Diese Erwachsenen werden bereit sein, sich mit dem Umstand zu konfrontieren, dass eine alltägliche und stundenlange Trennung das Bindungsbedürfnis ihres kleinen Kindes verletzen könnte.

Es sind dies Eltern, die ganz besonders gut in der Lage sind, die Not ihrer Familie auszusprechen. So erschließen sie sich die Möglichkeit, die Hilfe von Dritten zu bekommen. Sie schaffen quasi die Voraussetzung dafür, dass sich bisher noch Außenstehende unterstützend einbringen können. Die ehemals Außenstehenden können zwar die Eltern nicht ersetzen, doch sie können Eltern und Kindern dabei helfen, sich einander auch alltags nahe zu fühlen, obwohl sie räumlich getrennt sind.

5.1 „Nur fehlen den Kindern die Basics dafür!"

Auch wenn in unseren Überlegungen die Ganztagstrennung im Vordergrund der Betrachtung steht, so ist diese nur eine von vielen Trennungen, die das Kind verletzen können, wenn die Umstände ungünstig sind.

Grundsätzlich kann aber jede auch noch so unscheinbare kindliche Konfrontation mit Trennung zu einer Gefährdung für seine Reifwerdung werden, nicht nur die äußerliche und objektiv messbare. Wie wir am Beispiel der Erziehungspraxis nach Johanna Haarer gesehen haben, ist eine verletzende Trennung sogar im eigenen Zuhause möglich. Eine Konfrontation mit Trennung liegt zum Beispiel auch vor, wenn das Kind sie sich lediglich vorstellt. Vielleicht kreisen seine Gedanken darum, dass seine Mutter stirbt. Ein anderes Kind mag die Trennung von den Eltern fühlen, weil es etwas Verbotenes tut. In Kapitel 4.3.2 sind Sie einem kleinen Mädchen begegnen das ihrer Erzieherin eingestanden hat, dass sie ein Verbot übertreten hat. Sie hat das trennende Geheimnis offenbart, um die Bindung wiederherzustellen. Trennung kann also auch durch ein Geheimnis des Kindes zustande kommen. Beim uneingestandenen Missbrauch ist das kindliche Geheimhalten das, was die schwerste Verletzung darstellt.

„Es ist ein Bindungstrauma. Wenn ein Kind ein Geheimnis hat und dieses nicht Mama erzählen kann, bedeutet das, dass das Kind nicht länger diese sichere Bindung hat. Das führt zu Alarm, defensiver Bindungsabwehr, Übertragung, Dominanz." (Neufeld, Skript zum Online-Intensivkurs II, Übersetzung von Dagmar Neubronner, transkribiert von Michael Miedaner, 2011)

Zum Trennungskomplex können also ursächlich ganz unterschiedliche Trennungen führen. Gordon Neufeld nennt im oben genannten Skript Umstände, unter denen ein Kind mit Trennung konfrontiert wird:

→ „Durch vorzeitige Sozialisierung,

→ indem wir dem Kind die Verantwortung für die elterlichen Reaktionen, für das Bewahren von Nähe für die Beziehung geben,

→ indem wir zulassen, dass Problemverhalten die Beziehung unterbricht,

→ Isolierung, Liebesentzug, Ignorieren, Schweigen, Weggehen vortäuschen, Ultimatum mit Trennungsandrohung setzen, Wertschätzung oder Zuneigung an Bedingungen knüpfen, das, was Kindern wichtig ist, gegen sie verwenden." (Neufeld, Skript zum Online-Intensivkurs II, Übersetzung von Dagmar Neubronner, transkribiert von Michael Miedaner, 2011)

Mit vorzeitiger Sozialisierung meint Neufeld das Drängen der Erwachsenen auf die Höflichkeits-Gepflogenheiten, noch bevor das Kind reif dafür ist. Während zunehmend viele Kinder täglich sehr viele Stunden in Gemeinschaften gebracht werden und man sie zwingt, sich dort einzufügen, bevor sie gemischte Gefühle haben (5.–7. Lebensjahr), werden sie mitunter von denen, die ihre ungemischten Gefühle auszugleichen verstehen, getrennt. Gordon Neufeld sagt über die Trennung, sie

→ „schließt das Fehlen der Einladung ein, in der Gegenwart des anderen man selbst zu sein (zu existieren)". (Neufeld, Skript zum Online-Intensivkurs II, Übersetzung von Dagmar Neubronner, transkribiert von Michael Miedaner, 2011)

Das Bemühen der Erwachsenen um eine vorzeitige Sozialisierung sagt dem noch Unreifen, dass er so, wie er ist, nämlich unreif, nicht willkommen ist. Täuscht das Kind eine noch nicht vorhandene Reife vor, so ist zwar diese Täuschung willkommen, nicht aber das nicht-täuschende Kind mit seiner Unreife. Dieses wird – so gesehen – getrennt, abgelehnt. Gordon Neufeld sagt:

„Heute beginnen die Eltern so früh damit ihre Kinder zu sozialisieren, schon als Kleinkind, als Krabbelkind, und sorgen dafür, dass sie sich benehmen usw. Und was steht dabei auf dem Spiel: die Gefühle, die Emotionen des Kindes. Wir verwenden Trennung gegen das Kind.

Die Entwicklungspsychologie hat hingegen folgende Haupteigenschaft: Vertrauen!

Der Glaube, dass die Eichel die Eiche wird.

Als Entwicklungspsychologe sind wir Gärtner. Wir glauben, dass die Entwicklung und die Verwirklichung des menschlichen Potenzials spontan

geschehen. Kinder werden ganze Menschen werden. Sie werden die Gefühle anderer berücksichtigen können, sie werden in der Lage sein, rücksichtsvoll und respektvoll zu sein, ohne ihre Integrität zu verlieren. Unsere Aufgabe ist es, die Bedingungen dafür zu schaffen, damit die Eicheln zum Eichbaum werden können. Das ist die Essenz: Geduld, Vertrauen, Zeit, keine Hetze …

Wenn uns die Form wichtiger ist als der Geist, wenn es uns wichtiger ist, wie sie sich benehmen, als wie sie sind, wenn wir mehr Wert legen auf das Benehmen als auf die Beziehung, dann opfern wir die Beziehung. Es geht um die Bindungen und die stecken in der Beziehung." (Neufeld, Skript zum Online-Intensivkurs II, Übersetzung von Dagmar Neubronner, transkribiert von Michael Miedaner, 2011)

In Kapitel 4.3 findet sich das Beispiel einer Sechsjährigen, die von ihren Spielkameradinnen erpresst wird. Diese drohen ihr mit dem Entzug der Freundschaft, wenn sie sich ihnen gegenüber nicht gefügig zeigt. Jedoch, die Bindung zu Mutter verschafft dem bedrängten Kind Trost und auch Schutz vor den verletzenden Gleichaltrigen.

Hier soll beispielhaft aufgezeigt werden, wie sich diejenigen Kinder, die diesen Schutz entbehren müssen, weiterentwickeln. Es geht vom Kindergarten in die erste Grundschulklasse.

Eine Grundschullehrerin beschreibt genau diese Kinder. Sie ist zutiefst frustriert, weil sie vergeblich versucht hatte, ihre Erstklässler mit einem Ausflug in ein Kunstmuseum zu bereichern. Sie beschreibt das Verhalten der Kinder während des Ausflugs in einem Brief an deren Eltern. (Lamprecht, 10.12.2013)

Die MOPO dokumentiert Auszüge aus dem Wutbrief:

„Wir waren in der Kunsthalle. Ich habe mich geschämt. Wir haben mit einer Führerin in den Kunsträumen gemalt. Ich habe mich entschuldigt."

„Pinsel und Malutensilien werden verteilt – und die Klopperei beginnt! Es wird laut, Kinder müssen ihrem Nachbarn ins Gesicht schreien, dass sein Bild doof (das Wort war ein anderes) ist."

„Einige werden maulig, geben unpassende Kommentare ab und antworten auf Fragen von Frau G. mit Fäkalsprache."

„Wir malen noch einmal auf dem Fußboden der Sammlung – eigentlich eine tolle Erfahrung für Kinder. Freud- und anstrengungslose Versuche vieler Kinder, Striche aufs Papier zu bringen."

„Endlich stehen alle, da trampeln Kinder mit dreckigen Schuhen über die Bilder! Absichtlich! Am nächsten Tag wird mir ein Kind erklären, dass ihm langweilig war – und dass es dann ja wohl klar ist, dass es das tun kann."[23]

„Ältere Herrschaften steigen über Butterbrotpapiere, Rucksäcke und Kinder. Den Kindern kommt das nicht einmal komisch vor. Als ich sie auffordere, Platz zu machen, schauen sie mich verständnislos an – und essen in Ruhe weiter!"

„Die Mitschüler werden angeschrien, geboxt, getreten und Rucksäcke umhergeschleudert. Ein älterer Herr bekommt auch einen ab. Eine Entschuldigung ist nicht zu erwarten."

„Kinder lassen die Hälfte ihrer Sachen liegen in der Erwartung, dass es ihnen schon jemand hinterhertragen wird."

„Es ist für die Kinder nicht einsehbar, dass wir in dem wuseligen Hauptbahnhof dicht zusammenbleiben müssen. Ich komme mir vor wie ein Schweinetreiber."

„In der Bahn plötzlich vertraute Geräusche. Rülpsen! Kein Versehen, sondern volle Absicht. Wer kann es am lautesten? Sie denken: Die redet sicher von meinem Nachbarn? Falsch: Gehen Sie davon aus, dass ich auch von Ihrem Kind spreche – es gibt nur sehr wenige Ausnahmen!"

„Die Kinder reagieren schlicht nicht mehr auf ganz ‚normale' Hinweise und Äußerungen – egal von wem! Eltern, Lehrer, Begleiter oder auch fremde Museumspädagogen stoßen auf taube Ohren."

„Von Eltern, die ich auf das aggressive Verhalten ihrer Kinder anspreche, ernte ich mildes Lächeln und Erklärungen dafür (Aha: Mit Erklärungen ist also alles erlaubt – weiß bereits das Kind!)."

„Bekomme ich auch bei fünfmaligem (!) freundlichem und bestimmtem Ansprechen keine Reaktion, werde ich lauter. ‚Sie schreien doch wohl keine Kinder an!?' ist die Reaktion der Eltern."

„Es geht nur zusammen! Das ist weder ein alleiniges häusliches Problem noch eines, das in der Schule zu lösen ist."

„Kinder kommen bereits um 8 Uhr früh gut gefüllt mit einer Stunde Super RTL, gewalttätigen und blutrünstigen Gameboy-Spielen und einem beachtlichen Blutzuckerspiegel in die Schule."

„Sie springen mit erhobenen Fäusten wie Ninjakämpfer in die Klasse, semmeln erstmal drei Mitschüler über den Haufen und merken es nicht einmal."

„Allen Ernstes: Haben Sie sich das so vorgestellt, als Sie einst Ihren Säugling im Arm hielten? Wollten Sie solche Kinder? Und: Haben Sie das verdient?"

„In spätestens fünf Jahren rappen Ihre Kinder irgendwas von ‚Respekt'. Wie lächerlich!"

„Kaufen Sie nicht gleich neue Sachen, wenn mal was weg ist. Ihr Kind muss merken, dass es Konsequenzen gibt – und es dann halt mal Wasser aus dem Hahn trinken muss, bis es die Trinkflasche wiedergefunden hat."

„Lassen Sie Ihre Kinder mal was für Sie tun: ein Glas Wasser holen oder den Müll rausbringen. Bedanken Sie sich, aber loben Sie nicht oder kommen gar mit einer Gegenleistung."

Ich kann die Lehrerin so gut verstehen, ihre Wut über das Gefühl der Ohnmacht! Es ist schon hart, wenn das, was man mit Liebe anbietet, zurückgewiesen wird und man sich statt Dankbarkeit mit einem Haufen Ärger konfrontiert sieht. Sie hatte versucht, den Kindern Nahrung anzubieten, die diese nicht zu nähren vermochte, weil sie gepanzert waren. Diese engagierte Lehrerin macht sich auf die Suche nach der Ursache dafür, dass ihre Schüler augenscheinlich nicht bildungsfähig sind.

„Sie denken: Wie putzig, das ist ja auch ihr Job! Falsch: Mein Job ist der, Ihre Kinder zum Lernen zu bewegen. (…) Nur fehlen den Kindern die Basics dafür!"

Sie spricht von „Basics", die sie in den mir zur Verfügung stehenden Textausschnitten aber nicht näher umreißt. Jedoch, sie nennt den Anfang im Aufbau der Basics.

„Allen Ernstes: Haben Sie sich das so vorgestellt, als Sie einst Ihren Säugling im Arm hielten? Wollten Sie solche Kinder? Und: Haben Sie das verdient?"

Nun, bei der Frage nach den „Basics“ kann Gordon Neufeld einspringen. Die Basics sind die Bindungen zwischen dem Kind und den für es zuständigen Erwachsenen. Erinnern wir uns an die Bindung als Kontext für die Erziehung. Erinnern wir uns an die Erziehung des gebundenen Kindes. Dieses Kind ist der Lehrerinnentraum. Es bleibt den Erwachsenen nahe, ahmt sie nach, verteidigt sie sogar, will in ihrer Gunst stehen, ihr vertraut sein und in seiner Einzigartigkeit erkannt werden. Das sind die Voraussetzungen, unter denen das Kind in der Lage ist, pädagogische Angebote wahrzunehmen. Die Basics sind der Kontext Bindung. Früchte der Bindung aber stellen sich nicht von alleine ein, denn die zarten Bindungskeimlinge sind sehr verletzlich und äußerst pflegebedürftig. Ein Pflegeaufwand, der sich lohnt. Menschlich sowieso, aber auch in Bezug auf die Reifwerdung, die stellt sich dann nämlich wirklich fast von alleine ein.

In ihrer ersten Wut stellt sich die Lehrerin noch gar nicht die Frage, wie man die Basics schafft, sie stellt die Frage in den Raum, wer das tut. Ihre Antwort:

„Es geht nur zusammen! Das ist weder ein alleiniges häusliches Problem noch eines, das in der Schule zu lösen ist.“

Tatsächlich sind hier die Eltern gefordert und zusätzlich noch diejenigen Erwachsenen, die von den Eltern dazu eingeladen werden. Das wird das Thema der nächsten beiden Kapitel sein (5. „Das Bindungsdorf nach Gordon Neufeld“ und „Der einladungszentrierte Kindergarten“).

Der Student von Gordon Neufelds Paradigma wird in dieser lebhaften und bildreichen Beschreibung der Lehrerin viele Anzeichen des kindlichen Trennungskomplexes wiederfinden.

Der Trennungskomplex setzt sich grob gesprochen aus zwei Komponenten zusammen, die aufeinander bezogen sind:

- → Das erfolglose Streben nach Nähe, Frustration und Alarm und als Reaktion darauf
- → die Flucht vor Verletzlichkeit, Panzerung, Dominanz und Übertragung.

Gelingt dem Kind beim Streben nach Nähe deren Herstellung nicht, so ist es zutiefst frustriert und alarmiert. Die Frustration macht sich mitunter in der Aggression Luft und der Alarm, wird er chronisch, verursacht eine ständige Unruhe, die auch die kindlichen Sinne von anderem, zum Beispiel dem Lernstoff, ablenkt.

Die Lehrerin beschreibt große Verhaltens-Komplexe von Steckengebliebenen. Da sind zum einen viele Aggressionen, die für den Neufeld-Studenten auf eine tiefe kindliche Frustration hinweisen:

→ Klopperei
→ ihrem Nachbarn ins Gesicht schreien
→ antworten auf Fragen von Frau G. mit Fäkalsprache
→ Da trampeln Kinder mit dreckigen Schuhen über die Bilder.
→ Die Mitschüler werden angeschrien, geboxt, getreten und Rucksäcke umhergeschleudert.
→ In der Bahn plötzlich vertraute Geräusche. Rülpsen! Kein Versehen, sondern volle Absicht.
→ Sie springen mit erhobenen Fäusten wie Ninjakämpfer in die Klasse, semmeln erstmal drei Mitschüler über den Haufen und merken es nicht einmal.

Auf das Vorliegen einer ständigen Unruhe weist die Unfähigkeit der Kinder hin, sich selbstvergessen mit all ihren Sinnen auf das Museum einzulassen:

→ … geben unpassende Kommentare ab …
→ Am nächsten Tag wird mir ein Kind erklären, dass ihm langweilig war – und dass es dann ja wohl klar ist, dass es das tun kann.
→ Wir malen noch einmal auf dem Fußboden der Sammlung – eigentlich eine tolle Erfahrung für Kinder. Freud- und anstrengungslose Versuche vieler Kinder, Striche aufs Papier zu bringen.

Sehen wir dieses Fehlen von Emergenz als Anzeichen von Alarm. Paradoxerweise ist aber die Passage, in der die Lehrerin das Nicht-alarmiert-Sein ihrer Schüler beschreibt, die uns am meisten beunruhigen sollte.

→ Es ist für die Kinder nicht einsehbar, dass wir in dem wuseligen Hauptbahnhof dicht zusammenbleiben müssen.

Lassen wir hierzu Gordon Neufeld zu Wort kommen:

„Es ist normal, alarmiert zu sein. Es gibt eine bemerkenswerte Anzahl und Zunahme von Kindern, von Drei- und Vierjährigen, die nicht sagen können ‚Ich habe Angst!' Sie sind bereits so gepanzert und betäubt gegen ihre Gefühle, dass mit Sicherheit noch mehr Probleme kommen werden. Sie erleben so viel Trennung, dass sie schon gepanzert sind gegen Alarm. (…)

Wenn wir ein Kind haben, das keine normalen Zeichen von Alarm zeigt und das nicht mehr sagt: ‚Ich bin nervös, ich habe Angst!' Ein Kind, welches nicht mehr zugibt, dass es sich vor etwas fürchtet, keine Sorgen mehr spürt, dann wissen wir, dass der Grund dafür immer zu viel Alarm ist. Es ist nicht ein Mangel an Alarm. Das ist der entscheidende Unterschied." (Neufeld, Skript zum Online-Intensivkurs II, Übersetzung von Dagmar Neubronner, transkribiert von Michael Miedaner, 2011)

Der Umstand, dass die Kinder die Erwachsenen in ihrem Umfeld ignorieren, ist mit dem Vorgang zu erklären, den Neufeld defensive Bindungsumkehr nennt. Das Streben nach Nähe zu den für sie zuständigen Erwachsenen zeigt sich bei diesen Kindern schon gar nicht mehr. Das Gegenteil ist der Fall. Alle Erwachsenen werden von den Kindern nahezu geschnitten und behandelt, als wären sie überhaupt nicht existent:

→ „Ältere Herrschaften steigen über Butterbrotpapiere, Rucksäcke und Kinder. Den Kindern kommt das nicht einmal komisch vor. Als ich sie auffordere, Platz zu machen, schauen sie mich verständnislos an – und essen in Ruhe weiter!

→ … Rucksäcke umhergeschleudert. Ein älterer Herr bekommt auch einen ab. Eine Entschuldigung ist nicht zu erwarten.

→ Die Kinder reagieren schlicht nicht mehr auf ganz ‚normale' Hinweise und Äußerungen – egal von wem! Eltern, Lehrer, Begleiter oder auch fremde Museumspädagogen stoßen auf taube Ohren."

Bindung ist ihrer Natur nach polar. Ihr Gegenteil ist die Abstoßung, die dunkle Energie. Die Polarität der Bindung kann von Kindern genutzt werden, um sich vor der Verletzlichkeit der Bindung zu schützen. Wir hatten ja gesehen, dass die zunehmende Tiefe der Bindung auch mit einer zunehmenden Verletzungsgefahr für den Gebundenen einhergeht. Im Falle einer solchen Verletzung richtet sich die defensive Bindungsabwehr wegen einer unerträglichen Verletzung gegen die eigentliche Bindungsperson. Die ehemalige Bindung kehrt sich in ihr Gegenteil, die Abstoßung um. Wenn ich meinen Hund zu lange alleinegelassen habe, dann beginnt er mir – nach anfänglicher Freude – in die Hand zu zwicken. Die ganze Aktion dient der Abwehr von unerträglicher Trennungs-Verletzung, die durch die tiefe Bindung erst zustande kommen konnte.

Ein Vierjähriger, dem die Kunsterzieherin wichtig ist, sagte, nachdem er erfahren hat, dass er am nächsten Tag nicht dorthin eingeladen wird:

„Morgen will ich gar nicht zu dir in die Kunstwerkstatt, Kunstwerkstatt ist blöd!"

Kinder, die weniger Bindung bekommen, als sie brauchen, sind frustriert. Das wiederum führt zu Aggressionen. Die Aggressionen der Kinder wiederum verleiten die Erwachsenen, die mit ihnen und ihren Aggressionen konfrontiert sind, zu noch mehr Trennung. Gordon Neufeld nennt sie sekundäre Trennungen.

Unsere Grundschullehrerin hätte sich auch genauso gut innerlich distanzieren und in einem Dienst nach Vorschrift die Bindung an ihre Kinder vermeiden können. Zum Glück für alle Beteiligten machte sie das nicht und bot an, sich der Kinder aus ihrer Alpha-Position heraus anzunehmen.

Doch der schwierigste Schritt steht ihr noch bevor, will sie die Kinder entlasten. Es geht kein Weg an diesem Nadelöhr vorbei:

Sie muss sich auf die Seite der Bindung stellen.

Das ist schwer, denn angesichts der Dreistigkeit dieser Kinder verleitet der erste Impuls die erziehenden Erwachsenen unweigerlich zur „Konsequenz" oder zumindest um den Ausdruck von Macht, das Herstellen der adäquaten hierarchischen Verhältnisse. Der Leser kennt das aus vielen Erziehungsratgebern und der Fernsehsendung „Supernanny". Konsequenz ist der moderne Ausdruck für das Folgende: Dem Kind wird die Nähe zu seiner Bindungsperson nur erlaubt, wenn es zuvor Bedingungen erfüllt hat. Dieser Erziehungsstil des „Unter-Bedingungen-Stellens" funktioniert bei nichtverletzten Kindern wunderbar. Für die Kinder aber, die ursprünglich unter einem Trennungskomplex leiden, bedeutet die Konsequenz zusätzliche Trennung, sie streut entweder zusätzliches Salz in die ohnehin schmerzende offene Wunde oder das Salz prallt einfach wirkungslos am Panzer ab. Die Trennung, die jetzt Strafe sein soll, hatte das Kind sich ja mit dem Anlegen seines Panzers schon vorher selber auferlegt. Da ist der strafende Erwachsene zu spät und dieser Weg der Verhaltenslenkung bleibt ihm versperrt.

Anknüpfend an das innere Bild dieser engagierten Lehrerin von den Eltern, wie sie ihre Säuglinge im Arm halten, können die beteiligten Erwachsenen sich darin üben, ihre Herzen zu erweichen und Mitleid mit den Familien zu haben. Bei denen ist offensichtlich, aus welchem Grund auch immer, der so verletzliche und zarte Keimling der Bindung verkümmert. Die Lehrerinnen, Erzieherinnen, die Eltern selbst, ja die Gesellschaft ist nun mit den zugegebenermaßen unausstehlichen und ungehobelten Quälgeistern konfrontiert. Da fordert jetzt auch noch jemand, dass sie sich auf die Seite dieser Kinder stellen!?

Ja, denn das ist unsere einzige Chance.

Alfie Kohn beschreibt bedingungslos annehmende Pädagogik von Marilyn Watson so:

„‚... Wenn wir wollen, dass unsere Schüler darauf vertrauen, dass uns etwas an ihnen liegt', folgert sie, müssen wir ihnen unsere Zuneigung zeigen, ohne zu verlangen, dass sie als Gegenleistung ein bestimmtes Verhalten an den Tag legen oder bestimmte Leistungen erbringen. Es ist nicht so, dass wir uns nicht bestimmte Verhaltensweisen wünschten und sie erwarteten, das tun wir durchaus. Aber unsere Fürsorge oder Zuneigung hängt nicht davon ab." (Kohn, 2011) (S. 172)

Den ersten Schritt in Richtung des Nadelöhrs „bedingungsloses Annehmen" hat die Wutbrief-Lehrerin ja schon getan. Weiß sie doch und wissen wir hoffentlich bald alle, dass diesen Kindern – sie sind ja erst sechs – irgendwann einmal der Bindungsboden unter den Füßen weggezogen worden ist. Sie ist zum Beispiel nicht blind für das Abschieben der Kinder an die betäubenden Fernsehsender und Gameboys. Das Wegziehen des Bindungsbodens hätte den Kindern und ihren Eltern das Herz gebrochen, wäre da nicht der rettende Panzerschutz gewesen. Die gute Nachricht ist: Das Herz ist noch ganz und heile, der Panzer kann wegschmelzen und dann werden diese Kinder all die Liebesdienste tun, die wir jetzt so schmerzlich vermissen. Dagegen ist das Bringen eines Wasserglases Peanuts.

Und noch eine gute Nachricht gibt es: Beim Umgang mit diesen zutiefst verletzten Kindern braucht keiner irgendeinen Erziehungsratgeber. In dem Erwachsenen, dem es eine Herzensangelegenheit ist, sich um das Herz eines Kindes zu bemühen, liegt der Weg zum Ziel verborgen. Er muss sich zunächst einfach nur auf die Seite das Kindes stellen und sein frustriertes Nähstreben sehen. Intuitiv wird sich das Kind verstanden fühlen und irgendwann wird es dann in der Lage sein, über seinen Schmerz zu weinen. Das ist dann die Rettung.

Über die oben beschriebene Klasse weiß ich nur das, was in den angeführten Briefausschnitten zu lesen ist. Ich kann eigentlich gar nicht wissen, wie man sich auf die Seite genau dieser Kinder stellt. Trotzdem nutze ich den Fall für eine kleine Übung. Ich stelle mir vor, ich bin Lehrerin und stehe einem Museumswärter, dem gerade ein Rucksack ins Gesicht geflogen ist, gegenüber. Wie die echte Lehrerin würde ich mich schämen, das gebe ich gerne zu, aber dann würde ich sagen:

„Bitte entschuldigen Sie das Versehen. Heute ist Henriette ein wenig aufgeregt. Dies ist nämlich ihr allererster Museumsbesuch und ich bin verantwortlich für sie. Jetzt ist sie erst sechs und ich bin sicher, sie wird es noch lernen. Dabei helfe ich ihr. Vielleicht kommen wir nächstes Jahr noch einmal wieder und Sie können dann ganz bestimmt staunen, wie viel sie dazugelernt haben wird."

Eine solche kurze Ansprache vermag es, Trennung zu vermeiden und zu überbrücken. Die Lehrerin, die so etwas sagt, verharmlost das Fehlverhalten nicht, sie bleibt auch in ihrer Alphaposition und gleichzeitig stellt sie sich auf die Seite des Kindes und bietet ihm ihren Schutz, ihren Glauben an die kindliche Entwicklungsfähigkeit. Das Kind wird seinen Panzer nicht sofort abstreifen. Es wird aber sehr wohl hinhören und irgendwann wird es merken:

„Die steht auch zu mir, wenn ich mich von meiner schlechten Seite zeige. Immer hält sie an mir fest, gibt mir wieder eine Chance und trotzdem ist sie streng. Jetzt brauch ich mich um gar nichts mehr zu kümmern. Ich rieche Bohnerwachs auf dem Boden und sehe sehr viele alte Leute. Vielleicht geht Opa auch mal mit mir hierhin? Wenn wir dann danach in diesen gefährlichen und lauten Bahnhof gehen, dann halte ich seine Hand ganz fest und mir kann nichts passieren. Ja, und dann werde ich mir den Bahnwärter mit der Trillerpfeife genauer anschauen. Vielleicht weiß Opa ja, warum er seinen Schlüssel in eine Säule steckt …"

Die Basics sind die bindungsmäßigen Sättigungen. Alles andere stellt sich dann von ganz alleine ein. Ganz bestimmt!

5.2 Das Bindungsdorf nach Gordon Neufeld

In Deutschland ist eins der beliebtesten Sprichwörter im Zusammenhang der Betreuungsfrage afrikanisch. „Es braucht ein ganzes Dorf, um ein Kind zu erziehen." Dieses geflügelte Wort verdankt seine Popularität der Missdeutung, dass Eltern von Natur aus nicht in der Verantwortung für ihre Kinder stünden und dass das Dorf eine paradiesische oder zumindest für das Kind zuträgliche Umgebung sei. Tatsächlich ist es genau umgekehrt. Die Verlagerung der Erziehung vom Elternhaus in das soziale Umfeld bedarf, ist sie unumgänglich, einer noch sorgfältigeren Einflussnahme und vorausschauender Planung durch die Eltern als die häusliche Erziehung. Das Dorf muss zuvor von den Eltern mühevoll errichtet oder eingerichtet werden. Das macht die folgende Geschichte deutlich.

Andreas Steinhöfel schrieb das Kinderbuch „Rico, Oskar und die Tieferschatten." Dieser Roman wurde 2009 mit dem Deutschen Jugendliteraturpreis ausgezeichnet. In der Begründung der Jury heißt es: „Ohne Beschönigung taucht Steinhöfel in Ricos innere und äußere Welt, eröffnet uns einen neuen kinderliterarische Maßstäbe setzenden Kosmos … " Für uns ist die Innensicht des Ich-Erzählers wichtig, um die Entwicklung der Reifwerdung an einem Beispiel zu veranschaulichen. Der Autor Steinhöfel zeigt ein intuitives Verständnis der Bedeutung von Bindung für das Kind. Zwar sind seine Charaktere fiktiv. Jedoch ist der Autor selber, der den Ich-Erzähler Rico und seine Begleiter erdachte, eine reale Person. Er ist eine Person mit einer Kultur und einem Menschenbild, das von der Bindung her fühlt und denkt. Sein Roman eignet sich folglich hervorragend, um die Wirkung von Bindung und Trennung auf das Seelenleben des heranwachsenden Menschen zu zeigen. Dieses wiederum kann als Zeichen für die intuitive Bindungsweisheit dieses Autors gesehen werden.

Rico, der Held, ist ein etwa zehnjähriger Junge. Er ist der Sohn seiner hübschen, jungen, alleinerziehenden Mutter, die nachts als Geschäftsführerin in einem Club arbeitet. Rico gilt als lernbehindert und besucht ein Förderzentrum. Die Mutter hat das Wohnumfeld für sich und ihren Sohn so ausgewählt, dass dadurch die Behinderungen des Jungen und ihre eigene eingeschränkte Möglichkeit, ihn zu betreuen, kompensiert werden können. Rico ist ein liebevoll angenommener und respektierter und eigentlich gar nicht so beeinträchtigter Junge. Er wird im Laufe des Romans mit seinem siebenjährigen, eigentlich gar nicht so hochbegabten Freund Oskar kontrastiert. Der Roman verstrickt die beiden Jungen in einen Kriminalfall und zeigt dabei die Reifwerdung der beiden Kinder auf. Es ist ein Entwicklungsroman und wir werden an ihm im Folgenden beispielhaft die Rolle der Bindung für die Reifwerdung der Kinder aufzeichnen.

Rico im Bindungsdorf

Gordon Neufeld würde das, was Ricos Mutter macht, um ihre unumgängliche Abwesenheit zu kompensieren, das Erbauen eines Bindungsdorfs nennen. Als alleinerziehende Geschäftsführerin eines Nachtclubs muss sie nachts arbeiten gehen und tags sehr viel schlafen. Dennoch lädt sie das Kind in ihre Nähe ein, geht dabei aber einen Umweg. Der Weg ist nicht leicht. Rico schildert ihn:

„Vor ein paar Jahren, als wir in die Dieffe 93 eingezogen waren, hatte sie mich durchs ganze Haus mitgeschleppt, um uns den Nachbarn vorzustellen. Ihre Hand war ganz schwitzig gewesen, voll der Klammergriff. Mama ist mutig, aber nicht kaltblütig. Sie hatte Angst gehabt, die Leute könnten uns nicht leiden, wenn sie rauskriegten, dass sie keine Dame war und ich ein bisschen behindert. Fitzke hatte auf ihr Klopfen geöffnet und im Schlafanzug vor uns gestanden. Im Gegensatz zu Mama, die sich nichts anmerken ließ, hatte ich gegrinst. Das war wohl der Fehler gewesen. So in etwa hatte Mama dann gesagt, Tach, ich bin also die Neue hier und das ist mein Sohn Rico. Er ist ein bisschen schwach im Kopf, aber da kann er nichts für. Wenn er also mal was anstellt …

… Seitdem nennt er mich Schwachkopf." (S. 23) (Steinhöfel, 2008)

Beim Bindungsdorf-Bauen dieser tapferen jungen Frau wird deutlich, wie oberflächlich das Reden über das ganze Dorf ist, dessen es bedarf, um ein Kind zu erziehen. So einfach ist das nämlich gar nicht. Ricos Mutter geht da einen schweren Weg. Mitunter ist sie sogar recht rabiat, wenn es darum geht, das Kind vor Dorfbewohnern zu schützen. So hatte sie augenscheinlich einer Supermarktkassiererin einen Besuch abgestattet:

„Nachdem wir in die Dieffe gezogen sind, ist Mama nämlich mal bei ihr gewesen, um ihr freundlich zu erklären, dass ich nicht rechnen kann und dass sie schon mal einem beide Arme gebrochen hat, der mich betuppen wollte." (S. 29) (Steinhöfel, 2008)

Sie wählt für ihr Kind sorgfältig, und auch in Kenntnis seiner Bedürfnisse, aus der gegebenen Umgebung ein Bindungs-Umfeld, welches sie quasi autorisiert und das sie auch pflegt. Der oben genannte Fitzke zeigt kein Verständnis und wird folglich nicht in dieses Umfeld aufgenommen. Sie nennt ihn Rico gegenüber einen „Idioten" und bringt so zum Ausdruck, dass er nicht dazugehört. Die Hauptperson, die von ihr ausgewählt wurde, Frau Dahling, lässt sie so nah an sich ran, dass Rico seine Umlaufbahn nicht wechseln muss. Das ist so zu verstehen: Das Kind kreist um seine Mutter, wie ein Planet um die Sonne. Frau Dahling steht der Mutter-Sonne so nahe, dass Folgendes passiert, wenn die Haupt-Sonne abwesend und die Nachbarsonne, Frau Dahling, anwesend ist: Rico kreist dann weiter in genau denselben Bahnen und kommt nicht aus dem vorgegebenen Umlauf, denn die Neben-Sonne steht ja noch an ihrem Platz.

Das Wort des Jungen für die Einladung der für ihn zuständigen Erwachsenen zu seinen Sonnen-Umkreisungen ist „kümmerig".

„Ich fühlte mich sehr wohl. Ich mag es, wenn Mama kocht oder irgendwas anderes Kümmeriges macht." (S. 24) (Steinhöfel, 2008)

Über Frau Dahling sagte er in einem anderen Zusammenhang fast genau das Gleiche:

„Jedenfalls erwähnte sie es mit keinem Wort. Stattdessen wurde sie endlich kümmerig." (S. 126) (Steinhöfel, 2008)

Sehr sparsam ist die Einrichtung des Bindungsdorfs in Bezug auf die menschliche Besetzung. Es gibt eine Hauptperson, mehrere Nebencharaktere, die bis auf die Supermarktkassiererin und den Lehrer alle im Haus wohnen, und sonst gibt es niemanden.

„Natürlich hatte Mama ihm zu diesem Zeitpunkt schon längst erzählt, dass ich tiefbegabt bin und mir deshalb so gerne andere Wohnungen angucke, weil ich auf der Straße immer geradeaus laufen muss und nicht so viel zu sehen kriege von der Welt. Mama hatte es jedem im Haus erzählt und mit Ausnahme von Fietzke hatten alle Nachbarn Verständnis gehabt und mich reingelassen, wenn ich bei ihnen klingelte." (S. 108) (Steinhöfel, 2008)

Es gibt die eine schöne, klare und zuverlässige Nebensonne, Frau Dahling. Ricos Mutter trinkt mit ihr regelmäßig ein „Schlückchen Gutes" und ist Trösterin, als Frau Dahlings Mann sie wegen einer Älteren verlässt. Frau Dahling ist im Übrigen keinesfalls pädagogisch geschickt, gebildet oder makellos. Sie leidet unter Depressionen.

Einfühlsam und umsichtig ist die Beziehung zwischen Ricos Mutter und Frau Dahling. Symbol der Anerkennung der freundlichen Aufnahme ihres Sohns zu Filmeabenden mit belegten Brötchen ist eine kleine Aufmerksamkeit, ein Päckchen Salzstangen. Ricos Mutter schickt den Jungen zum Einkaufen:

„Uns fehlen ein paar Sachen fürs Wochenende ..." (S. 25) (Steinhöfel, 2008)

Später dann schildert Rico ganz unauffällig:

„Das Einkaufen lief prima. Zahnpasta, Butter, Salzstangen ..." (S. 29) (Steinhöfel, 2008)

Weitere neun Seiten später heißt es:

„... ich drückte ihr die Salzstangen in die Hand, als sie mich einließ." (S. 38) (Selhorst, 2010)

Fast jede alltägliche Verrichtung oder Beschreibung erfüllt in diesem Roman eine doppelte Funktion, so stehen die Salzstangen zugleich symbolisch für das Nährende in der Beziehung zwischen Ricos Mutter und Frau Dahling. Später wird sie es auch sein, die sie knabbert. Nicht Rico. Zugleich sind sie aber als Teil der Einkaufsliste Zeichen für Ricos Erfolg bei der Alltagsbewältigung. So ist die Dreiecksbeziehung harmonisch und von gegenseitiger Hingabe füreinander geprägt. Dabei gehen alle drei als Gewinner hervor, ohne das zuvor berechnend einzukalkulieren. Rico schaut in Frau Dahlings Gesicht, als er sie mit seinem Besuch überrascht:

„Frau Dahling strahlte mich an wie der Weihnachtsstern, als ich unvermutet vor der Tür stand, und da wusste ich plötzlich, dass das graue Gefühl viel öfter zu ihr kommt, als ihr lieb ist." (S. 124) (Steinhöfel, 2008)

Das äußere, materielle Umfeld wird von Ricos Mutter ebenso sorgfältig und passgenau für diesen Jungen eingerichtet wie das menschliche:

„Man muss nie abbiegen und genau aus dem Grund hat Mama sich für mich eine so lange gerade Straße ausgesucht: weil ich mir lange Wege nicht gut behalten kann, schon gar keine mit Ecken drin." (Steinhöfel, 2008)

Die Sorgfalt erstreckt sich aber nicht nur auf das Wohnumfeld, sondern geht bis zum Mobiliar:

„Ich weiß nicht, warum Mama und ich ihn Nachdenksessel getauft haben, aber wir lieben ihn sehr. Er ist dick und gemütlich. Manchmal brauche ich ihn bloß, um die Bingomaschine zu beruhigen." (S. 96) (Steinhöfel, 2008)

Von „Bingomaschine" redet Rico, wenn er in einen Zustand der Verwirrung und insbesondere der räumlichen Desorientierung gerät. Mit der Bereitstellung und Taufe dieses Möbelstücks erbringt die Mutter ganz intuitiv eine heilpädagogische Leistung, zu der Ricos ausgebildeter Förderschullehrer augenscheinlich nicht in der Lage ist:

„Der Wehmeyer versucht dort seit Jahren vergeblich, die Bingokugeln in meinem Kopf zu ordnen. Ich habe mal überlegt, ihm vorzuschlagen, dass er vielleicht erst die Maschine anhalten soll, bevor er sich mit den Kugeln beschäftigt, aber dann habe ich es gelassen. Wenn er nicht selbst draufkommt, hat er eben Pech gehabt." (S.19) (Steinhöfel, 2008)

Es braucht kein ganzes Dorf, um ein Kind zu erziehen. Es braucht Mutter und Vater oder einen von beiden, um ein Kind zu erziehen. Benötigen oder wünschen die Eltern ergänzende Hilfe beim Erziehen, können sie mit viel Mühe, Kreativität, Einfühlungsvermögen, Mut und Einfallsreichtum ein Bindungsdorf bauen. Das geht auch. Bei Rico und seiner Mutter geht das sogar ziemlich gut, denn sie bleibt in der Führung und verantwortet das Geschehen. Aus dem Erziehungsgeschehen zieht sie sich nur äußerlich zurück, innerlich ist sie gegenwärtig.

Ricos Bindungen

Mit jeder Bindungsstufe wird das Kind tiefer und verletzlicher fühlen können. Das Wunderbare an der Bindung ist, dass dieses beständig auf gegenseitige Annäherung ausgerichtete Bestreben nicht weg vom Selbst führt, sondern zu einem ganz tiefen Selbstkontakt. Ganz im Gegensatz zu seinen Kollegen Justus, Peter und Bob, Alfred Hitchcocks berühmten drei Fragezeichen, ist unser Detektiv Rico zu Beginn noch nicht fertig, er entwickelt sich noch. Seine Reifwerdung ist möglich, weil er bindungssatt ist. Aus dieser Entwicklung resultiert dann auch das Fortschreiten der Handlung.

Die Passage, die mich am meisten gerührt hat, ist die folgende. Rico hat es geschafft, in das Hinterhaus einzudringen, und ist auf dem Weg, seinen entführten Freund Oskar zu retten. Die nächtlichen Schatten des Serienentführers hatte er nachts schon längere Zeit von seinem Zimmer aus beobachtet, ohne zu der Zeit jedoch zu ahnen, dass sie nicht gespenstischen Ursprungs waren. Nun hat er es trotz seiner Beeinträchtigung bei der räumlichen Orientierung geschafft, dem Entführer auf die Schliche zu kommen. Er dringt in das Hinterhaus, schaut aus dem Fenster auf die Rückseite des Vorderhauses, in dem er wohnt. Dabei betrachtet er sich selbst in der Zeit vor dem Entwicklungsschritt, der zugleich die Handlung, aber auch das Kind vorangetrieben hat:

„Es war natürlich dunkel, aber plötzlich kam mir der total gruselige Gedanke, wie ich wohl reagieren würde, wenn da unten plötzlich das Licht anging und ich Rico sehen könnte, der von seinem Fenster aus ängstlich zu mir rüberguckte, weil er in diesem Moment meinen Tieferschatten sah." (S. 189) (Steinhöfel, 2008)

Später dann wird das Kind vom reinen Glück der Selbstwirksamkeit durchtränkt:

„Vor lauter Stolz kriegte ich einen knallroten Kopf. Ich hatte Oskar gerettet!" (S. 193) (Steinhöfel, 2008)

Verglichen mit dem Triumph der immerzu allwissenden und quasi omnipotenten Fragezeichen, die an dieser Stelle jovial herablassend eine kleine Belehrung für die hilflosen Erwachsenen parat hätten, ist dies hier ein berechtigter Stolz. Der Leser teilt ihn, weil er das Glück hatte, den Jungen zu begleiten. Er konnte derweil sehen, dass die wichtigste Bedingung für die Reifwerdung des Kindes erfüllt war. Die Bindung.

Wie in einem Neufeld-Bilderbuch zeigt er sich auf allen Stufen der Bindungsentwicklung wohl genährt und gesättigt. Dabei steht auf der einen Seite die Bindung zur Mutter und Frau Dahling, die Sonnenbindung (s. o.) und auf der anderen Seite ist die sich anbahnende Bindung zu einem männlichen Wesen, Oskar. Ich nenne sie hier einfach mal – Ricos Sicht einnehmend – Mondbindung, denn Oskar wird von Rico eingeladen, ihn zu umkreisen. Die dritte sich anbahnende Bindung ist die zu Herrn Westbühl, genannt Bühl. Die soll dann gar nicht ihm selber gelten, sondern dem Familiengefüge. Wie ein Stein, der ins Wasser geworfen wird, zieht die Sonnenbindung immer größere Kreise nach außen.

Bevor jetzt Beispiele für Ricos Bindungssituationen auf den verschiedenen Stufen angeführt werden, wird zuerst auf einige übergreifende Prinzipien oder Gesetzmäßigkeiten der Bindung hingewiesen.

Bindung ist hierarchisch. Ja, sogar die Bindung zwischen gleichberechtigten Ehepartnern ist ihrer Natur nach hierarchisch, wobei der Blick auf der einzelnen Interaktion liegt. Hatte in einer Situation die Frau die Führung, so mag es in der nächsten der Mann sein. Ohne ein Oben und Unten, ein Führen- und Geführt-Werden könnte die Bindung nämlich nicht nähren und Sicherheit vermitteln. Das ungeheuer beglückende Sich-Fallenlassen und Sich-aufgehoben-Wissen wäre ohne – zumindest zeit- oder situationsgebundene – Hierarchie nicht möglich. Oben hatten wir erwähnt, dass Ricos Eigenschaftswort für die Einladenden zu diesem Glück „kümmerig" ist.

Ricos Mutter ist durchweg ganz klar in der Führung und zugleich aber nicht verletzend. Sie geht sehr verantwortungsvoll mit ihrer Alphaposition um. So auch, wenn sie folgendermaßen auf die Verkupplungsbemühungen ihres Sohnes reagiert:

„‚Rico, pass mal auf. Ich weiß, dass du dich nach einem Vater sehnst. Und ich wünschte mir für uns beide, wir hätten einen im Haus, das musst du mir glauben! Aber das bedeutet nicht, dass ich mit jedem Mann anbändeln kann, der deiner Ansicht nach für diese Rolle in Frage kommt.'" (S. 69) (Steinhöfel, 2008)

Metapher für die Bindungs-Nährung, wenn der Erwachsene die Führung übernimmt und der Bedürfnisäußerung oder Nachfrage des Kindes zuvorkommt, ist in diesem Roman das Müffelchen. Es handelt sich um belegte Brote, die Frau Dahling anbietet, und bei diesem Angebot bleibt sie in der Alpha-Position. Einmal schickt sie Rico bei ihrer Zubereitung sogar aus der Küche.

„Ein Teller mit Leberwurstschnittchen, kleinen Gurken und halbierten Tomaten stand drauf. Mein Magen rumpelte los. Frau Dahling machte die besten Müffelchen der Welt." (Steinhöfel, 2008)

Das Bindungsangebot, mit dem der Erwachsene aus seiner Alphaposition heraus dem kindlichen Nähe-Streben zuvorkommt, sättigt stärker als das zuvor eingeforderte. Jeder kennt das Gefühl von Freude, wenn ihm ein geäußerter Wunsch erfüllt wird. Diese wird aber noch übertroffen von dem Gefühl, in seinem Wesen erkannt und anerkannt zu werden. Das hat man dann, wenn man ein Geschenk bekommt, von dem man selber noch gar nicht wusste, dass man es sich sehnlichst gewünscht hatte. So ist es auch bei der Bindung zwischen Kindern und den zuständigen Erwachsenen.

Dieses Prinzip hat Rico augenscheinlich schon so tief verinnerlicht, dass er gelegentlich auch auf die Anbieter-Seite geht. Ricos Mutter ist im Stress:

„‚Das Gefrierfach muss dringend mal abgetaut werden.'" (S. 22) (Steinhöfel, 2008)

Nein, sie hatte ihm nicht gesagt, er solle das erledigen, und dennoch heißt es 16 Seiten später:

„Erst als ich wieder zu Hause war, die Butter in den Kühlschrank geräumt hatte und anfing, mit einem Messer das Eisfach auszukratzen, fiel mir ein …" (S. 38) (Steinhöfel, 2008)

Bindung ist polar. Wie beim Magnetismus zu jedem Pol ein Gegenpol gehört, so geht das Streben nach der Nähe zu einem vertrauten Menschen unweigerlich mit der Abkehr und Abwehr von dem Fremden einher. Mit der Polarität einhergeht auch die Bedingungslosigkeit der Bindung. Ja, Bindung ist absolut und wird niemals relativiert. So wie der Magnet keinen Aussetzer kennt, so kennt auch die Bindung keine Ausnahmen.

Jeder, der bis jetzt dachte, Frau Dahling wäre kinderlieb, hat sich gründlich getäuscht. In dem Haus wohnt noch eine Familie mit zwei Zwillingspaaren:

„Frau Dahling hasst sie wie die Pest und nennt sie Brüllwürfel." (S. 40) (Steinhöfel, 2008)

Einmal geht sie sogar Rico gegenüber so weit, zu wünschen, dass der Kidnapper diese Kinder entführte:

„‚Dem würde ich gerne persönlich eine Einladung schicken, sich eine von den Kessler-Gören abzuholen. Für die Eltern wäre das nur halb so schlimm, weißt du. Sie hätten auf jeden Fall immer noch ein Kind in petto, das genauso aussieht.'" (S. 42) (Steinhöfel, 2008)

Das einseitige, ja schon fast unmoralische Parteiergreifen, das in einer

Kindertagesstätte undenkbar wäre, tut Kindern sichtlich gut. Sie fühlen sich ausgewählt und aufgewertet. Sie brauchen auch Menschen, die blind für ihre Schwächen sind und fanatisch für sie kämpfen, während sie Fremden gegenüber ungerecht kritisch sind.

Als Rico seine Mutter einmal fragte, ob sie im Falle seiner Entführung die 2000 € für das Lösegeld beschaffen könnte, antwortet sie:

„‚Für dich? Und wenn ich dafür töten müsste, Schatz.'" (S. 22) (Steinhöfel, 2008)

Ein weiteres Kernmerkmal von Bindung ist Verlässlichkeit. Während Frau Dahling noch ahnungslos und in Erwartung eines einsamen Feierabends bei Karstadt an der Fleischtheke Wurst verkauft, wird sie in der Dieffe 93 von einem kleinen Jungen erwartet:

„Frau Dahling würde heute Abend sicher Müffelchen für mich machen und wir würden zusammen fernsehen, obwohl kein Wochenende war!" (S. 103) (Steinhöfel, 2008)

Der Junge verlässt sich darauf und es wird auch so kommen. Auch verlässt er sich darauf, dass sie ihm sein unglaubliches Abenteuer glauben würde, wenn er es erzählte.

„Vermutlich würde sie mir glauben, wenn ich ihr sagte, dass ich Oskar nicht nur kannte, sondern dass er heute Morgen zu mir unterwegs gewesen war." (S. 132) (Steinhöfel, 2008)

Doch nun zu Ricos Bindungsversorgung auf den verschiedenen Stufen der Entwicklung.

Die Bindung zu Oskar befindet sich noch im Aufbau und ist daher auf die Anfangsstufen konzentriert. Hier ist ein Beispiel für die Bindung über Sinne und die über Gleichheit

„Ich grummelte ein bisschen. Einen anderen Freund als Oskar hatte ich nicht. Es ist merkwürdig, dass die Leute mit einem nicht so Schlauen praktisch genauso wenig anfangen können wie mit einem nicht so Dummen. Ich dachte an den Nachmittag auf dem Dachgarten und wie Oskar seine warme Hand in meine gelegt hatte. Das war sehr schön gewesen und keine Lüge: Ich hatte es gespürt." (S. 202) (Steinhöfel, 2008)

Zugehörigkeit und Loyalität seiner Mutter gegenüber ist für Rico eine Selbstverständlichkeit, als ein Hausbewohner seine Mutter dafür kritisiert, dass sie ihren Jungen wegen ihres sterbenden Bruders ein paar Tage alleinlässt, denkt er:

„Im Gegensatz zu dem bescheuerten Marrak fand Frau Dahling es offenbar nicht schlimm, dass Mama mich alleingelassen hatte." (S. 126) (Steinhöfel, 2008)

Frau Dahling zeigt sich Rico gegenüber loyal, als er sich selber unterschätzt:

„‚Das kann ich mir nicht behalten.'

‚Doch, das kannst du. Du hast ein fabelhaftes Gedächtnis, lass dir von keinem was anderes erzählen.'" (S. 128) (Steinhöfel, 2008)

Auch die Bindungsstufe der Wertschätzung ist sehr von Parteinahme geprägt, das Kind sucht in der Gunst dessen zu stehen, an das es sich bindet. Rico rettet den Jungen Oscar auch, um in dessen Gunst zu stehen und wertgeschätzt zu werden.

Selber bringt er die Wertschätzung seiner Mutter zum Ausdruck, indem er sie im Vergleich zu anderen als leuchtendes Beispiel sieht. Sie ist für ihn der Maßstab aller Dinge. Das wird deutlich, wenn er ihre Finger- und Fußnagelpflege sowie deren Verzierung beschreibt. Er bewundert die kleinen Aufkleber auf den Nägeln und stellt ihre gepflegte Erscheinung in einen Kontrast zu den abgeblätterten Nägeln von Sophias Mutter.

Die Bindungsstufe 5, die tiefe Vertrautheit, in der das Kind sein Herz verschenkt, wird vom Ich-Erzähler Rico nur ganz sparsam angedeutet. Er sagt über sein Tagebuchprojekt:

„Falls mein Experiment schiefgeht, ist sie dann am Schluss wenigstens nicht enttäuscht." (S. 49) (Steinhöfel, 2008)

Nur in dieser beiläufigen Bemerkung erfährt der Leser, dass das Tagebuch, in dem sich das Kind ganz und gar in seinem Sosein offenbart, der Mutter geschenkt werden soll. Er will sie damit beglücken, sich ihr selbst schenken und zugleich anvertrauen.

In der höchsten Stufe, der Bindung über psychologische Nähe, erlebt das Kind das Gesehen- und Gehört-Werden seiner selbst durch die Person, an die es sich psychologisch bindet. Es denkt vielleicht beim Schreiben daran, wie seine Mutter den Inhalt aufnimmt. Er sieht sich quasi durch deren Brille. Rico macht sich hier ganz und gar transparent und offenbart sich. Das Tagebuch selbst ist das Materialisieren von Ricos Bindung über psychologische Nähe.

Macht Bindung stark?

Auf die Frage gibt es zwei Antworten.

Die erste lautet nein, Bindung macht nicht stark, sie macht zunehmend verletzlich. Mit fortschreitender Bindungstiefe gibt das Kind nämlich immer mehr von sich preis und bietet so immer mehr Angriffsfläche. Würde die Mutter sich über Ricos Tagebuch lustig machen oder das Geschenk irgendwie anders verachten, so wäre das Kind im Kern seines Soseins vernichtet. Hier kommt ein weiteres Prinzip, die oben erläuterte Hierarchie, ausgleichend ins Spiel. Derjenige, der in der Alpha-Position ist, unterliegt nämlich etwas Ähnlichem, was bei Säugetieren die Beißhemmung wäre. Der Unterlegene, der sich ergibt, wird verschont. Bei Menschen wird dieser Schutzinstinkt vielfältig ersetzt. Ein Ersatz ist das sich in den Bindungspartner Hineinversetzen. Diese Kunst beherrschen Rico und seine Mutter perfekt:

„‚Wie war's denn in der Schule?', ‚Ging so.'

Sie sagte nie Förderzentrum, weil sie weiß, wie sehr ich es hasse." (S. 18) (Steinhöfel, 2008)

Ein anderes Mal liest die Mutter Ricos Gedanken. Ihr Bruder stirbt an Krebs und sie plant ihn zu besuchen. An seinem Gesichtsausdruck erkennt sie, dass ihr Sohn Angst hat, sie könne sich anstecken:

„Krebs ist nicht ansteckend." (S. 102) (Steinhöfel, 2008)

Auch Rico versetzt sich in seine Mutter, als sie hadert, ob sie den Jungen ein paar Tage alleinlassen kann, um ihrem Bruder beizustehen. Der Junge versetzt sich in ihre Lage und signalisiert Verständnis:

„‚Bin ich eine verantwortungslose Mutter, Rico?'

‚Quatsch!'" (S. 102) (Steinhöfel, 2008)

Rico selber wird sich seiner Verletzlichkeit immer mal wieder bewusst, wenn er damit beschäftigt ist, zu Oskar und zum Bühl neue Bindungen aufzubauen.

Er nimmt gedanklich den Moment vorweg, in dem er Oskar seinen Freund nennen kann, und sieht auch ganz klar das Risiko, das er eingeht, wenn er mit dem Fortschreiten der Bindungsentwicklung sein tiefes Inneres offenbart:

„Es gab da etwas, vor dem ich mich noch mehr fürchtete als vor dem Verirren, und ich hatte auch schon darüber nachgedacht, dass ich Oskar darin einweihen musste, sobald wir echte Freunde wurden. Schließlich vertrauen Freunde einander. Nur war ich mir nicht sicher, ob er wirklich schon mein echter Freund war." (S. 89) (Steinhöfel, 2008)

Einmal – als er denkt, Oskar habe ihn versetzt – stellt er sich sogar vor, wie er seine verletzlichen Gefühle durch eine Panzerung schützt:

„Die ganze Warterei hatte keinen Zweck. Oskar würde nicht mehr kommen. Wenn er noch kam, sollte er mir den Buckel runterrutschen. Der sollte sich mal bloß nicht einbilden, dass ich wegen ihm die Blumen von den RBs verdursten lassen würde." (S. 107) (Steinhöfel, 2008)

Ähnlich wie bei Oskar ergeht es Rico bei seinem Bindungsaufbau zum Bühl, dem neuen Hausbewohner, den er mit seiner Mutter zu verkuppeln trachtet. Während er ihn besucht, ertappt Rico sich bei dem Wunsch nach Vertraulichkeit:

„Frederico, dachte ich, du spinnst wohl! Ich war drauf und dran gewesen, dem Bühl meine geheimsten Sachen zu erzählen, dabei war ich nicht mal mit ihm befreundet." (S. 123) (Steinhöfel, 2008)

Danach ist er froh, nicht so weit gegangen zu sein, denn er hat unversehens Gründe, den Bühl für einen Verbrecher zu halten. Dieser Handlungsstrang aber war nicht abgebrochen, sondern augenscheinlich nur unterbrochen worden. Der Bühl entpuppt sich nämlich als Kämpfer gegen das Verbrechen, er ist Polizist und hat von Anfang an auf Ricos Seite gearbeitet. So kann er diesem Mann anvertrauen, wie sein Vater gestorben war und dass seine allergrößte Angst die vor dem Ertrinken ist:

„Es war wie im Traum, ich hörte mein eigenes, kaum hörbares Flüstern und der Bühl drückte mich fest an seine Brust und der verstand jedes Wort.

‚Eines Tages fuhr mein Papa mit Freunden in einem Boot raus, vor die Küste von Neapel …'" (S. 211) (Steinhöfel, 2008)

So scheint sich allegorisch die mit der Bindungstiefe zunehmende Verletzlichkeit in eine ungeahnte Stärke zu verwandeln. Welcher Junge ist schon stärker als der mit einem Polizisten als Freund?

Die zweite Antwort auf die Frage, ob Bindung stark macht, lautet ja. Bindung macht stark, weil sie die Reifwerdung und damit die Unabhängigkeit vorantreibt.

Das weiche, offene und verletzliche Herz des Kindes bewirkt, dass es ganz prägbar und lernbegierig wird. Erinnern wir uns an die Früchte der Bindung:

→ Die Sehnsucht, in der Gunst seiner zentralen Bindungsperson zu stehen;
→ die Sehnsucht nach Zugehörigkeit und Loyalität;
→ die Sehnsucht nach Bedeutsamkeit und Liebe
→ und all die guten Absichten, deren Verfolgung dazu führen könnte, diese Sehnsüchte zu stillen.

Das sehnsüchtige Kind wird sich von seinen guten Absichten bewegen lassen und es verhärtet sich nicht. Es bleibt weich und liebevoll. Wäre es Rico gelungen, sich gegen seine Verletzlichkeit zu panzern, als er meinte, Oskar habe ihn versetzt, dann wäre die kriminalistische Handlung gar nie in Gang gekommen und das Kind wäre morgen genauso wie gestern, es wäre in seiner Entwicklung stecken geblieben. Doch Rico blieb letztendlich gebunden und hat sich nicht gepanzert. So steht ihm der Bindungs-Früchtekorb offen. Dieser birgt alles, was ein Kind antreibt, um sich zu entwickeln. Und die darauf folgende Entwicklung macht den Heranwachsenden dann wirklich stark:

Adaption. Rico sieht seiner Orientierungs-Beeinträchtigung direkt ins Auge:

„An meinem Gehirn liegt es nicht, das ist ganz normal groß. Aber manchmal fallen ein paar Sachen raus und leider weiß ich vorher nie, an welcher

Stelle. Außerdem kann ich mich nicht immer gut konzentrieren, wenn ich etwas erzähle. Meistens verliere ich dann den roten Faden, jedenfalls glaube ich, dass er rot ist, er könnte aber auch grün oder blau sein, und genau das ist das Problem." (S. 11) (Steinhöfel, 2008)

Dass es ihm gelingt, sich an seine Desorientierung zu adaptieren, wird in dem Abschnitt Emergenz aufgezeigt. Die Voraussetzung für den adaptiven Umgang mit Frustrationen ist das tiefe Fühlen von Vergeblichkeit. Hier aber beschreibt das Kind seine Symptomatik nur ganz sachlich, nicht gefühlsmäßig. Nur durch die schonende Wortwahl seiner Mutter wissen wir um seine Verletzlichkeit. Sie spricht von Schule, er hingegen ganz sachlich von Förderzentrum. Es wird ansonsten nicht gesagt oder angedeutet, dass er einmal um die Fähigkeit zur Orientierung getrauert hat. Jedoch, er kann weinen. Das erwähnt Rico an vielen Stellen:

„Es ist total peinlich, aber wenn ich mich heftig über etwas aufrege, zum Beispiel Ungerechtigkeit, fange ich an zu heulen. Ich kann überhaupt nichts dagegen machen." (S. 35) (Steinhöfel, 2008)

„Mollie Zwei kriegte ich eine Woche später, weil ich nicht mehr aufhörte zu heulen." (S. 88) (Steinhöfel, 2008)

Eine wichtige Instanz für die Adaption von Kindern ist die zuverlässige Schulter, an der sie weinen und dann neue Kräfte schöpfen können. Und die hat Rico in seiner Mutter:

„Als sie reingekommen war und mich ohne Worte vorsichtig in die Arme genommen hatte, hatte ich sofort angefangen zu heulen." (S. 215) (Steinhöfel, 2008)

Emergenz. Dass bei Rico adaptive Prozesse ablaufen, darauf weisen dann immer wieder Umschwünge in neue Phasen von Emergenz hin:

„Traurige Sachen ziehen alle Kraft aus einem raus und machen einem wackelige Beine ..." (S. 163) (Steinhöfel, 2008)

Rico ist traurig über die einsamen Kinder, die er bei seinem Ausflug nach Tempelhof getroffen hat. Er ist aber auch enttäuscht über die Vergeblichkeit seiner detektivischen Bemühungen und lässt diese ganz tief einsacken:

„Die Enttäuschung darüber, den Weg zu Sophia völlig umsonst gemacht zu haben, war so groß, das mir Tränen in die Augen stiegen." (S. 159) (Steinhöfel, 2008)

Und dann passiert das, was Neufeld beschreibt, wenn der Adaptionsprozess zum Abklingen kommt. Das Kind wird ganz ruhig und sortiert sich neu. Rico geht in den Nachdenksessel und dann ins Bett und träumt. Dabei gelingt es ihm mit viel Mühe aber dennoch unverhofft, das Geschehen um Oskars Entführung so zu sortieren, dass er einen wichtigen Schritt zur Lösung des Rätsels tun kann:

„Plötzlich wusste ich alles.

Also gut, fast alles.

Auf jeden Fall wusste ich, was ich tun musste." (S. 180) (Steinhöfel, 2008)

Seine angebliche Schwäche, sich Dinge zu merken, trägt der Junge etwas zu kokettierend zum Markte. Manchmal nervt sie den Leser schon fast, doch er ist durchaus in der Lage, sie zu kompensieren, indem er viel genauer wahrnimmt und weiterdenkt als die Menschen, die das Wort „Platane" in ihrem aktiven Wortschatz haben:

„... – ich hab vergessen, wie sie heißen ... Von ihren Stämmen blättert die Rinde ab wie Lack von einer alten Tür und darunter kommt hellere Rinde zum Vorschein, die auch wieder abblättert, und so weiter. Man fragt sich, wann so ein Baum nach innen rein mal aufhört." (S. 29) (Steinhöfel, 2008)

Ricos offensichtlicher Emergenz ist eigentlich das Äußere und das Innere des Tagebuchs zu verdanken:

Zum Äußeren: Wäre er nicht emergent, so hätte er es nicht geschrieben.

Zum Inneren: Wäre er nicht emergent, so hätte er nicht so über sich hinauswachsen können, dass er einen Kriminalfall hätte lösen können. Es hätte also die Handlung nicht gegeben.

„‚Doch. Ich hab Angst, ich könnte mich mal in der Stadt verirren', gab ich zu." (S. 89) (Steinhöfel, 2008)

„Ich war noch nie allein in der Stadt unterwegs." (S. 139) (Steinhöfel, 2008)

„Erst zuletzt war es schwierig geworden: Hier ein bisschen in die eine Straße rein und da ein bisschen in die nächste, noch mehr Kreuzungen, noch mehr Ampeln, und dazwischen die Bingokugeln in meinem Kopf, die alle mit derselben Stimme klackerten: Du findest nie zurück nach Hause, du findest nie zurück nach Hause …

Wir würden ja sehen." (S. 145) (Steinhöfel, 2008)

Integration. Die Fähigkeit zur Integration hängt stark von der Reifung des Gehirns ab. Dabei leisten die Früchte der Bindung großen Vorschub, denn sie liefern die liebevolle Disposition. Diese machen das Kind geneigt, nicht nur die eine, sondern auch die andere Seite zu fühlen.
In seinem Tagebuch finden wir vielfach Hinweise auf Ricos Fähigkeit, zwei Gefühle gleichzeitig zu fühlen.

Hier fühlt Rico gleichzeitig seinen Wunsch, nicht zu verzeihen, und die Aufrichtigkeit seines Freunds, wobei das Sich-in-den-Freund-Einfühlen den Sieg davonträgt.

„Man muss nett sein, wenn sich jemand entschuldigt. Wenn einer nur so tut als ob, kann man ruhig weiter sauer sein, aber Oskar meinte es aufrichtig." (S. 36) (Steinhöfel, 2008)

Einmal fühlt Rico gleichzeitig die Kränkung, wie ein Behinderter behandelt zu werden, und Mitleid mit Frau Dahlins Depression. Das Mitleid siegt.

„Frau Dahling legte mir die Hand auf die Schulter und lotste mich vor sich her in ihr Wohnzimmer. So doof bin ich nun auch nicht, dass ich mich in ihrer kleinen Wohnung verlaufen würde, aber ich sagte nichts. Das graue Gefühl macht ihr immer ordentlich zu schaffen, da muss man ein bisschen Rücksicht nehmen." (S. 39) (Steinhöfel, 2008)

Der Triumph des blinden Huhns, das auch mal ein Korn findet, verführt Rico zum Auftrumpfen. Doch so dumm ist er nicht. Denn schon vorgreifend fühlt er zugleich die hämische Rache des auf Dauer doch Klügeren.

„Ha! Das war die Gelegenheit, ihn ein bisschen zu verspotten! … Also verkniff ich mir die Bemerkung. Außerdem: Wenn man jemanden mag, verspottet man ihn nicht und vermutlich konnte Oskar so etwas sowieso zehn-

mal besser als ich und er würde mir gegenüber hundertmal mehr Gelegenheit dazu finden." (S. 74) (Steinhöfel, 2008)

Auch die Tugend der Gerechtigkeit hat sehr viel mit gemischten Gefühlen zu tun. Hier wird der Schmerz über eine aktuelle Verletzung mit einer vergangenen Wohltat abgeglichen. Das Mischen dieser beiden Gefühle führt zu einer gemäßigten Reaktion.

„Ich lasse mich nicht gern auf die Schippe nehmen. Aber in diesem Fall machte ich eine Ausnahme und beschloss, nur noch ein bisschen sauer zu sein, weil der Marrak sonst immer freundlich zu mir ist." (S. 110) (Steinhöfel, 2008)

Die folgende Integrationsfähigkeit Ricos ist genau die, die man so oft bei intelligenten und dennoch leistungsschwachen Schulkindern vermisst. In der pädagogischen Diskussion wird sie als Frustrationstoleranz bezeichnet. Rico schafft es, hat er ein Ziel vor Augen, die vorweggenommene Freude über die Erreichung des Ziels gleichzeitig mit seiner Unlust über die Mühen ins Auge zu fassen. Die Gleichzeitigkeit dieser beiden Gefühle bewirkt dann das Ertragen von Mühe und Unlust.

„‚Sophias Bruder, du Hirnbremse!'" Das war doch unerhört! Erst der Kiesling und jetzt auch noch Felix. Zum zweiten Mal an diesem Morgen musste ich meinen Ärger runterschlucken, um weiterzukommen." (S. 148) (Steinhöfel, 2008)

Die vorweggenommene Freude macht das Kind aber nicht nur frustrationstolerant, es macht es auch mutig. Mutig, nicht im Sinne von Waghalsigkeit, sondern mutig im Sinne von Gordon Neufeld. Der sagt, auf jedem Schatz sitzt ein Drache, an dem der Schatzberger nicht vorbeikommt. Mut ist, dem Drache ins Auge schauend den Schatz zu bergen. Dafür muss man seine Furcht und sein Begehren gleichzeitig fühlen können. Rico muss sich im Zuge seiner detektivischen Arbeit an einen großen fremden Jungen wenden, vor dem er zu Recht Angst hat. Er macht sich – seinen Schatz im Hinterkopf – selber Mut:

„Wenn er an jüngere Kinder gewöhnt war, würde er mich sicher nicht gleich verkloppen, falls ihm meine Nase nicht passte.

Langsam schlenderte ich auf die beiden zu." (S. 148) (Steinhöfel, 2008)

Die Ausgangsfrage, ob Bindung stark macht, ist somit zweifach beantwortet. Zum einen macht sie zunächst schwach im Sinne von zunehmender Verletzlichkeit. Auf der anderen Seite aber ist es gerade die Verletzlichkeit, die das Herz weich und warm hält, sodass sich das Kind entwickeln kann. Es gilt also für den Erwachsenen das Herz des Kindes besonders und so lange zu schützen, bis es stark ist. Dann kann es sich selber schützen, ohne dass es sich panzern muss.

Oskar, Sophia und die anderen einsamen Kinder

Den Unterschied zwischen sich und Oskar bringt Rico selber klar zum Ausdruck. Er erlebt seine eigene fröhliche Disposition im Kontrast zu der traurigen seines Freundes Oskar:

„Mir fiel ein Unterschied zwischen uns auf: Ich habe fast dauernd gute Laune, weiß aber nicht so viel. Oskar wusste jede Menge merkwürdiger Dinge, aber seine Laune war dafür im Keller. Bestimmt ist das so, wenn man sehr schlau ist – es fallen einem zu allen schönen Sachen auch gleich noch ein paar schreckliche ein." (S. 68) (Steinhöfel, 2008)

Den Bildungsunterschied zwischen den Jungen vermutet Rico als Grund. Dennoch aber zweifelt er an der Vernunft des Freundes hinsichtlich seiner Ängste.

„In Oskars Leben ist offenbar alles gefährlich – zumindest scheint er das zu denken." (S. 68) (Steinhöfel, 2008)

Und noch etwas fällt Rico an seinem neuen Freund auf, er hat keine Mama und keine Frau Dahling. Ihm fehlen viele der wunderbaren Sicherheiten: die Gewissheit, wichtig für jemanden zu sein; sich auf diesen verlassen zu können; sich fallen lassen zu können und genährt zu werden. Oskar hat sie nicht all die Bedingungslosigkeiten der Sonnenbindung, die dem Kind ein unbeschwertes Leben bescheren. Ihm fehlt das zuverlässige Zentrum, das es zu umkreisen gilt.

„Mein Freund Oskar war das neueste Entführungsopfer und er hatte noch nicht mal eine Mama, die sich deshalb Sorgen um ihn machte." (S. 133) (Steinhöfel, 2008)

Einen Vater hat er schon, doch der scheint aus Ricos Sicht nicht zuverlässig. Oskar berichtet, wie er sich dem Serienentführer als Opfer anbietet:

„‚Also fragte ich ihn, ob er mich mitnehmen könne – mein Papa sei letzte Nacht nicht aus der Kneipe nach Hause gekommen, ich würde ihn suchen und so weiter, ehm … Was man sich halt auf die Schnelle ausdenkt.‘

Oder was man schon ein paar Mal erlebt hat, dachte ich.“ (S. 203) (Steinhöfel, 2008)

„Der letzte Satz klang so abgrundtief traurig, als wäre Oskar sich auch nicht sicher gewesen, ob sein Papa das Lösegeld überhaupt für ihn bezahlte.“ (S. 204) (Steinhöfel, 2008)

Dieser Junge hat zwar einen Vater, doch der scheint nicht die Sonne im Zentrum seines Systems zu sein. Rico hat die Mutter, die ihm versichert, dass sie im Zweifelsfalle töten würde, um ihn zu retten. Eine Mutter, von der er mit Fug und Recht sagen kann, dass sie nie lügt. Oskar hingegen hat einen unzuverlässigen Vater, der auch selber ein Angstproblem zu haben scheint. Er sagt nach der Entführung seines Sohns zu Journalisten:

„‚Ich habe mich schon gewundert, warum er ohne Helm losgezogen ist. Er geht normalerweise nie ohne Helm aus dem Haus! Wir leben in einer großen Stadt, unsere Straßen sind gefährlich. Das hab ich ihm immer wieder gesagt.‘“ (S. 131) (Steinhöfel, 2008)

Man möchte fast meinen, dieser Mann meint, mit Helm wäre der Junge nicht entführt worden, und im symbolischen Sinne hat er damit sogar Recht. Folgt der Leser zunächst dem Vater, so nimmt auch er den Helm als Symbol für Oskars Schutz vor Gefahren. Die Bindung an einen zuverlässigen, für ihn zuständigen Erwachsenen wäre für einen Siebenjährigen der Schutz gegen Gefahren aller Art. Doch Oskar hat sie nicht, diese Bindung, die ihm Sicherheit verliehen hätte, und so wird er zum Opfer von Gewalt, er wird entführt.

Nun gibt es, wie in jedem guten Roman, nicht nur eine Sicht auf das Geschehen mit seinen symbolischen Implikationen. Während der Vater das anspricht, was er dem Jungen schuldig bleibt, die zuverlässige Bindung, sieht Rico in dem Helm etwas Zusätzliches.

Für Rico ist das Tragen des Helms Ausdruck für Oskars irrationale Angst.

„In Oskars Leben ist offenbar alles gefährlich – zumindest scheint er das zu denken." (S. 131) (Steinhöfel, 2008)

Oskar versucht ihn davon zu überzeugen, dass diese real begründet ist:

„‚Mit Angst hat das nichts zu tun. Nur mit Vernunft.'" (S. 87) (Steinhöfel, 2008)

Für seinen Freund wünscht sich Rico, dass er diese Angst überwindet:

„Meine Hoffnung, er würde den Helm mal abnehmen, konnte ich mir abschminken." (S. 87) (Steinhöfel, 2008)

Doch er wird eines Besseren belehrt, denn Oskar hatte am Tag seiner Entführung Rico zuliebe auf das Tragen des Helms verzichtet:

„‚Ohne Helm?', sagte ich ungläubig." (S. 203) (Steinhöfel, 2008)

Dieses kleine unscheinbare Sätzchen ist die Krisis in dem Roman, sie ist der Punkt, an dem sich des Geschehen wendet, und zwar hin zur Heilung. Der Junge Oskar kommt, wenn auch zaghaft, in die heilende Sphäre der Bindung. Nur vordergründig befreit der Held ihn aus den Klauen des Entführers, tatsächlich ist es der für ihn so gefährliche Zustand von Trennung, aus der Rico ihn befreit. Der Helm wird abgelegt und in den beiden folgenden Romanen über Rico und Oskar wird er nie wieder auftauchen. Die Bindungslosigkeit, eine große Gefahr für das Kind, wandelt sich ganz langsam und sachte in ein neues Bindungsgeschehen, welches Rico ins Rollen bringt.

Ängstliche Kinder wie Oskar leiden unter der Unmöglichkeit, die Bindung aufrechtzuhalten. Im zweiten Band, „Rico, Oskar und das Herzgebreche", erfahren wir, dass seine Mutter abgehauen und der Vater schwer psychiatrisch erkrankt ist. Unter diesen Umständen kann das Kind keine Bindung aufrechterhalten. Nun gibt es im menschlichen Gehirn ein Alarmsystem, das dazu dient, ihm Trennungen zu ersparen. Es wird bei Trennungen, seien sie physisch, emotional oder psychologisch, in Gang gesetzt, um Nähe wiederherzustellen. Das Kind ist dann alarmiert und wird zur Vorsicht bewegt. Alles, was Nähe gefährdet, seien es Gedanken, Handlungen oder Unterbrechungen der Bindung, versetzt das Kind in Alarm und es sucht die Nähe wiederherzustellen. Gelingt das, so endet der Alarm. Ist die Trennung unabänderlich, so besteht die Chance, dass die Vergeblichkeit der Bemühungen einsinkt, das Fehlen der Nähe betrauert wird und deshalb der Alarm endet. In diesem Fall kann sogar die Widerstandskraft des Kindes im Umgang mit dem Unvermeidlichen zunehmen.

Dieser Prozess hat aber eine Voraussetzung: Das Kind muss in der Lage sein, seine Verletzlichkeit fühlend zu ertragen und dieser mutig ins Auge zu sehen. Ist die Trennungs-Verletzung aber zu groß, so gelingt ihm das nicht und das Kind wird blind für die ihm unerträgliche Ursache des Alarms, die Trennung. Der Alarm steht jetzt selber getrennt von seiner Ursache da und wirkt weiter. Das Angstproblem des Kindes beginnt in dem Moment, wo es die nun bestehende Wahrnehmungs-Lücke der wahren Ursache mit einer anderen, einer Scheinursache, füllt. Bei Rico und seinem Vater sind das die Gefahren des Straßenverkehrs und ihr vermeintlicher Schutz ist das zwanghafte Helm-Tragen.

Als Rico Oskar Nähe anbietet, da taut wie durch ein Wunder der Panzer des kleinen Oskars auf. Er schmilzt dahin wie die Eisdecke des Sees in der Frühlingssonne und der Junge kommt wieder in Kontakt zu seinen Gefühlen:

„‚Ich habe weniger Angst, wenn du bei mir bist‘, murmelte Oskar leise und sprach dann rasch weiter, als wäre ihm das peinlich.“ (S. 203) (Steinhöfel, 2008)

Peinlich, man kann auch sagen schmerzlich, ist der Kontakt zur eigenen Verletzlichkeit, aber es ist letztendlich das Nadelöhr, durch das jeder hindurchmuss, um auf den einzigen Weg zum Kontakt zu sich selbst zu gelangen. Dieser Weg führt hin zu dem großen und vielfältigen Spektrum der eigenen Emotionen. Die Emotionen sind dann das, was den Menschen zu seiner Entwicklung bewegt.

Noch eine andere Eigenheit von Oskar kann man mit seinem Leiden an Trennung, mit dem Fehlen der Sonne in seinem Leben erklären. Die Sonne ist ja der Fixpunkt für die Orientierung des Planeten.

Sie ist das Zentrum seiner Umlaufbahn. Oben wurde bereits erwähnt, dass Bindung ihrer Natur nach hierarchisch ist. Ein Kind ohne Sonne und einer fehlenden oder schwachen bis unzuverlässigen Bindung ist also orientierungslos. Wie reagiert es darauf? Oft wird es Erwachsenen gegenüber dominant. Zum einen ist Bindung ja hierarchisch und wenn die eine Seite nicht führt, übernimmt die andere Seite diese Aufgabe. Zum anderen ist das getrennte Kind alarmiert und geneigt, diesen Alarm zu beenden. Wird ihm die Nähe nicht freiwillig geboten, so verschafft es sich diese selbst, indem es den Kontakt erzwingt und den Weg weist. Die Dominanz selber ist ein verzweifeltes An-Bindung-Festhalten. Oskar, vielleicht auch noch zusätzlich durch seine Hochbegabung verstärkt, übernimmt bei jeglichem Kontakt zu Erwachsenen die Führung. Hier einige Beispiele:

„‚Es ist gefährlich ohne Helm', erklärte er, als wäre Mama das Kind und er der Erwachsene." (S. 65) (Steinhöfel, 2008)

Zu Fitzke sagt er, als wäre er der Lehrer und der alte Mann Schüler:

„‚Sie müffeln!', dröhnte Oskar plötzlich durch das Visier. ‚In den Entwicklungsländern ist mangelnde Hygiene eine der häufigsten Krankheitsursachen! Sie sollten dankbar sein, dass es bei uns fließendes warmes Wasser und Seife gibt. Und Sie sollten davon Gebrauch machen.'" (S. 76) (Steinhöfel, 2008)

Auch bei anderen Kindern erlebt Rico die Folgen von unzuverlässigen Bindungsangeboten von Eltern. Stellen Sie sich vor, Sie hätten einen Jungen, der Kriminalromane plant. Würden Sie nicht auch darauf brennen, davon zu erfahren. Verdient hätte jedes romanschreibende Kind Eltern, die auf den Bericht über die Entwicklung des Plots brennen. Zuvor erwähnte ich Tilman Allert, der die frühkindliche Bildung nur dann für sinnvoll erachtet, wenn „die kleinen Forscher ihre Forschungsergebnisse auch einem entsprechenden Institut rückmelden könnten. Dieses Institut, das ist die Liebe des Eltern-Paares."

Auf dieses Institut muss der Romanautor Felix, ein großer Junge, der sich in den Ferien auf einem Schulhof in Schöneberg aufhält, augenscheinlich verzichten. Rico begegnet ihm und seinem taubstummen Freund bei seinen Ermittlungen:

„‚Man sagt nicht taubstumm. Es heißt gehörlos.' Das wusste ich aus dem Förderzentrum.

‚Mir egal, wie es heißt.' Felix ging immer schneller, den Blick schnurgeradeaus gerichtet. ‚Hauptsache, mir hört einer zu.' … Wie verrückt muss einer sein, um einem Gehörlosen seine Geschichten zu erzählen? Und wie verrückt muss man sein, um jemandem zuzuhören, ohne ihn zu hören?" (S. 151) (Steinhöfel, 2008)

Rico stellt sich die Frage nach dem Grund für diesen Fall von Entpersonalisierung von Bindung.

Dieses Kind

1. fordert
2. besonders zu sein
3. für jeden x-beliebigen Menschen

Bei dem nächsten Kind, dem Rico begegnen wird, ist der Prozess der Entpersonalisierung von Bindung noch einen Schritt weiterentwickelt. Eine ähnliche Figur wie die verlassenen Schuljungen in „Nicholas Nickleby" zeichnet auch der Erzähler in „Rico, Oskar und die Tieferschatten". Auch die kleine Sophia hat die menschliche Person schon durch ein Tier ersetzt:

„‚Der Klimpermann hat gesagt, wenn ich ihn verpetze holt er Jannek und macht ihn tot.'

Ich sah sie irritiert an! ‚Jannek?'

Sie zeigte auf einen klebrigen Schreibtisch, der so voll war, dass man dort nicht mal einen Einkaufszettel beschreiben konnte …

Also echt, wenn das nicht mal das Allertraurigste von der Welt war! Mister 2000 hatte Sophia gefragt, wen sie am liebsten hatte, um sie damit zu erpressen. Und Sophia hatte ihm nicht ihre Eltern oder ihren Bruder genannt, sondern ihren kranken Goldfisch." (S. 155) (Steinhöfel, 2008)

Über Felix Eltern erfahren wir nur, dass sie augenscheinlich nicht diejenigen sind, die die Geschichten ihres Sohnes anhören. Doch Sophias Mutter und Zuhause beschreibt der Ich-Erzähler genauer:

„Als Sophias Mutter mir öffnete, schwappte mir eine Welle von grauem Gefühl entgegen. Es roch sogar grau … Und über allem lag dieser traurige

graue Schleier, als wäre hier vor fünfzig Jahren ein Staubsaugerbeutel explodiert …" (S. 152) (Steinhöfel, 2008)

Sophias Mutter ist augenscheinlich depressiv, wie Frau Dahling. Rico nennt diese Krankheit sehr treffend „graues Gefühl". Bei ihr ist die Beeinträchtigung so stark, dass sie nicht in der Lage ist, die Bindung an ihre Kinder aufrechtzuerhalten. Sie sind sich selbst überlassen. Rico erkennt die Folgen für das Kind Sophia. Neben der Entpersonalisierung von Bindung ist Sophia augenscheinlich auch in der Entwicklung ihrer Emergenz steckengeblieben:

„Endlich machte sie den Mund auf. Ihre Stimme war so piepsig wie die von einem Vogel, der gerade aus dem Nest abgehauen ist, sich aber noch nicht zu fliegen traut." (S. 155) (Steinhöfel, 2008)

Natürlich – und das räume ich ein – ist der Roman an sich eine Abstraktion der Realität. Er stellt ein Konzentrat dessen dar, was der Autor als Wahrheit erkannt zu haben meint. Der Autor schafft zunächst den Erzähler, der die Aufgabe hat, das, was der Autor sagen oder nicht sagen will, an den Leser heranzutragen oder es zu unterschlagen. Erzähler ist hier ein Kind, das gebunden ist. Aus seiner Sicht legt er nicht nur die eigene Bindung und den daraus folgende Plot dar. Er erlebt und schildert auch im Kontrast zu seiner eigenen Entwicklung die Schicksale nicht oder nur unsicher gebundener Kinder. Das ist sicher auch Stilmittel. Ein Stilmittel allerdings, das dem, der Bindung und Trennung studieren möchte, einiges veranschaulicht. Erstaunlich, und aus meiner Sicht auch ein Hinweis auf die Annäherung an einen gewissen psychologischen Wahrheitsgehalt, ist der Umstand, dass der Leser die Weisheit und die Intuition von Gordon Neufelds Bindungs-Paradigma bis in die kleinste Kleinigkeit hinein wiederfindet.

5.3 Der einladungszentrierte Kindergarten

In Kapitel 4.3 unter „Das Fühlen der Kinder“ findet sich folgender Satz: „Die Kindergartenpädagogik, die zum Ersten selbst das Kind einlädt (was ja eine Selbstverständlichkeit ist) und dabei insbesondere an die Einladung der Eltern an das Kind anknüpft, nenne ich, wegen ihres doppelten Anknüpfens an diese, Einladungspädagogik.“

Wenn das Kind langsam in der Lage ist, sich Mutter und Vater für eine gewisse Zeit trotz deren physischer Abwesenheit nahezuhalten, ist das ein Grund zum Feiern. Nun hat die Familie einen größeren Spielraum bei der täglichen Trennung voneinander. Doch wie geht dieses Nahehalten? Die Kinder entwickeln diese Fähigkeit ganz langsam, indem sie an ihre abwesenden Eltern denken. Dabei können sie von ihrer Kindergärtnerin unterstützt und gefördert werden. Diese Entwicklung beginnt in der Regel mit der Vollendung des dritten Lebensjahrs. Jedoch, es gibt auch Kinder, die das schon früher können, andere sind langsamer. Jedes Kind ist anders.

Die wichtigste Voraussetzung für eine bindungsüberbrückende Hilfestellung durch das Personal im Kindergarten ist einmal wieder der offene Umgang mit dem schmerzhaften Aspekt der Ganztagstrennung vom Kind. Geben die Eltern aber in Übereinstimmung mit der Doktrin von der „frühkindlichen Bildung“ vor, diese Trennung sei gut für das Kind und von allen Beteiligten gewünscht, dann kann der Kindergarten auch nicht helfen, denn es wird ja kein Verlust an Gebundenheit eingestanden. Ein Arzt kann ja auch nicht helfen, wenn er vom Patienten keinen Auftrag dazu erhält.

<u>Wenn die Bindung den Kindergarten besucht</u>
Bindungszentriert kann ein Kindergarten oder Hort besonders gut unter diesen beiden Umständen arbeiten:

1. Die Mehrzahl der Kindergärtner/innen sehnt sich danach, die persönliche Antwort für die ihnen anvertrauten Kinder zu sein. Aber Vorsicht, diese Sehnsucht wird oft gar nicht offen ausgesprochen. Viel-

fach äußert sie sich nur in der Frustration darüber, dass die tägliche Organisation und der ungünstige Personalschlüssel dieses Ansinnen vereiteln. Ist das der Fall, so gibt es eigentlich nur einen Ausweg, den Schulterschluss derer, die mehr geben wollen, als die Umstände es erlauben. Gemeinsam wird dem Team vielleicht eine Lösung einfallen.

2. Hier der zweite Umstand, der sich sehr günstig auf ein bindungszentriertes Arbeiten auswirkt: Die Kindergärtnerin oder der Kindergärtner stellt die zentrale Bindung des Kindes, nämlich die an seine Eltern, Pflegeeltern oder Heimerzieher, in den Mittelpunkt ihrer oder seiner Bemühungen. Das heißt nicht, dass die erziehende Person diese zu beeinflussen sucht, im Gegenteil. Sie hat sie zu respektieren, so wie sie ist. Im Grunde ist es aus dieser Sicht gar nicht das Kind, das in den Kindergarten kommt, sondern es ist seine Bindung, die diese Einrichtung zu vertreten hat. Das Kind, zu dem untrennbar seine zentrale Bindung gehört, ist in diesem Sinne gar keine einzelne Person in einer Einrichtung, sondern ein Beziehungswesen. Wir hatten festgestellt, dass nach Gordon Neufeld die Bindung der Kontext ist, in dem Erziehung stattfindet. Ist es nun Aufgabe des Kindergartens, das Kind alltags zu erziehen, so ist dieser unbedingt auf diesen Kontext angewiesen, denn er ist so gesehen die Arbeitsgrundlage.

Eine Erzieherin hielt ein zweijähriges Kind für gestört und wollte es zum Psychologen schicken, weil es stark gezuckerte Fruchtjoghurts aß. In dem persönlichen und privaten Glauben der Erzieherin hat eine ökologische Ernährung Erlösungskraft. Weil sie dem Kind zugetan war, so wünschte sie auch ihm die Erlösung, an die sie selber für sich glaubte. Deshalb konnte sie den kindlichen Verzehr der ungesunden Speise nicht ertragen. Es kam zu Konflikten mit den Eltern, die dem Kind die Joghurts eingepackt hatten, und das Kind wurde in seinem Essverhalten immer schwieriger. Die Lage eskalierte.

Hätte sie einen bindungszentrierten Ansatz gehabt, so hätte sie die elterliche Versorgung ihres Kindes mit den kleinen bunten Nachspeisen als Symbol der Bindung der Familienmitglieder aneinander hoch geachtet. Sie hätte der Familie ihren Respekt erwiesen, indem sie etwa gesagt hätte: „Schau mal, dieses Becherchen hat Deine Mama für dich eingepackt, weil du es so gerne magst." Das Kind hätte vermutlich so viel Vertrauen in die Erzieherin gefasst, dass es danach sogar noch ein Stück Körnerbrot oder Rohkost angenommen hätte.

Der bindungsfreundliche Kindergarten enthält sich also weitestgehend der Bewertung von Bindungssymbolen und beschränkt sich auf deren Beachtung, Achtung und Förderung. Diese wiederum wirkt sich auf das Vertrauen zwischen Eltern, Kind und Erzieherin aus. Die daraus folgende vertrauensvolle Atmosphäre setzt dann das oben geschilderte zwischenmenschliche Geschehen in Gang, das Gordon Neufeld „Bindungsdorf" nennt.

Nehmen wir an, die zentrale Bindungsperson des Kindes sei die Mutter und es kreiste beständig um sie, wie ein Planet um seine Sonne. Stünde eine andere Person dieser sehr nahe und spürte das Kind die Harmonie und den Respekt zwischen den beiden, so umkreiste es nun zwei nebeneinanderstehende Sonnen. Die Erzieherin könnte, so wie Frau Dahling, zur Zweitsonne werden, während sich die Hauptsonne für ein paar Stunden zurückzöge.

Die Leistung des bindungsfreundlichen Kindergartens liegt also darin, dass seine Bezugserzieherinnen aus einer bescheidenen Haltung heraus Sonnen ersetzen und Kinder zum Umkreisen einladen. Das ist kein zeitraubendes Unterfangen. Mitunter reicht schon ein kurzer Satz, wie der oben erwähnte, nachdem sie sich mit der Bindung zwischen Kind und zentralen Bezugsperson einig gezeigt hat.

Den allermeisten Kindergärtnern und Kindergärtnerinnen ist dieser Zusammenhang intuitiv völlig plausibel und sie beherzigen ihn immerzu, ohne groß darüber nachzudenken.

Eine junge Mutter brachte ihren Dreijährigen in den Kindergarten, um festzustellen, dass sie das Kuscheltier des Kleinen vergessen hatte. Dieser weinte und die hinzueilende Kindergärtnerin zeigte sich nicht nur besorgt um den Kummer. Sie schritt auch zur Tat, rief den Großvater des Kindes an und erwartete dann mit der kleinen Familie zusammen die Ankunft des alten Herrn, der das Kuscheltier brachte.

In das wohlwollende Beziehungssystem der Großfamilie wird diese Kindergärtnerin, gerade wegen ihrer respektvoll-demütigen (und eben nicht besserwisserischen) Haltung, aufgenommen. Das Kind wird mit Sicherheit seine Bezugserzieherin als Bindungs-Verlängerung seiner Familie umkreisen und sich gut an sie binden.

Trennung, die Herausforderung für den bindungszentrierten Kindergarten

Die größte Herausforderung für den bindungszentrierten Kindergarten ist der Umgang mit Trennung von Eltern und Kind. Diese bedeutet ja oberflächlich betrachtet zunächst einmal das Gegenteil von Bindung. Dabei muss man allerdings genau unterscheiden, um welche Art von Trennung es sich handelt:

Grundsätzlich unterscheiden wir zwischen der förderlichen Trennung und der verletzenden Trennung, die beim Kind Entwicklungsblockaden verursacht. Die erste überschreitet nicht das Maß dessen, was das Kind ertragen kann, zuweilen fördert sie sogar die Adaptionsfähigkeit des Kindes. Die zweite kann von dem Kind nicht bewältigt werden und es bleibt in seiner Entwicklung stecken. Gordon Neufeld spricht hier von mehr Trennung, als das kindliche Bindungsgehirn ertragen kann.

Die Kindergärtnerin oder der Kindergärtner sind verpflichtet, sich mit dem Entwicklungsstand des Kindes auseinanderzusetzten. Sie sind gehalten, das Kind zu beobachten, um zu erkennen, ob ein Kind in seiner Emergenz, Adaption oder Integration stecken geblieben ist oder ob es sich fortentwickelt.[24] Der einladungszentrierte Kindergarten begnügt sich dabei eben nicht mit der Empfehlung von Frühförderung oder Ähnlichem. Wenn ein Kind stecken geblieben zu sein scheint, fasst die Erzieherin eines solchen Kindergartens zunächst einmal das Hauptbedürfnis eines jeden Kindes, seine Bindung, zu den für es zuständigen Erwachsenen ins Auge. Scheint dieses nicht oder unzureichend befriedigt, so ist sie mit großer Wahrscheinlichkeit schon sehr nah an der Ursache für das Steckenbleiben der kindlichen Entwicklung. Sie tut zugleich auch schon den ersten Schritt, um das Kind von innen heraus zu verstehen. Das ist notwendig, damit sie dem Kind und den Eltern beistehen kann. Auch das ist eine der vielen anspruchsvollen Aufgaben der Kindergärtner und Kindergärtnerinnen.

Zur förderlichen Trennung: Ist ein Kindergartenkind (3 bis 6 Jahre) emergent, adaptiv und zeigt das ältere Kindergartenkind schon Anzeichen für seine Integrationsfähigkeit und das Mischen von Gefühlen, so erleidet es mit einiger Wahrscheinlichkeit nicht mehr Trennung, als es ertragen kann. Im Gegenteil, das erträgliche Maß an Trennung ist sogar eine gute Gelegenheit, sich in der Adaption zu üben.

Der Kindergarten lädt Vater oder Mutter zu einer beliebig langen Hospitation während der Eingewöhnungszeit ein. In der Zeit sollte sich eine freundliche und offene Beziehung zwischen der Bezugserzieherin und Eltern entwickeln. Wenn das Kind sich zum ersten Mal auch von der Erzieherin trösten lässt, kann der Elternteil den Kindergarten verlassen. Das Kind hat eine Bindung zu der Bezugserzieherin aufgebaut. Natürlich ist das ein Prozess und es kommt immer mal wieder vor, dass es beim Abgeben weint und protestiert. Jetzt ist es wichtig, dass die Erzieherin dieses Weinen fördert und dem Kind derweil mit Trost beisteht. Langsam, so wie die Vergeblichkeit des Strebens nach Nähe zu Vater oder Mutter beim Kind einsinkt, wird es sich neu sammeln und spüren: „Das habe ich ganz gut überlebt und jetzt mache ich was anderes als weinen.“ Einem Kindergartenkind muss dabei immer wieder signalisiert werden, dass es ein Recht dazu hat, über das, was in seinem Leben nicht so funktioniert, zu weinen. Es hat ein Recht darauf, dass man seine Trauer anerkennt und es ist mitunter klug, zu sagen: „Armes Kind, ich bin auch immer ganz traurig, wenn ich nicht bei denen bleiben kann, die ich am meisten liebe.“ Das Kind wird zwar noch mehr weinen, aber wenn der adaptive Prozess dann beendet ist, dann ist er auch beendet, das Kind musste sich nicht verhärten und es ist jetzt frei für Neues. Adaption heißt ja: Was ich nicht ändern kann, das ändert mich. Dafür muss das Gefühl der Vergeblichkeit aber sehr tief eingesunken sein. Dieser Prozess des Einsinkens ist nicht kognitiver, sondern rein emotionaler Natur. Erklärungen, die die Vernunft des Kindes ansprechen wollen, verfehlen somit ihr Ziel. Im Fühlen, nicht im Wissen, kommt es zu einer Aufgabe des ursprünglichen Ziels. Erst danach ist das Kind dann bereit für Neues.

Die Kinder, die mehr Trennung erleiden müssen, als sie ertragen können, weinen zumeist nicht und werden somit oft irrtümlicherweise als unproblematisch angesehen.

Ich arbeitete in der Kunstwerkstatt mit einem Vierjährigen, dessen Eltern aus Not nicht umhinkönnen, ihm mehr Trennung zuzumuten, als er verkraften kann. Bei ihm gibt es jede Menge Anzeichen von Panzerung, defensiver Bindungsabwehr und Steckenbleiben. Wochenlang sieht man ihn weder lachen noch weinen. Ich habe mich immer wieder mal versucht, wenn er es nicht so leicht hatte, mich in seine Lage zu versetzen. Einmal erwarteten die anderen Kinder von mir, dass ich dem Kleinen wegen seines „schlechten" Betragens gegenüber mein Missfallen äußere und ihn bestrafe. Ich sagte: „Max gehört jetzt aber zu mir hier in die Kunstwerkstatt. Es gibt nichts, dass das ändert und nichts, das uns trennen könnte. Wenn er tobt, dann ist das eben so und er gehört trotzdem zu mir und hierhin." Mit offenen Mündern standen die kleinen Hüter von Recht und Ordnung vor mir, als ich sagte: „Max ist jetzt mir anvertraut, und das erst recht, wenn es ihm schlecht geht." Seitdem weiß der Kleine, dass ich bedingungslos auf seiner Seite stehe. Gordon Neufeld würde sagen, die Bindung ist größer als das Problem. Diese Gewissheit braucht ein Kind, um sich entwickeln zu können. Es findet nämlich keine Entwicklung statt, wenn das Kind von einer permanenten Trennungsangst gequält wird. Diese Trennungsangst nennt Neufeld Alarm. Der wütende Max jedenfalls spürte immer mal wieder, dass ich spürte, woran er leidet.

Eines Tages kam dieser bis dahin stark gepanzerte Junge unversehens in die Kunstwerkstatt und zeigte das erste Anzeichen einer beginnenden Panzer-Aufweichung. Er zog mich aus dem Raum und sagte: „Frau Selhorst, du musst schnell kommen!" Ich nahm seine Hand und wir eilten durch mehrere Flure und Treppenhäuser. Endlich waren wir in der Garderobe angekommen. Da saß ein winzig kleines Kleinkind, das gestern noch in die Krippe ging, guckte ganz verzweifelt und wimmerte. Mein Vierjähriger forderte mich ohne Worte auf, das noch kleinere Kind zu trösten. Das war ein schwieriges Un-

terfangen, denn das Kleinkind kannte mich gar nicht. Normalerweise hätte ich seine Bezugserzieherin geholt, doch ich wollte meinen Vierjährigen nicht enttäuschen. Wenn er nämlich sieht, wie dieses kleine Mädchen stellvertretend für ihn weint, so kann er sein verletzliches und empfindsames Herz derweil doch noch ein bisschen hinter dem Schutz des Panzers in Sicherheit halten. Für ihn war ich eben die Antwort auf die Frage nach dem Umgang mit Trennungsschmerz. Ich hielt also einen gewissen Abstand und redete leise auf das ganz kleine Kindchen ein, bemitleidete und bedauerte es. Plötzlich brach es dann in Tränen aus, wobei es sich mir langsam näherte und trösten ließ. Der Vierjährige, der sah, dass er seine Mission erfüllt hatte, tat auf einmal so, als hätte er mit dem Geschehen nichts zu tun, und verließ den Raum.

Diese kleine Geschichte zeigt sehr deutlich, dass schon Vierjährige, sogar solche, die selber noch nicht weinen können, weil ihr Panzer erst ganz sachte aufweicht, die heilsame Macht des Weinens fühlen können. Bemüht man sich, die stecken gebliebenen Kinder von innen heraus zu verstehen, und zollt man ihrer Trauer Anerkennung, so wird es vielleicht irgendwann einmal gelingen, den harten Panzer, der ihrer Reifwerdung so im Wege steht, vollends aufzuweichen. Dieses vierjährige Kind wird hoffentlich irgendwann einmal selber weinen können, um sich an die Vergeblichkeit seines alltäglichen Strebens nach Nähe zu den Eltern zu adaptieren.

Mit diesem Beispiel sind wir auch schon bei der zweiten Gruppe von Trennung, mit dem der einladungszentrierte Kindergarten konfrontiert ist. Unser Vierjähriger erlitt augenscheinlich mehr Trennung, als sein Bindungsgehirn ertragen konnte. Nie sah man ihn lachen oder weinen. Er war gepanzert gegen das Fühlen seiner Emotionen, weil das Ausmaß an Trennung so verletzend war, dass er sich keinen Kontakt zu seinen Gefühlen erlauben konnte. Auch war er in der motorischen Entwicklung verzögert. Seine Aggressionen waren zuweilen ausgeprägt, doch ist das bei einem Vierjährigen, der noch keine gemischten Gefühle kennt, normal. Die objektive Zeit der Trennung beträgt in seinem Fall neun Stunden werktäglich, wobei die Mutter auch an Wochenenden arbeiten muss. Allerdings spielt das Objektive in der subjektiven Psyche des Kindes keine so große Rolle, wie man meint. Rein theoretisch könnte sogar ein Kind, das noch niemals von seinen Eltern getrennt war, an einem Trennungskomplex leiden. Schon die Vorstellung, von den Eltern getrennt zu werden, kann ein sehr sensibles Kind in unerträglichen Alarm versetzen. Es gibt auch Vierjährige, die – aus Erwachsenensicht – auf kurze Trennungen so empfindlich reagieren wie gleichaltrige auf lange. Jedes Kind ist in dieser Frage sich selbst der Maßstab und die zuständigen Erwachsenen können durch das Beachten der emergenten, der adaptiven und der integrativen Entwicklung erkennen, ob das Maß des Zuträglichen oder Erträglichen für ihr individuelles Kind überschritten wird oder nicht.

Der Anspruch des bindungszentrierten Kindergartens ist es, beiden Gruppen von Getrennten, den förderlich Getrennten und den schädlich Getrennten, die Antwort „Bindung" zu geben. Bindung ist im Kindergarten eigentlich das Allheilmittel für alle Lebenslagen. Im ersten Fall, dem der förderlichen Trennung, ist es relativ einfach, die Rahmenbedingungen für den Prozess der Adaption zu schaffen. Die Kindergärtnerin und die Eltern stellen sich nah nebeneinander, das Kind akzeptiert die erste dann irgendwann als Ersatzsonne und lässt sich wegen seines Trennungsschmerzes von ihr trösten. Das war in Kindergärten schon immer so und das wird auch immer so bleiben.

Komplizierter wird es bei dem Verdacht auf schädigende Trennungen, die beim Kind schon zu ersten Panzerungen und folglich zum Steckenbleiben bei der Reifwerdung führen. Hier gibt es vielfältige Möglichkeiten und Wege. Die Kindergärtnerinnen in meinem Kindergarten beschreiten sie mit ganz viel Einfallsreichtum und Fantasie. Ich bin die Einzige dort, die etwas von Gordon Neufeld weiß, und doch arbeiten die Kolleginnen so, als kennten sie das Paradigma.

Notwendige Trennungen überbrücken: Wenn die Kindergärtnerin zum Haselbaum wird

Gehen wir kurz einmal zurück zu unserem Vorbild in Sachen Bindung: Ricos Mutter. Als sie ihrem sterbenden Bruder beistehen muss und es nicht verhindern kann, Rico ein paar Tage alleinzulassen, sagt sie:

„,Okay. Du kannst mich außerdem jederzeit auf dem Handy anrufen.' Sie fasste mich bei den Schultern, schob mich ein winziges Stückchen von sich und sah mir ins Gesicht. ‚Ich liebe dich über alles! Das weißt du doch?'" (S. 102) (Steinhöfel, 2008)

Mit diesem Satz baut sie schon vorher eine Brücke über die anstehende Trennung. Gordon Neufeld nennt das: die Trennung überbrücken. Es gilt, unvermeidliche Trennungen zu überbrücken. Der Erwachsene legt den Fokus und verweist das Kind auf das, was während der Zeit der physischen Trennung psychisch weiterhin verbindet. Auch legt er die Betonung auf das Wiedersehen. Was weiter verbindet, das ist bei Rico und seiner Mutter die Liebe. Ein Kind, welches schon erste Anzeichen von gemischten Gefühlen zeigt, ist sogar ganz ohne die Hilfe der Erzieherin in der Lage, sich die geliebten Eltern nahezuhalten, indem es nur an sie denkt. Zunehmend ist das reifer werdende Kind in der Lage, gleichzeitig mit der sinnlichen Sehnsucht nach den Eltern deren psychische Nähe zu fühlen. In der Kunstwerkstatt im Kindergarten war einmal ein kleiner Junge, der konnte das schon kurz nach seinem dritten Geburtstag. Über ihn schrieb ich folgenden Brief an die Kindergarteneltern:

Liebe Eltern,
wir hier im Kindergarten sind bemüht, den Kindern unseren Glauben an Gott zu vermitteln. Für mich ist es ist gleichzeitig aber auch so, dass jedes einzelne Kind eine Botschaft Gottes ist, die seinen Glauben an uns Menschen verkündet. Auch deshalb können wir die Kinder gar nicht behutsam genug bei ihrer Entwicklung begleiten und sie beschützen.

Einen solchen Schutzraum – das ist mein Wunsch – möchte ich auch in der Kunstwerkstatt bieten. Da passieren dann, wenn es gelingt (das ist leider nicht immer), die wunderbarsten Dinge.

Ein kleiner Junge entwickelte aus Liebe und Verbundenheit zu seinem Vater das Symbol. Über den Ursprung dieses Wortes heißt es in Wikipedia:

„Das sýmbolon war ein Erkennungsmerkmal, mit dem zwei Parteien (…) sicherstellen wollten, dass sie einander oder Vertreter der jeweils anderen Partei wiedererkennen. Dazu wurde ein Knochen oder ein Tonge-

genstand in zwei Teile gebrochen und jeder der beiden Partner erhielt ein Bruchstück."

Dieser kleine Junge malte mit dem Deckmalkasten ein riesengroßes Oval. Dabei arbeitete er sehr sorgfältig in Farbschichten, die nach oben hin immer heller wurden. „Das ist für meinen Papa", sagte er stolz, band sich die Schürze ab und verschwand wieder in seinem Gruppenraum. Viele Tage später war er wieder da, der kleine Junge. Er stellte sich breitbeinig in die Mitte des Raums und schaute sich um. Wahrscheinlich suchte er sein Gemälde, welches ich ihm gab. Versunken malte er weitere helle Schichten über das Oval und verlangte dann eine Schere. Mit der schnitt er das Bild bedächtig durch. Er hatte ein Symbol geschaffen für die Verbundenheit zwischen sich und seinem Vater und dafür, dass die beiden sich immer wiederfinden und erkennen können.

Ich glaube, es gibt kaum etwas Schöneres, als Vater oder Mutter zu sein. Ich kann mir auch kein herrlicheres Weihnachtsgeschenk vorstellen als das Symbol eines Kindes.

In diesem Sinne wünsche ich Ihnen ein feierliches Weihnachtsfest mit Ihren Kindern,
Ihre Stefanie Selhorst

Die Bindungs-Entwicklungsstufe dieses Kindes entsprach schon damals der Bindung über emotionale Vertrautheit. Ist ein Kind reif genug, sich seine geliebten Eltern nahezuhalten, indem es an sie denkt, so kann man ihm bedenkenlos und unbesorgt einige Stunden Trennung zumuten.

Doch nicht jedes Kind ist schon über emotionale Vertrautheit an seine Eltern gebunden. Es gibt im Übrigen auch so manchen Erwachsenen, der sich diese so verletzliche Bindungsstufe nicht leisten kann.

Ein Kindergarten kann die Eltern-Kind-Bindung und damit indirekt die Reifwerdung der Kinder auf vielfältige Weise unterstützen. Bei Abendveranstaltungen werden die Eltern manchmal aufgefordert, auf Pappen ihren Wunsch für ihr Kind im Kindergarten aufzuschreiben. Da steht dann zum Beispiel: „Papa wünscht dir, dass du viele Freunde findest. Mutti wünscht dir viel Freude beim Spielen."

Diese Pappen mit den guten Wünschen schmücken dann das ganze Jahr den Gruppenraum. Sie können helfen, die Trennung zu überbrücken. Das ist ja auch die Funktion des Segens. Der Segen begleitet den Getrennten auf seinem Weg und ist Zeichen dafür, dass die Getrennten sich in ihren Gedanken weiterhin nahstehen. Die Wünsche der primären Bindungspersonen erfüllen sogar eine doppelte Funktion. Zum einen informieren sie die Kindergärtnerin über die Prioritäten der Eltern bei der Erziehung. Das hilft ihr beim Stellvertreten der Sonne. Inhalt ist ja die Vorzeichnung der Umlaufbahn, auf die die Eltern ihr Kind einladen. Die Erzieherin kann sich sogar explizit darauf beziehen, indem sie etwa sagt: „Ich finde es lustig, dass du dich heute entschieden hast, in den Bewegungsraum zu gehen. Weißt du nämlich, was dein Opa auf den Stern geschrieben hat?“ Sie geht zu dem Stern und liest vor: „Dass mein kleiner Rabauke so richtig nach Herzenslust toben kann!“ „Dein Opa scheint Dich richtig gut zu kennen.“ Falls das angesprochene Kind noch nicht so ganz in der Lage ist, sich den Opa trotz räumlicher Trennung nahezuhalten, so hilft die Erzieherin ihm so, das zu trainieren. Das Mischen der Gefühle von Trennung und zugleich auch Nähe, die Fähigkeit beides gleichzeitig zu spüren, das nimmt der Trennung den Stachel und das Kind muss sich nicht mehr gegen den Schmerz panzern. Sein Herz bleibt warm und weich, traurig und fröhlich zugleich, wenn eine zuverlässige Bindung es schützt. Das geht, wenn alle im Bindungsdorf an einem Strang ziehen. Wenn es nicht, wie bei der Erzieherin mit der Fruchtzwerg-Aversion heißt: „Das, was deine Eltern dir bieten wollen, ist schädlich. Außerdem habe ich hier die Deutungshoheit. Wird sie nicht anerkannt, dann schicke ich dich zum Psychologen.“

Erwerbstätige, die getrennt von ihren Familien im Büro an ihrem Schreibtisch sitzen, stellen sich Fotos auf. Vom Ehemann oder der Geliebten, den Kindern. Ältere Damen haben oft Fotos ihrer Enkelkinder in den Fensterfächern ihrer Geldbörsen. Das weiß jede Verkäuferin. Warum, so frage ich mich, hängt in der Kita zumeist ein Bild von jedem einzelnen Gruppenkind? Man könnte doch Fotos vom Kind zusammen mit seinen zentralen Bindungspersonen aufhängen. Es gibt da so viele Möglichkeiten: Wäre ich Bezugserzieherin, dann würde ich Eltern anbieten, eine kleine Botschaft, die sie ihren Kindern schon morgens geschrieben haben, im Laufe des Tages vorzulesen. Da könnte dann zum Beispiel draufstehen: „Mama kommt heute fünf Minuten früher aus dem Büro und holt dich dann ab." Oder: „Jetzt ist es 13 Uhr und genau in diesem Moment denke ich an dich. Spürst du das?" Es gibt so viele Wege, Trennungen zu überbrücken. Der Fantasie sind da keine Grenzen gesetzt.

Die Kinder in unserem Kindergarten haben alle ein Portfolio, welches – und das ist wichtig – im Besitz der Familie ist. Zwar steht es zumeist im Kindergarten, wo die Bezugserzieherin es führt. Das – aus Bindungssicht – Allerwichtigste ist, dass die Familie den Anfang des Hefters gestaltet. Dort kann das Kind sich Babyfotos, Geburtsanzeigen und Fotos von Eltern, Geschwistern, Oma und Opa ansehen. Manche Eltern haben auch Nähe spendende Sätze dazugeschrieben, an denen sich die Kinder dann weiden. Es würde dem Leser die Tränen in die Augen treiben, wüsste er, wie gut diese Worte den Kleinen tun; wie sie ihre Herzen warm und weich halten.

Während der Woche steht das Portfolio offen im Regal und das Kind kann es sich jederzeit anschauen. Am Wochenende oder auch am Abend kann die Familie es mit nach Hause nehmen. Die Erzieherin trägt alles ein, was ihr bei der Entwicklung des Kindes auffällt. Wächst etwa der Wortschatz oder wird der Satzbau komplexer, so macht sie dazu eine Notiz mit einem Beispielsatz oder Wort. Diese Entwicklungsdokumentation ist authentisch und bedarf auch keiner Defizite aufspürender Tests. Anhand von Beobachtungen, Spielspuren und Zitaten wird gezeigt und nicht bewertet, wie sich das Kind fortentwickelt. Das ist gut, denn aus unserer Sicht ist das Kind grundsätzlich kein defizitäres Wesen, das es zu korrigieren oder zurechtzubiegen gilt. Jedes Kind ist ein neues Wunder, das sich gerade in seinem eigenen Tempo und seiner nur ihm eigenen und einmaligen Charakteristik entfaltet. Diese Entfaltung dokumentieren wir, nicht mehr und nicht weniger.

Das Portfolio ist ein zentrales Arbeitsinstrument für die Erzieherin. Hier findet sie Hinweise auf die Vorbereitung einer entwicklungsfördernden Umgebung für das Kind.

Das Portfolio ist das Bindungsdorf-Forum schlechthin. In ihm treffen sich Eltern, Kind und Bezugserzieherin. Zusätzlich bietet es allen Erzieherinnen, wie auch mir als Kunsterzieherin oder den Bezugserzieherinnen anderer Kinder, Zugang für Beiträge zum kindlichen Entwicklungs-Geschehen. Wenn mir etwas Wichtiges an einem Kind auffällt, schreibe ich ihm dazu einen Brief und weiß, dass dieser im Portfolio landet. Dort wird er dem Kind zugänglich, von den Eltern und der hauptverantwortlichen Erzieherin gelesen. Wenn ich mir bei einer wichtigen Botschaft nicht sicher bin, ob die Eltern das Portfolio mit nach Hause nehmen, dann bitte ich sie darum. Auch das mache ich per Brief, denn durch Zufall treffe ich sie nur selten. Hier ein Beispiel. Das Kind, Max, ist der oben erwähnte Vierjährige, der sich inzwischen stolz einen Fünfjährigen nennt:

Mai, 2015
Liebe Eltern von Max!
Heute möchte ich mich mal bei Ihnen melden, um Ihnen über Ihren Sohn zu erzählen. Ich erlebe ihn ja nicht jeden Tag, aber wenn er in die Kunstwerkstatt kommt, staune ich immer wieder darüber, was er für ein wunderbares, feinfühliges und sensibles Kind ist. Ich werde nie den Tag vergessen, an dem ich auf dem Spielplatz beobachtet habe, wie er ein fast erstarrtes Krippenkind aufgetaut hat. Das Kleine war wahrscheinlich ganz neu in der Krippe und hat so gar keine Regung gezeigt. Max hat das gespürt und so lange Faxen gemacht, bis das Kleine anfing zu lachen. In der Kunstwerkstatt freut sich Max, wenn ich ihn einlade und besonders wertschätze. So tat er es selber ja auch mit dem Krippenkind. Es fällt mir ganz leicht, Max besonders zu schätzen, weil er wirklich ein ganz besonderes Kind ist. Ist er sich meiner Wertschätzung sicher, so spielt er mit den Materialien in der Kunstwerkstatt kreativ und ausdauernd. In seinen Bewegungen ist er klar und kraftvoll.

Maxens Feinfühligkeit macht ihn aber auch besonders anfällig. Im Moment lacht er gar nicht mehr und zeigt damit, dass er ganz viel Geborgenheit von Ihnen braucht, damit er seine Sorgen loslassen kann.

Vielleicht können Sie ja mal sein Portfolio mit nach Hause nehmen und den Brief, den ich ihm geschrieben habe, zusammen lesen. Dann freut er sich bestimmt, dass Sie auf diese Weise mal einen halben seiner Kindergartentage miterleben können. Und ich würde mich auch darüber freuen.

Mit freundlichen Grüßen,
Stefanie Selhorst

Im Portfolio konnte die Familie dann die Beschreibung eines Vormittages ihres Sohns im Kindergarten nachlesen. Wenn Tilman Allert in seiner Kritik an den frühkindlichen Bildungsprogrammen schreibt, das Kind brauche ein Institut, an das er seine Forschungsergebnisse rückmelden kann, so hat er Recht. Unser Kindergarten kann dem Kind dabei helfen, diese Rückmeldung an die richtige Adresse, nämlich die Eltern, zu senden. Das habe ich in diesem Fall getan. Das ist der Portfolio-Brief an Max:

Mai 2015
Lieber Max,
heute warst du ganz alleine in der Kunstwerkstatt. Ich hatte mich schon lange darauf gefreut und immer überlegt, was wir denn so machen könnten. Aber, das Überlegen hätte ich mir auch sparen können, denn du wusstest ganz genau, was du machen wolltest. Eine Leiter. Als erst eine Sprosse und ein Seitenteil an der Leiter waren, sah sie so aus:

Du wolltest sie so lassen, weil sie aussah wie ein Gewehr. Aber das hatten wir nicht auf die Arbeitsskizze gezeichnet. Wenn du auf die graue Pappe schaust, siehst du, dass dort kein Gewehr aufgezeichnet ist. Du bautest also weiter und hast den Bohrer so kräftig drücken können, dass richtig große Späne aus dem Bohrloch quollen. Sägespäne, sagtest du, kommen auch in den Käfig deines Kaninchens.

Beim Bauen hast Du so lange durchgehalten, bis die Leiter drei Sprossen hatte.

Jede montierte Sprosse hast du gleich auf der Skizze mit einem Strich markiert.

Danach hast du mit deiner selbst gebauten Leiter gespielt:

Zuerst war sie eine Hochbettleiter. Du konntest mit ihr ins Bett steigen und dann die Leiter mit nach oben nehmen.

Danach war sie Feuerwehrleiter und es hat gebrannt. Ich durfte Feuerwehrmann sein und den Brand löschen.

Zum Schluss hast du mit der Leiter auch noch Polizei gespielt. Aus einem Knallfoliensack hast du dir eine Polizeiuniform gemacht. Die sah gut aus.

Zwischendurch einmal hast du den Eimer mit Frau Müllers Tapetenkleister entdeckt und wolltest Holzstäbe, um darin zu rühren. Mir ist schon oft aufgefallen, dass du gerne mit Flüssigkeiten und Breien hantierst. Als das dann vorbei war, habe ich Dir gezeigt, wie man mit Transparentpapier, Kleister und einem Luftballon eine St.-Martin-Laterne baut. Das haben wir dann zusammen gemacht.

Dabei haben wir alle St.-Martin-Lieder gesungen, die uns eingefallen sind. Ich war überrascht, wie viele Strofen du noch auswendig konntest.

Du hast mir auch erzählt, dass die Polizei den letzten St.-Martins-Zug bewacht hat, und mich gefragt, warum. Ich habe geantwortet: „Die Polizei passt auf, dass kein Kind durch den Straßenverkehr gefährdet wird." Du antwortetest: „Die Polizei wäre auch traurig, wenn ich tot wäre. Auch Mama, Papa, Frau Ruprecht und Robert …" Dein Bruder Robert ist bei der Feuerwehr. Er macht kein Karate mehr, weil sein Lehrer immer mit ihm rummeckert.

Beim Leiterbauen hattest du mir von einem schrecklichen Film erzählt, in dem Fische Menschen fressen. Die Fische waren ganz grausam und erbarmungslos.

Ich habe auch manchmal Angst. Angst zu haben, ist gar nicht schön. Wenn du Angst hast, dann werden die großen starken Erwachsenen dich beschützen. Weißt du, warum? Weil sie dich lieb haben.

Ich bin ganz froh, dass ich dich heute ein wenig besser kennengelernt

habe. Weil ich auch manchmal Angst und Sorgen habe, kann ich mir vorstellen, wie du dich fühlst, wenn du deinem Sorgenfresser vor dem Mittagsschlaf erzählst, wie es dir geht.
Deine Frau Selhorst

Natürlich vermag die Kunsterzieherin es nicht, dem Kind die Eltern zu ersetzen. Sie kann sie aber sehr wohl – im gewissen Rahmen – am Kita-Tag, so wie er im Portfolio beschrieben wird, teilhaben lassen. So machen sie sich zumindest eine Vorstellung von der Lebenswelt des Kindes. Das Kind seinerseits weiß, dass die Eltern sich diese Vorstellung bilden, und fühlt sich von ihnen erkannt und anerkannt. Es ist eine Leistung, sich neun Stunden lang ohne Kontakt zueinander zurechtzufinden. Eine tapfere Familie hat es verdient, dabei unterstützt zu werden, wenn sie dennoch versucht, die Nähe zu bewahren.

Jetzt holt der Vater seinen Sohn freitags manchmal schon nach dem Mittagessen ab. Wenn ich die Freude des Kindes darüber sehe, kommen mir fast die Tränen. Vater und Sohn verpassen es nie, mir vor ihrem Abflug eine kurze Stippvisite in der Kunstwerkstatt abzustatten. Das wiederum erwärmt mein Herz für die Familie noch mehr.

Es gibt keine bessere allegorische Beschreibung der Bindungs-Überbrückung durch einen Helfer als in dem Brüder-Grimm-Märchen Aschenputtel. Die Kinder in der Kunstwerkstatt lassen sie sich immer wieder erzählen. Ja, das Mädchen war seit deren Tod von seiner Mutter getrennt. Doch bevor sie starb, hatte sie ihrem Kind eine seelische Brücke geschenkt: „Liebes Kind, bleib fromm und gut, so wird dir der liebe Gott immer beistehen und ich will vom Himmel auf dich herabblicken und will um dich sein." Begleitet von diesem Versprechen, geht das Kind in die Adaption, sie weint und trauert. Dann geht sie in die Emergenz und pflanzt einen Haselreis auf das Grab der Mutter. Dieser wird zum Symbol für die Umkehr, die Adaption. Das, was das Kind nicht ändern kann, das ändert das Kind. Der neue Haselbaum auf dem Grab vermag es, genau das zu vermitteln, dessen ein gedemütigtes Kind bedarf. Er bietet ihm Bindung, eine Schulter, an der es weinen kann und eine Vertretung des Mutter-Herzens. Der Haselbaum zeigt stellvertretend für die bedingungslos liebende Mutter, dass er das Aschenputtel für wertvoller erachtet als alle anderen Kinder. So wie Frau Dahling nur Rico zugewandt ist und nicht den Kessler Kindern, so wirft der Haselbaum sein Gold und Silber nur über das Aschenputtel und nicht über die garstigen Stiefschwestern. Wenn das Mädchen sagt: „Bäumchen, rüttel dich und schüttel dich, wirf Gold und Silber über mich." Diese Wertschätzung durch die Mutter, die der Baum stellvertretend für sie vergoldend zum Ausdruck bringt, ist die Macht, die das Kind zu erlösen vermag.

Bleiben wir im Reich dieser Allegorie, so sind der Kindergärtner und die Kindergärtnerin im einladungszentrierten Kindergarten die Haselbäume. Stellvertretend für die unfreiwillig abwesenden Eltern, werfen sie Gold und Silber über jedes einzelne ihrer Bezugskinder. Dem Leser, der diesen Anspruch zu überkandidelt, aufwändig oder abgehoben findet, gebe ich ein Beispiel, um zu zeigen, wie einfach das in der Berufspraxis geht.

Zur Hintergrundinformation: In der Kunstwerkstatt geben sich viele Kinder der reinen Funktionslust hin. Sie sägen, um sich des Erlebnisses des Sägens hinzugeben; sie schrauben, um zu schrauben; sie bohren, um zu bohren; sie malen, um zu malen … Da aber auch dieser Raum für die kleinen Kinder nicht ganz frei von gesellschaftlichen Zwängen und einem gewissen Anspruch an Leistung und frühkindlicher Bildung ist, schwebt der Anspruch auf ein gegenständliches Arbeitsergebnis im Raum. Die Kinder sind nicht dumm und retten sich aus der Zwickmühle, indem sie serienweise Schwerter anfertigen. Da können sie nach Herzenslust sägen, bohren, schleifen und schrauben, derweil sie nur eine einzige Verbindung zwischen einer kurzen und einer langen Latte anfertigen müssen, um ein gegenständliches Ergebnis zu erzielen. So können die Kleinen sich ihrer Funktionslust hingeben und zugleich dem Anspruch an Gegenständlichkeit gerecht werden.

Doch nun zurück zum Gold-und-Silber-Werfen: Einmal habe ich Gold und Silber über ein Mädchen geworfen. Sie baute sich vor mir auf und sagte: „Meine Mama mag keine Schwerter." Ich antwortete:

„Oh, du musst aber doch unbedingt etwas machen, was Deine Mama mag! Was mag sie denn?" Noch bevor ich eine Antwort bekam, wurden wir unterbrochen und ich schrieb ihr später einen Brief, in welchem ich Gold und Silber über sie warf:

„Immer hast du auch etwas gefunden, was deiner Mutter auch gefallen würde. Weihnachtsbaumanhänger, ein Boot … Und neulich hast du ein Bild gezeichnet, dessen Formen Du danach mit Wasserfarben ausgemalt hast. Das nennt man kolorieren. Und: Du warst die Erste, die das jemals in der Kunstwerkstatt gemacht hat."

Der Haselbaum, in diesem Falle ich, hat gemacht, was die Mutter gemacht hätte, wenn sie anwesend gewesen wäre. Er hat das Kind anerkannt, weil und indem es sich von der Masse der anderen Kinder unterscheidet, weil die Mutter dem Kind diese Umlaufbahn zugedacht hat. Das Kind ist in der Bindungsstufe über Wertschätzung.

Damit keine Missverständnisse aufkommen. Ich glaube nicht, dass es der Erzieherin möglich ist, immerzu im Sinne der Eltern eines Kindes zu denken und zu handeln. Wenn ein Kind aber die Autorität seiner Eltern anführt, dann ist der richtige Zeitpunkt, zum inneren Schulterschluss mit diesen zu kommen.

Zwar ist es so, dass dieses Mädchen nicht mehr Trennung erleidet, als es verkraften kann. Dennoch ist es auch bei nicht stecken gebliebenen Kindern wichtig, sie beim Nähstreben zu unterstützen. Bei allen Kindern ist es gut, den Kindergarten zu einem Bindungsdorf zu machen, bei Steckengebliebenen ist es sogar eine dringende Notwendigkeit, möchte man ihnen gerecht werden.

Besteht eine stabile und tragfähige Bindung zwischen dem Kind und der Kindergärtnerin, die jetzt seine Ersatzsonne ist, dann gilt es ‚bei den stecken gebliebenen Kindern den nächsten Schritt zu tun. Im oben angeführten Beispiel von Max ist dieser Schritt von mir schon angebahnt worden. Es geht nämlich darum, die Anzeichen des kindlichen Steckenbleibens zu kompensieren oder einfach nicht weiter zu skandalisieren. Stecken gebliebene Kinder fallen oft durch Aggression, Alarm (man erkennt ihn an einer ausgeprägten Unruhe, für die man keinen Grund ausmachen kann), Opposition (Otto Rank nennt ihn Gegenwillen) oder Zwanghaftigkeit (immer wieder die gleichen Handlungen, die fast absurd wirken, weil sie keinen Sinn machen) auf. Manche Kinder wirken ganz eigentümlich stumpf. Die bindungsfreundliche Kindergärtnerin, für die diese Verhaltensweisen zugegebenermaßen äußerst belastend sein können, reitet dennoch nicht auf der Blockade herum. Sie arbeitet behutsam um diese herum und sieht sie lediglich als Zeichen für das frustrierte Nähe-Streben des Kindes und nicht als Angriff gegen ihre Person. Im oben angeführten Beispiel von Max habe ich aus diesem Grunde die Skandalisierung durch die Spielkameraden abgeblockt und den Kindern gezeigt, dass in unserer Beziehung zu ihm das Bindende stärker ist als das Trennende. Die Beziehung ist größer als das Fehlverhalten, die Verlässlichkeit kennt keine Drohung mit weiterer Trennung. Auch wenn man rein äußerlich meint, eine Zurechtweisung würde die Hierarchie richtigstellen, so ist es in Wahrheit umgekehrt. Zeigt der Erwachsene, dass die Bindung größer ist als das Fehlverhalten, so bleibt er in der Führung und in der Verantwortung. Er ist es, der sagt: „Das Prinzip Bindung dreht sich nicht nach deinem momentanen Verhalten. Du kannst dich auch auf mich verlassen, denn ich halt auch dann an dir fest, wenn deine Frustration dich treibt.“ Das Kind, das fühlt, die Bindung ist stärker als meine Frustration, gewinnt zugleich an Sicherheit und Halt. „Ich bin und bleibe für dich die Antwort. Immer.“ Diese Aussage vermag es, das alarmierte Kind zu entlasten. Wenn dieses Prinzip des bedingungslosen Halt-Gebens bei dem stecken gebliebenen Kind einsackt, dann kann es sich den Luxus erlauben, seinen hartgefrorenen Panzer langsam aufzutauen. Beim gepanzerten, coolen Jugendlichen könnte man sagen, er muss nicht mehr chillen, er kann in der Wärme leben.

Die angemessene Antwort auf das Steckenbleiben des Kindes ist nicht noch eine zusätzliche Verhaltensvorschrift, denn das Kind hat kein Problem damit, Regeln zu wissen. Das Problem ist nicht kognitiver, sondern emotionaler Natur. Das Kind hat keine kognitiven Schwierigkeiten mit dem Wissen um Regeln. Es hat ein ausgesprochen frustrierendes

Problem damit, die Nähe zu FÜHLEN, die es für seine fundamentale Sicherheit bräuchte. Alles, was dem Kind das Fühlen von Nähe möglich macht, das hilft ihm über seine Blockade. Hier liegt ein Arbeitsfeld für behutsame und feinfühlige Künstler. Eine bindungsfreundliche Kindergärtnerin wird das Kind kaum jemals beschämen, kriminalisieren oder wegschicken. Im Kontext ihrer bedingungslosen und dennoch immer beachtenden Bindung kann es die gute Absicht fassen, „Fehlverhalten" zu überwinden. Jedes Zeichen der Not eines stecken gebliebenen Kindes kann die bindungsorientierte Kindergärtnerin aufgreifen. Fast immer fehlen ihm die Tränen der Trauer und das Strahlen der Freude und gerade die Unbeschwertheit, die die Magie der Kindheit ausmacht. Sie könnte ihm Geschichten über verlassene Tierkinder erzählen, um ihm in weniger verletzlichen Themengebieten zu seinen Tränen zu verhelfen. Sie kann ihm über ihre eigenen gemischten Gefühle erzählen. Es gibt so viele Wege, wie es Kinder gibt. Ständig habe ich bei manchen Kindern die Frage im Kopf: Was kann ich machen, um ihre Wachsamkeit und Unruhe zu verringern, in welcher Situationen muss selbst dieses Kind lachen? Während der langen Spaziergänge mit meinem Hund kreist mein ganzes Denken darum, die Kinder zu entlasten, und manchmal – leider nicht immer – stoße ich diesbezüglich auf Goldminen.

Einmal kam ein Mädchen Tag für Tag und immer wieder in die Kunstwerkstatt, um nichts anderes zu tun, als zu jammern und zu lamentieren. Sie fühlte sich so grundsätzlich und elementar zurückgesetzt, dass neben der Sorge um ihr Recht nichts anderes mehr Platz hatte. All die wunderbaren Angebote für emergentes Spiel wurden von ihr weder gesehen noch wahrgenommen. In ihrem Herzen hatte neben dem Gefühl, nicht zu ihrem Recht zu kommen, nichts anders mehr Platz. So war die Kleine in jeder Hinsicht extrem frustriert und extrem stecken geblieben. In der Feinmotorik, in der Grobmotorik, im sozialen Miteinander … Verstünde die Erzieherin sie nicht von innen, so würde sie sich, ebenso wie ihre Spielkameraden, nun ihrerseits frustriert abwenden. Das Problem des Mädchens war, sie konnte die psychische Nahrung, die man ihr anbot, nicht verwerten. Zwar forderte sie und ich gab ihr, was sie forderte. Das aber sättigte sie nicht. Sie blieb hungrig und unzufrieden. Eines Tages nach tagelangem Suchen nach einem Weg für dieses verzweifelte kleine Mädchen hatte ich – man könnte fast sagen – eine Eingebung. Ich hatte sie wieder einmal in die Kunstwerkstatt eingeladen. Noch bevor sie im Raum war, sagte ich: „Ich freu mich, dass du wieder da bist. Und weißt du was? Ich habe nur für dich ganz alleine dieses Arbeitsmaterial auf den Tisch gelegt. Ich habe nämlich beobachtet, dass du so gerne … Die anderen Kinder dürfen da nicht dran, nur du."

Golden und silbern strahlten ihre Kleider in der Kunstwerkstatt und ein jammerndes Elend hatte sich in die konzentriert und kreativ spielende Braut des Prinzen verwandelt. Die Bindung, die größer ist als das Gejammer, macht auch das Angebot größer als die Nachfrage. Dann, und erst dann, kann es sättigen, das Angebot der Erwachsenen. Das gesättigte Kind ist dann frei für das Wachstum. Es kann nur unter den Bedingungen von vollkommener Sättigung reif werden, zu sich selbst finden.

Eltern-Kind-Bindung ersetzt durch den Kindergarten?

Als meine Kinder selber noch in den Kindergarten gingen, hing in der Garderobe eine Liste, in die die Eltern ihre Urlaubszeiten eintragen sollten. Damals fragte ich mich, warum? Später erfuhr ich, dass die damalige Kindergartenleiterin sich um die Kinder sorgte, die während der gesamten Kindergartenzeit an jedem einzelnen Werktag des Jahres ganz früh gebracht und ganz spät abgeholt wurden. Nie hatten sie auch nur eine einzige Stunde, geschweige denn einen Tag, frei. Es gab zu der Zeit noch keine allgemeine Schließzeit und die Leiterin wollte mit der Liste auf ihre Weise sagen, dass ein Kind einen Jahresurlaub vom Kindergarten braucht.

Für den bindungszentrierten Kindergarten ist es die allergrößte Herausforderung, dem Kind, das in seinem Elternhaus ganz offensichtliche nicht willkommen ist, gerecht zu werden. Das Bindungsdorf-Konzept greift hier nicht, denn dieses knüpft ja an der Bindung zwischen Eltern und Kind an.

Zunächst wird der einladungszentrierte Kindergarten bei den Eltern für das Kind werben. Im Portfolio zum Beispiel kann man die Herzen der Eltern für ihre Kinder wunderbar erweichen. Das mache ich hin und wieder bei allen Kindern, auch bei denen, die im Elternhaus sehr willkommen sind. Bin ich einmal nicht in der Kunstwerkstatt, dann beobachte ich ein Kind und stelle mir vor, ich sähe es durch die Augen seiner Eltern. Durch deren Augen sehe ich dann die Einzigartigkeit und die Schönheit der kindlichen Entwicklung noch viel schärfer. Aus dieser ganz speziellen Erzählerperspektive beschreibe ich dann eine kurze Phase im ganz normalen Kindergartenalltag. Einmal erzählte mir eine Mutter, sie habe bei der Lektüre dieses Textes Rotz und Wasser geheult. Gut, das war sowieso eine Mutter mit einem weichen und liebevollen Herzen. Aber wieso soll es nicht auch möglich sein, das Herz von reservierten Eltern für ihr Kind zu erweichen? Schreiben tue ich diese Texte so oder so.

Was der Kindergarten zusätzlich machen könnte, wäre, zunächst einmal bei der Auswahl der Bezugserzieherin darauf zu achten, dass diese eine Vollzeitkraft ist, dass sie jenseits des gebärfähigen Alters ist und dass sie mit großer Wahrscheinlichkeit nicht umziehen wird. Dieser Erzieherin müssten dann auch noch zusätzliche Privilegien eingeräumt werden. Sie müsste das Kind bevorzugen dürfen. Zum Beispiel durch kleine Ausflüge in die Umgebung (Wochenmarkt, Baustelle, Frühlingsblumenwiese …), nur mit diesem Kind ganz alleine. Bei Rico und Frau Dahling haben wir ja gesehen, dass Bindung notwendigerweise mit dem persönlichen Auserwählen nur dieses Kindes einhergeht. Was stecken gebliebenen und zu Hause unwillkommenen Kindern auch ausgesprochen guttut, sind gemeinsame hauswirtschaftliche Verrichtungen. Dann fühlen sie sich auserwählt und reifen in der Bindung über Wertschätzung. Bei diesen Kindern müsste man auch die zusätzlichen Trennungen innerhalb der Kita mit ganz besonders viel Behutsamkeit angehen. Sei es der Übergang von der Krippe in den Kindergarten oder auch der von der mittleren Gruppe in die Vorschulgruppe.

Bei alledem, ein Kindergarten für diese Kinder würde eigentlich einer grundlegend anderen Organisation bedürfen. Können Eltern ihren Kindern auch in ihrer Freizeit – und damit jenseits der beruflichen Verhinderung – wenig Willkommen im eigenen Zuhause schenken, so sind sie gut beraten, ihm einen Ersatz zu organisieren. Die in Kaptiel 4.1

erwähnte Frau, deren Kinder am Haushaltstag ausrissen, um zu ihrer Krippenerzieherin zu kommen, machte es genau richtig. Aus dieser Sicht ist es sehr zu begrüßen, dass die Frau fortan an den Haushaltstagen alleine zu Hause blieb und ihre Kinder in die Krippe brachte.

Antworten Eltern auf die Frage: „Willst du mich morgen haben?“ mit einem klaren und eindeutigen „Nein“, dann ist das für alle Beteiligten eine faire Antwort. So wird nämlich der Weg dafür frei gemacht, dass ein Sonnen-Ersatz zur Sonne wird. Die Eltern können derweil als Zweitsonne immer noch wichtig für ihr Kind sein und bleiben.

Wer denkt, es mache für ein Kind keinen Unterschied, ob es nun aus Not oder ohne Not tagtäglich von seinen Eltern getrennt wird, der täuscht sich. Bei einer notwendigen Trennung, zum Beispiel wegen einer Krankheit oder wegen der materiellen Existenzsicherung, leidet das Kind zwar auch, doch es fühlt sich nicht abgewertet, also in seinem Bindungsbestreben über Wertschätzung verletzt.

In unserem Kindergarten gibt es ein Kind, das jedes Elternteil, welches sein Kind außer der Reihe abholt, ins Kreuzverhör nimmt. Ich kann mich täuschen, aber ich habe den Eindruck, das Kind glaubt seinen eigenen Eltern nicht mehr, wenn die sagen, es gebe folgendes Naturgesetz: Kinder haben ihren Platz in der Kita und Eltern auf der Arbeit und zu Hause. Die Trennung wäre also quasi ein Naturgesetzt. Unser aufgewecktes Kind jedenfalls fragt jedes abholende Elternteil anderer Kinder, warum er oder sie ihr Kind abholt und was sie dann zu Hause machen.

Rico war gekränkt, als er noch dachte, seine Mutter wolle ihn ohne Not ein paar Tage alleinlassen:

„Na toll, wahrscheinlich wollte sie mit Irina alle Friseure der Stadt besuchen … Aber bitte, ich war es ja gewohnt, alleingelassen zu werden! Eines Tages würde Mama nach Hause kommen, nach einem Wasserrohrbruch oder dergleichen, und ich läge ertrunken im Flur …“ (S. 99) (Steinhöfel, 2008)

Danach erzählte seine Mutter ihm, dass sie ihn notgedrungener Maßen wegen der lebensbedrohlichen Krankheit ihres Bruders alleine lässt.

„Als ich sie jetzt weinen sah, bereute ich, dass ich das jetzt eben mit dem Wasserrohrbruch gedacht habe.“ (Steinhöfel, 2008)

Argumentieren Gesellschaftsingenieure mit der Natürlichkeit der institutionellen Kindererziehung, so spielen sie mit dem Feuer. Nicht nur ein übergroßes Ausmaß an Trennung selber ist gefährlich für die kindliche Entwicklung. Das eigentlich noch Gefährlichere ist die Zurückweisung, indem und obwohl das Kind sich in seiner ganzen Verletzlichkeit offenbart. Bemüht es sich – in der Phase der Bindung über Wertschätzung –, in seiner Bedeutsamkeit und seiner Besonderheit erkannt zu werden, und stößt dabei auf eine Zurückweisung, die die Eltern nicht durch eine Notlage begründen können, so bedeutet das für das Kind eine schwerwiegende seelische Verletzung. Diese zieht dann all die oben beschriebenen Entwicklungsblockaden nach sich.

Die Bedeutung der Bindung zusammengefasst

Die Vielfältigkeit der Bedeutung der Bindung im Erziehungsgeschehen sei hier noch einmal kurz zusammengefasst.

1. Die Bindung ist eine Lebenshaltung von Verbundenheit zwischen Menschen, die in der Kindheit beispielhaft erlernt wird.
2. Sie bildet den Kontext, in dem das Kind erzogen werden kann.
3. Sie bildet den Kontext, in dem das Kind reif werden kann. Die Faktoren der Reifwerdung sind die Emergenz, die Adaption und die Integration.
4. Die Bindung erleichtert die von der Natur vorgegebene Abhängigkeit des menschlichen Kindes von seinen Eltern.
5. Ganz wichtig ist auch der Umstand, dass die Bindung das Kind vor schädlichen Außeneinwirkungen schützt. In diesem Schutzraum kann es zu jener Ruhe kommen, derer es bedarf, um sich letztendlich an sich selbst zu binden und sich selbst zu fühlen.

Zum fünften Punkt gebe ich noch ein Beispiel: Ricos Mutter hat sich und ihrem Jungen eine Umgebung geschaffen, die genau auf die Bedürfnisse der beiden ausgerichtet ist. Da ist der Nachdenksessel, in dem das Kind seine „Bingokugeln“ (damit meint er wirre Gedanken und räumliche Desorientierung) sortieren kann. Hier ist er geschützt und kann in

Kontakt zu sich selbst treten. Diese geschützte und für ihn persönlich vorbereitete Umgebung, die an sich schon als Symbol für die Bindung zwischen Mutter und Kind zu sehen ist, versetzt das Kind in die Lage, in einen Zustand der Emergenz zu kommen. Dieser wiederum führt zur Lösung eines Kriminalfalls. Lebte dieser Junge in der Öffentlichkeit, statt in der von seiner Mutter verantworteten Privatsphäre, so wäre er sicher nicht imstande gewesen, den Fall zu lösen. Er selber sagt ja, sein Lehrer würde sich zwar mit den Kugeln (Gedanken) befassen, nicht aber mit der Maschine, die die Kungeln dreht (seine Psyche). Die Mutter weiß, dass der Nachdenksessel geeignet ist, die Maschine anzuhalten. Der Lehrer, die Person, die die Öffentlichkeit vertritt, weiß das nicht.

6. Ausblick mit gemischten Gefühlen

6.1 Das Bangen

Die allermeisten Eltern möchten zwar ihre Kinder „haben". Irgendwo ganz tief in ihrem Inneren haucht zuweilen ein schüchternes Stimmchen: „Ich sehne mich danach, die Sonne im Leben meines Kindes zu sein." Sind sie nicht die Sonne im System ihres Kindes, weil die Trennung zu lang ist und das Kind sich panzert, so können sie das Kinderhaben vielleicht doch nicht so recht genießen.

Viele Außenstehende wie Verwandte, Nachbarn und Kindergärtnerinnen wären wirklich von Herzen gerne dazu bereit, bei notbedingter Trennung Familien in ihrem Streben nach Nähe zu unterstützen. Das geht aber nur unter einer Voraussetzung: Nur die zentrale Bindungsperson, also die Sonne im kindlichen Universum, vermag es, Außenstehende einzuladen, die Nebensonne zu sein. Wenn das nicht passiert, dann hat schwerlich jemand Zugang zu dem Kind. Die Tragik von Sophia und den anderen einsamen Kindern in Steinhöfels Buch ist: Wenn da keine „Sonne" ist, dann ist da auch keiner, der wenigstens eine Nebensonne autorisieren könnte. Das Kind bleibt dann auch außerhalb des Elternhauses zur Einsamkeit verdammt, weil der Anknüpfungspunkt für Bindung gänzlich fehlt. Es besteht die Gefahr, dass dem Kindergarten oder auch Nachbarn wie Frau Dahling die Hände gebunden sind, wenn sie nicht wenigstens an ein Rudiment von Bindung zwischen Eltern und Kind anknüpfen können.

Das ist der Grund, warum Eltern nicht durch Kindertagesstätten zu ersetzen sind. Diese können immer nur eine Ergänzung anbieten. Es ist daher schon fast verantwortungslos, bei der Werbung für die staatliche Verwaltung der Kindheit zu propagieren, das Kind würde profitieren. Den Eltern wird mit Begriffen wie „Chancen" und „frühkindliche Bildung" der Mund wässrig gemacht. Wenn es ganz schlecht für das Kind läuft, dann entscheiden sich Eltern für ein Kind, weil sie annehmen, sie müssten ihr Leben nicht ändern und das Kind hätte sogar noch bessere Möglichkeiten, wenn sie es von der Wiege bis zum Ganztagsschulabschluss dem staatlichen Reglement überlassen. Bei meiner Betätigung in der Kunstwerkstatt beginne ich sogar den Verdacht zu schöpfen, dass Kinder mit einer sicheren Bindung zu Vater und/oder Mutter mehr von diesem Bildungsangebot profitieren als die, deren Kindheit aus dem Elternhaus hinaus und in Einrichtungen verlagert wird. Das liegt ganz einfach daran, dass diese staatlich verwalteten Kinder so sehr mit dem unruhigen Abprüfen der Sicherheit meiner Bindung zu ihnen beschäftigt sind, dass sie gar nicht dazu kommen, sich zusätzlich auch noch schöpferisch zu betätigen. Die zu Hause sicher gebundenen Kinder werden zunächst von ihren Vätern oder Müttern begleitet. Dabei werde ich eingeladen, die Kinder einzuladen. Als Nebensonne bin ich dann zwar da, aber ansonsten so unwichtig, dass die Kinder ungehindert in ihre Emergenz gehen können. Diese Kinder bilden sich unter den Rahmenbedingungen einer vorbereiteten Umgebung selbst. Nur bei diesen bindungssatten Kindern greift das Montessori-Konzept des „Hilf mir, es selbst zu tun."

Will ein Staat seine Bürger also davon überzeugen, ihm die Kinder anzuvertrauen, so ist er gut beraten, sich in die zweite Reihe zu stellen und dort auch zu bleiben. Er sollte aus der Wahrheit, dass Kinderhaben immer mit Verzicht einhergeht, keinen Hehl machen. Dann gilt es, diesen elterlichen Verzicht und die erzieherische Leistung anzuerkennen und mit Vertrauen in die Institution Familie zu quittieren. Danach dann, in einem zweiten Schritt, kann der Staat zu zusätzlichen Bildungsangeboten einladen.

Mit weniger Bindung zu seinen Eltern wird ein Kind auch in öffentlichen Einrichtungen weniger Chancen haben. Unsere Gesellschaft braucht deshalb eine Kultur, die Eltern dazu ermutigt, die persönliche Antwort für ihre Kinder zu sein. Es wäre die Aufgabe der Kultur, Eltern immerzu zu spiegeln, dass sie es bereits sind. Eltern brauchen aus diesem Grund weder Belehrungen noch moralisierendes Besserwissen oder gar gesellschaftlichen Argwohn, wenn sie sich ihre Kinder nahehalten.

Eltern brauchen vielmehr ganz viel Wohlwollen und Ermutigung. Am wichtigsten aber ist der Respekt.

Was Familien neben dem Respekt auch brauchen, ist das, was Monika Führer in dem Film „Ein Sommer für Wenke" (Kronawitter, 2012) für die Familie des sterbenden Kindes einfordert. Das gilt im abgeschwächten Maße nämlich auch für das – vielleicht nur scheinbar – gesunde Kind:

„Es ist ganz wichtig zu sehen, was braucht die Familie und die Wenke an eigener geschützter Zeit, ohne irgendwelche Helfer von außen. Also, das ist zu respektieren …"

Tilman Allert nennt diese Zeit Familienzeit, die einer ganz anderen Gesetzmäßigkeit folgt als die Zeit in der Welt der Geld-Erwerbstätigen.

Ein soziales Klima, in dem Kinder allerorts und jederzeit von jedermann nach Herzenslust willkommen geheißen werden könnten, wäre eines, in dem Bindung einen zentralen und auch übergeordneten Wert darstellt. Bindung zählt nämlich mehr als die soziale Schranke, Bindung zählt mehr als der gesellschaftliche oder volkswirtschaftliche Nutzen, Bindung zählt mehr als Bildung, Rang und Gender. Alles, was die zarten und zerbrechlichen Verbindungen in der Familie zerschneidet, schadet zuallererst den Kindern, den kleinen noch mehr als den großen. Und meine Nachricht an die Sozialpolitiker: Es schadet dem Bevölkerungswachstum.

Die folgenden Trends zerschneiden Bindung:

- → Abwertung von Familienarbeit und unentgeltlicher ganztägiger gegenseitiger Zuwendung und Fürsorge in der Familie
- → Abwertung anderer Sprachen und Kulturen bei gleichzeitiger Aufwertung des Deutschen
- → Abwertung von Eltern, die unter bildungsmäßiger und oder wirtschaftlicher Armut leiden
- → Forschungen, die den schlechten Einfluss von Ganztagseltern auf ihre Kinder nachweisen, um das sozialpolitische Trennungsprogamm zwischen Eltern und Kindern wissenschaftlich rechtfertigen zu können

- → Skandalisierende und in beleidigender Weise verallgemeinernde Medienberichterstattung über Kindesmissbrauch und Vernachlässigung durch Eltern. Sie bewirken ein verzerrtes Bild der Realität und lassen die Anzahl schlechter Eltern größer erscheinen, als sie ist. Tatsächlich sind elterliche Misshandlungen und Vernachlässigungen vielleicht sogar abnehmend. Ein Hinweis darauf mag die abnehmende Zahl von Kindstötungen durch Eltern sein. Die Arbeitsstelle Kinder- und Jugendhilfestatistik in Dortmund stellt fest: „Alles in allem ist festzuhalten, dass – ohne die einzelnen Schicksale verharmlosen zu wollen – Kindstötungen, insbesondere aufgrund von Misshandlung und Vernachlässigung, singuläre Ereignisse sind. Sie sind – so gesehen – nur die ‚Spitze des Eisbergs', stellen damit aber auch ein Symptom für den gesellschaftlichen Stellenwert von Kindern sowie die Bedingungen des Aufwachsens junger Menschen in unserer Gesellschaft dar." (Fendrich, 2010)
- → Politische Konzepte, die Eheleute steuer- und versicherungstechnisch genauso behandeln wie zwei Singles. Diese Konzepte entmutigen Paare in ihrem Bestreben, sich aufeinander zu verlassen und sich als Einheit in Zweiheit zu sehen. Das innere Bild zweier Menschen von sich als Paar in Einheit kann nämlich wiederum ein Gefühl der Sicherheit vermitteln, das trägt. Auf dem tragenden Fundament dieser Sicherheit wiederum baut das Paar den Mut zum Kind auf.
- → Die Forderung nach Kinderrechten im Grundgesetz, die auf der Annahme basiert, die Eltern wären tendenziell eher die Widersacher der Kinderrechte statt deren Garanten. Die Menschenrechte und Grundrechte gelten auch und insbesondere für Kinder und die Eltern werden sie im Falle von drohendem Rechtsbruch einfordern. Nur die Gesellschaft, die von solchen starken Eltern ausgeht, wird auch diese starken Eltern haben.
- → Gutmenschen, die meinen, die Antwort für fremde Kinder zu sein, obwohl die Eltern sie nicht zuvor in ihr Bindungsdorf eingeladen hatten.
- → Übermäßige, larmoyante und nörgelnde Betonung von Selbstverwirklichung der Erwachsenen.

→ Die Verbreitung des Irrglaubens, dass Emanzipation und Gelderwerb Synonyme seien.

→ Bemühungen von Gender-Wissenschaftlerinnen, nachmittägliche Bindungsrituale praktizierender Eltern von Schulkindern zu unterbinden. Verpflichtende Ganztagsschulen, die bezeichnenderweise „gebundene" Ganztagsschule genannt werden, sollen zunehmend die offene Ganztagsschule oder die Halbtagsschule ersetzen. Schulen, die sich nicht hinreichend bemühen, die Kinder von ihren angeblich versagenden Elternhäusern fernzuhalten, bekommen weniger öffentliche Fördergelder, da kann der Unterricht am Vormittag noch so gut sein. Jutta Allmendinger führt Chancengleichheit an, wenn sie die Hausaufgaben untersagen möchte. Es gefällt ihr nicht, dass Kinder gebildeter Eltern von diesen in der häuslichen Privatsphäre gefördert werden. (Kelle, 2013)

→ Kinder- und Jugendpsychiatrische Krankenhäuser, die stecken gebliebene Kinder routinemäßig zunächst einmal zu diagnostischen Zwecken acht Wochen hospitalisieren und ihnen damit noch zusätzlich weitere Trennungsverletzungen zufügen

Nur ein bindungsfreundliches Klima vermag es, den Weg zu einer kinderreichen Gesellschaft zu ebnen.

Stattdessen erleben wir die einseitige gesellschaftliche Fokussierung auf den Aufbau getrennter Parallelwelten für Kinder, Eltern und Großeltern. In Dresden wird gerade eine Kita für dreihundert Kinder gebaut (Kailitz, 28.09.2012), die CDU will den Ausbau von 24-Stunden-Kitas (CDU, 2013) (S. 61) vorantreiben lassen, statt an Umständen, unter denen solche Einrichtungen nötig werden, etwas zu ändern.

Bei alldem ist es vielleicht nur das Unterbewusstsein, das da eine Unstimmigkeit, etwas Mulmiges, spürt. Wird bei den beflissentlichen Bemühungen um die perfekte und reibungslose Auslagerung seiner Person aus dem Leben der Eltern nicht das Kind schon qua Amt abgewertet und in ein Licht des Lästigen gestellt? Ja, sie werden geboren, man hat ein Recht auf sie, aber leben sollen sie dann in der Hauptsache da, wo sie nicht stören. Das ist keine gute Aussage über das Kind an sich. Es macht die jungen Paare unruhig und es überzeugt sie nicht, sich in solche Widersprüche verstricken zu müssen. Sie sollen etwas haben wollen, dessen sie sich sogleich und Alltag für Alltag wieder entledigen müssten?! Das fühlt sich einfach nicht richtig an. Und in diesem Klima, in dem sich irgendetwas nicht richtig anfühlt, entscheidet man sich nicht für viele Kinder, allenfalls – ganz zögerlich – für eines.

Eine Studie des Zentrums für Europäische Wirtschaftsforschung in Mannheim kam kürzlich zu dem Ergebnis, dass Betreuung zu weniger Kindern führt. Insbesondere Familien mit einem fremdbetreuten Kind in einer hochsubventionierten Einrichtung würden zugunsten ihrer Erwerbstätigkeit auf ein zweites Kind verzichten. (brö, 08.08.2013) Diese Studie sagt nichts über den Grund für die Bevorzugung von zwei ganztätigen Gelderwerbsbetätigungen nach der Geburt des ersten Kindes aus. Aus Bindungssicht würde ich zusätzlich – wäre ich Forscherin – den Zusammenhang zwischen dem Ausmaß an Familienzeit (im Sinne von Allert) und der elterlichen Freude am Kind untersuchen.

Ich stelle jetzt eine Hypothese auf und würde mich über ihre Erforschung freuen: Letztendlich entscheiden sich nur diejenigen Paare für viele Kinder, bei denen sich die Freude an ihnen entfesseln kann. Dazu bedürfte es zuvor einer Befreiung vom Zeitdiktat der Erwerbswelt. Freude ist die Urgewalt, die Mutter der Bewegung, die Entwicklung schafft.

Die amerikanische Psychoanalytikerin und Geschichten-Sammlerin Clarissa Pinkola Estés schrieb mit „Die Wolfsfrau. Die Kraft der weiblichen Urinstinkte“ (Estés, 1993) eine Hommage an die weibliche Intuition. Als Jungianerin ist sie immerzu mit dem Archetypischen in Träumen, Geschichten und Märchen beschäftigt. An einer Stelle denkt sie darüber nach, warum immer mehr Frauen von Räubern und bösen männlichen Eindringlingen träumen:

„Demnach ist dieser Traum nicht immer oder exklusiv eine Botschaft über Missstände im eigenen Inneren. Manchmal ist auch die Umgebung im engeren oder weitesten Sinne gemeint. Obwohl die Psychologie die Ursachen der Angst im Menschen zumeist auf Familienbeziehungen zurückführt,

muss der kulturellen Komponente ebensoviel Gewicht beigemessen werden, denn die Kultur ist die Familie der einzelnen Familien, und wenn diese Familie der Familie von einer Reihe von Krankheiten befallen ist, müssen sämtliche Familien sich mit den gleichen Symptomen herumschlagen. Bei uns gibt es dazu ein Sprichwort: Culturacura, die Kultur kuriert. Wenn eine Kultur als Heiler fungiert, lernen Bürger, Missstände zu heilen; sie überbrücken auftauchende Tendenzen, sie reparieren eher, als dass sie vernichten, sie sorgen dafür, dass die Menschenwürde aller Familienmitglieder intakt bleibt und dass Minoritäten einsichtsvoll eingegliedert werden. In einer Kultur, die vom Räuber regiert wird, kann weder etwas Neues geboren werden noch kann das Alte sterben, denn die Psyche der Bürger wird von Angst und Misstrauen gelähmt.

Warum dieser Räuber in den Träumen von Frauen fast immer die Gestalt eines männlichen Eindringlings annimmt, die instinktive Psyche der Frau und ganz speziell ihr hellfühlendes Urwissen attackiert, kann niemand mit Sicherheit sagen. Wir sagen, das liegt nun einmal in seiner Natur und nehmen fraglos hin, dass das Instinktive und Seelenvolle in weitesten Kulturkreisen unterminiert wird – was der Räuber natürlich vollkommen richtig findet, denn durch solche Wertvorstellungen nimmt sein Einfluss auf die Psyche aller Bürger ständig zu. Wann eine Gesellschaft ihre Mitglieder durch unentwegte Propaganda dazu erzieht, ihren Urinstinkten zu misstrauen und sich von den eigenen Tiefenbereichen abzuwenden, wird das räuberische Element in der Psyche jedes Einzelnen zum dominanten Aspekt." (Estés, 1993)

Ich bezeichne den Gesellschaftsingenieur mit all seinen wissenschaftlichen und publizistischen Helfern und Helfershelfern als den Räuber im Traum der Frauen. Dieser raubt den Familien die Kultur, in der sie sich an ihre Kinder binden können und die Kinder an sie. Die Symptome ihres schädigenden Einflusses sind die tiefe Verunsicherung derer, die eigentlich voller Freude Kinder erziehen wollen würden. Das Ergebnis ist eine Kultur, die nicht als Heiler fungieren kann. Stattdessen spaltet sie, sie trennt und verletzt. Und weil sie so recht hat, beende ich meine bangenden Überlegungen mit Clarissa Pinkola Estés' Mahnung:

„Wenn eine Gesellschaft ihre Mitglieder durch unentwegte Propaganda dazu zieht, ihren Urinstinkten zu misstrauen und sich von den eigenen Tiefenbereichen abzuwenden, wird das räuberische Element in der Psyche jedes Einzelnen zum dominanten Aspekt." (Estés, 1993)

6.2 Das Hoffen

Gleichzeitig mit dem Räuber habe ich aber auch die vielen oft bescheidenen und unauffälligen Erbauer einer neuen Bindungskultur im Auge. Man darf ihre Anzahl nicht unterschätzen. Eben weil sie keine Lobby haben und unzeitgemäß erscheinen, weil sie keine EU-Forschungsgelder erhalten und zuerst den kleinen Menschen nutzen, die noch keine publizistische Durchschlagskraft haben, heißt es nicht, dass es sie noch nicht massenhaft gibt.

Es gibt so viele, die trotz alledem den Familien eine Kultur schaffen, in der es als ein Fest gilt, sich an die eigenen Kinder zu binden. Eine Kultur, die von Respekt und Anerkennung gegenüber den Eltern junger Kinder geprägt ist. Hier meine ich nicht nur die angepasst Zeitgemäßen unter den Paaren mit Kindern. Ich meine wirklich alle: die Eltern aus allen Wohlstandssegmenten, Ethnien und Bildungsgraden.

Eine solche Kultur wäre tatsächlich heilend. Gelänge das Projekt, dann hätten wir eine „Culturacura", eine heilende und heilsame Kultur. Dann hörte keiner mehr auf die selbst ernannten Richter von Eltern fremder Kinder. Sie würde gar nicht mehr stattfinden, die Trennung, die der ehemalige Bezirksbürgermeister Buschkowky mit seinen unflätigen Verlautbarungen gegen ausländische Eltern vornimmt.[25] Stattdessen herrschte eine Freude, die verbindet. Bindung eben, das Erdreich, in dem unsere Kinder und wir selbst mit ihnen gemeinsam reif werden könnten. Wir könnten wachsen, statt in einem Zustand zu verharren, in dem nach Clarissa Pinkola Estés weder Neues geboren werden kann noch Altes sterben kann.

Hier verabschiede ich mich jetzt mit nur einigen der zahlreichen Mut machenden Beispiele.

Ermutigend sind oft die winzigen Kleinigkeiten. Wenn meine vierzehnjährige Tochter von ihrer Klasse erzählt, dann stellen sich bei mir sämtliche Nackenhaare auf. Ich sage dann nichts, aber ich denke: Wie hält die Lehrerin das nur aus? Gehe ich zum Elternabend, so höre ich statt der Klagen, die ich durchaus angebracht fände, Lob. Nein, diese Frau ist nicht blind, sie ist in Bindung. Wir erinnern uns, Bindung erleichtert die Abhängigkeit. Zum anderen macht diese kompetente Pädagogin genau das, was Gordon Neufeld „Um die Entwicklungsblockade herum arbeiten" nennt. Es gelingt ihr augenscheinlich, trotz aller Widrigkeiten in der Bindung zu bleiben. Auf diese Weise steigen die Chancen, dass die Jugendlichen ganz ohne vorheriges beschämendes Bloßstellen im Kontext der Bindung gute Absichten fassen. Wer so arbeitet, der baut eine „Culturacura".

In meiner Stadt gab es vor ein paar Jahren einen Vortrag des berühmten Münchener Bindungsforschers Karl Heinz Birsch über das Babywatching. Das ist eine Methode, die er entwickelt hat, um die Panzerung institutionell betreuter Kindern aufzuweichen. Ältere Kinder beobachten das innige Wechselspiel zwischen Babys und ihren Müttern und finden auf diesem Wege Zugang zu ihren eigenen weichen und verletzlichen Gefühlen. Auf unserer Veranstaltung demonstrierte Dr. Brisch sein Verfahren anhand einer echten Mutter-Kind-Interaktion. Was mich so rührte, war folgender Umstand. Es gibt in der Stadt ein „Netzwerk gesunde Kinder", in welchem ehrenamtliche Patinnen junge Eltern beim Willkommenheißen ihrer Babys ermutigen und begleiten. Die Mutter, die nun beim Babywatching für uns mit ihrem Baby interagierte, war eine dieser vom Netzwerk begleiteten. Ihre Patin war mitgekommen und sie war – zu Recht – so stolz auf ihre kleine Vorzeigefamilie, wie die junge Mutter stolz auf ihr entzückendes Baby war. Wer so arbeitet, der baut eine „Culturacura".

Meisterin im Überbrücken unabdingbarer Trennungen zwischen Eltern und Kindern ist Katja Beek, die die Berliner Initiative „Netz und Boden" begleitet. Hier wird Familien mit chronisch psychiatrisch erkrankten Elternteilen geholfen. Selbst in Zeiten akuter Schübe, die dann zu notwendigen Trennungen führen, wird die Bindung zu eben diesem kranken Elternteil aufrechterhalten. Als Nebensonnen für solche Zeiten der Not werden Paten ins Bindungsdorf eingeladen. Vorher, in einer nicht akuten Phase, schreiben die Eltern ihrem Kind einen Notfallbrief, den der Pate oder die Patin dem Kind dann vorliest. Auf der Homepage der Initiative werden Musterbriefe aufgeführt.[26] Die Briefe helfen den Kindern, sich dem kranken Elternteil weiterhin nahezufühlen und sich zugleich nicht die Schuld für die Erkrankung zu geben. Wer so arbeitet, der baut mit an einer „Culturacura".

Die aufgepeitschte und geifernde öffentliche Kritik am „Versagen" der heutigen Eltern soll ja im Grunde die Kultur der oft unmenschlichen Trennung mit einem vermeintlich menschlichen Anliegen rechtfertigen. Der Rettung von Schwachen. Ganz automatisch ist der Laie ja auf der Seite der schwachen Kinder und schwingt ein in das systemkonforme Eltern-Bashing. Andreas Steinhöfel führt diese Bewegung ad absurdum. Er bedient sich hierfür des Mittels der Ironie. Der Schurke im Roman ist nämlich ausgerechnet der, der am lautesten in die larmoyante Empörungsrhetorik gegen die versagenden Eltern einstimmt. Ausgerechnet der Eltern-Basher ist im Roman derjenige, der unschuldige Kinder misshandelt. Er entführt sie und lässt sie nur gegen Lösegeld frei. Als Rico und Oskar ihn erwischen, sagt er:

„Eigentlich mag ich Kinder!", sagte er mit zuckersüßer Stimme. „Ich mag sie sogar sehr. Ihre Eltern sollten bloß ein bisschen besser auf sie aufpassen, mehr wollte ich gar nicht. Böse Welt da draußen. Das Geld war mir egal. Doch, doch, ist schon so, ich mag Kinder. Sogar behinderte!" (Steinhöfel, 2008)

Zuvor hatte er Rico, einem Kind, das von morgens bis abends schöpferisch über sich selbst hinauswächst, vorgeworfen:

„Offen gesagt verstehe ich manche Eltern nicht. Setzen Kinder in die Welt ,um sie dann den ganzen Tag sich selber zu überlassen, vor der Glotze oder vorm Computer." (Steinhöfel, 2008)

Hier ist endlich einmal ein Autor, der die Heuchelei des Eltern-Bashing aufs Korn nimmt, die Eltern in Schutz nimmt und den Leser anregt, hinter die Fassaden zu schauen, statt vorzuverurteilen. Herr Steinhöfel ist ein Mitarbeiter an der „Culturacura".

Hier noch ein Beispiel aus einem der zahlreichen Leserbriefe, die für die Bindung zwischen Eltern und Kindern Partei ergreifen:

Die Kinderärztin Dr. med. Uta Müller-Lindenlauf, Fachärztin für Kinderheilkunde, Jugendmedizin und Psychotherapeutische Medizin, schrieb am 16.08.2013 in der Frankfurter Allgemeinen Zeitung (Müller-Lindenlauf, 16.08.2013):

„Die liebevolle Betreuung durch eine sogenannte ‚bildungsferne' Mutter in den ersten drei Lebensjahren schafft mehr Basis für spätere Bildung als jegliche Kita-Pädagogik."

Letztendlich macht sich eine weit unterschätzte Anzahl von Eltern für eine „Culturacura" stark. Diese sind sehr mutige Menschen. Sie konfrontieren sich mit ihren Emotionen zum Thema Ganztagstrennung vom Kind. So können sie von den eignen Gefühlen dazu bewegt werden, entweder um die alltägliche Bindung oder die ganztägige Erwerbsarbeit zu trauern. Manche weinen um einen Chefsessel oder den Sitz hinter der Aldi-Kasse; andere darum, auch am Donnerstagnachmittag die persönliche Antwort für ihr Kind sein zu können. Alle haben auch das, was sie weniger entwickeln können, auf das Bild von sich selbst gezeichnet. Diese Eltern, die dann mit sich selbst im Reinen sind, sind deshalb frei, sich um das so elementare Bindungsbedürfnis ihres Kindes zu kümmern. Die einen bauen ein sicheres und zuverlässiges Bindungsdorf, die anderen sind selber die glänzende Ganztagssonne im Universum ihres Kindes.

„Ja, ich will dich haben!", sagen die meisten Eltern. „Komm-ma bei misch bei!", so lädt die rheinische Frohnatur in meiner Heimat das Kind in ihre Nähe ein. Hier in Brandenburg heißt es: „Ick liebe dir ja oooch." Dem Kind kommt das eine genauso entgegen wie das andere, denn es hat es noch, das intuitve Gespür für das wirklich Wichtige im Leben.

Zitierte Bücher, Artikel, Aufsätze, Filme, Tonaufzeichnungen, Links

Allert, T. (07. 06. 2011). *domradio.de.* Abgerufen am 09. 04. 2014 von http://www.podcast.de/episode/2283697/%22Die+Familie,+eine+unverw%C3%BCstliche+Lebensform%22+-+Prof.+Dr.+Tilman+Allert/

Bergmann, W. (2011). *Lasst eure Kinder in Ruhe. Gegen den Föderwahn in der Erziehung.* München: Kösel-Verlag.

Bergmann, W. (2009). *Warum unsere Kinder ein Glück sind: So gelingt Erziehung heute.* Weinheim: Beltz.

Bettelheim, B. (1980). *Kinder brauchen Märchen.* München: dtv.

Birkhäuser-Oeri, S. (1976). *Die Mutter im Märchen, Deutung der Problematik des Mütterlichen und des Mutterkomplexes am Beispiel bekannter Märchen.* Stuttgart: Verlag Adolf Bonz.

Bowlby, J. (1982). *Bindung – Eine Analyse der Mutter-Kind-Beziehung.* München: Kindler Verlag.

Bowlby, J. (1944). Froty-Four Juvenile Thieves: Their Character and Home-Life. *International Journal of Psychoanalysis, 25*, 19–52.

Bowlby, R. (05. 05. 2007). *Familie-Ist-Zukunft.* Abgerufen am 31. 03. 2014 von http://www.familie-ist-zukunft.de/alte_seiten/Bowlby-deutsch.pdf

Brandenburg, L. (28. 04. 2014). *BRAVORS.* Abgerufen am 11. 05. 2014 von Zweites Gesetz zur Ausführung des Achten Buches des Sozialgesetzbuches – Kinder- und Jugendhilfe –: http://www.bravors.brandenburg.de/sixcms/detail.php?gsid=land_bb_bravors_01.c.43373.de#3

brö. (08.08.2013). Studie: Betreuung führt zu weniger Kindern. *Rheinische Post online (http://www.rp-online.de/politik/deutschland/studie-betreuung-fuehrt-zu-weniger-kindern-1.3590402).*

CDU. (2013). *Gemeinsam erfolgreich für Deutschland. Regierungsprogramm 2013–2017.* Von http://www.csu.de/uploads/csucontent/cdu_csu_regierungsprogramm_2013–2017_02.pdf#page=2&zoom=auto,0,252abgerufen.

Chamberlain, S. (05. 2009). Anleitung zur Kaltherzigkeit. Säuglingspflege im Nationalsozialismus; http://www.psychosozial-verlag.de/catalog/rezensionen.php?id=1298. (B. Tambour, Interviewer)

Chives, J. (2011). *Mothers Work. How to Get a Grip on Guilt and Make a Smooth Return to Work.* Carlsbad, California, US: Hay House.

Cillia, R. d. (2007). Abgerufen am 05. 04. 2014 von http://philo.at/wiki/index.php?title=Spezial:PdfPrint&page=Muttersprachenf%C3%B6rderung_%28JsB_-_Migration%29

Claessens, D. (1962, 4. Aufl. 1979). *Familie und Wertsystem.* Berlin: Duncker & Humblot.

Dickens, C. (2013). *The Life and Adventures of Nicholas Nickleby* . North Charleston, USA: CreateSpace Independent Publishing Platform.

Die Zeit. (07. 09. 2012). Abgerufen am 05. 04. 2014 von http://www.zeit.de/2012/36/Betreuungsgeld-Familien-Suessmuth-Schmidt-Lehr-Bergmann/seite-1

Dieckmann, H. (1991). *Gelebte Märchen, Lieblingsmärchen der Kindheit.* Zürich: Kreuz Verlag.

Duden online. (2014). Abgerufen am 09. 05. 2014 von http://www.duden.de/rechtschreibung/Emergenz

Erikson, E. H. (1950). *Childhhood and Society.* New York City, USA: W. W. Norton & Co.

Estés, C. P. (1993). *Die Wolfsfrau.* München: Heyne.

Fendrich, S. P. (28. 09. 2010). *Bundesgesundheitsbl2010. 53:1002-1000 DOI 10.1007/s00103-010-1125-9.* Abgerufen am 10. 05. 2014 von (http://www.fruehehilfen.de/fileadmin/user_upload/fruehehilfen.de/pdf/Bundesgesundheitsblatt_Artikel_Fendrich.pdf)

Goldberger, K. (Regisseur). (2008). *Kinder ohne Liebe* [Kinofilm].

Harsdörfers, G. P. (1648–1653, hier: reprografischer Nachduck 1971). *Poetischer Trichter. Die Teutsche Dicht- und Reimkungst/ohne Behuf der lateinischen Sprache/in VI Stunden einzugiessen.* urspr. Nürnberg, hier: Hildesheim/New York: hier: Georg Olms Verlag.

Jung, C. (1954, S. 97f.). *Von den Wurzeln des Bewusstseins.* Zürich, Ch: Rascher & Cie.

Kailitz, S. (28.09.2012). Pumpen wir die Kita auf! *Die Zeit online, http://www.zeit.de/2012/40/S-Sachsen-Kita-Ausbau*

karoo, L. 7. (20. 10. 2012). *Zeit online.* Abgerufen am 09. 04. 2014 von http://www.zeit.de/2012/42/Ehe-Familie-Karriere?commentstart=9#-comments

Kelle, B. (01. 08. 2013). *The European.* Abgerufen am 10. 05. 2014 von Alle ins Töpfchen: http://www.theeuropean.de/birgit-kelle/7247-kritik-an-der-soziologin-jutta-allmendinger

kri und anonym, K. Z. (14. 06. 2012). *freiewelt.net.* Abgerufen am 15. 10. 2012 von http://www.freiewelt.net/interview/spatfolgen-der-krippenbetreuung-sind-ein-tabu-20104/

Krippenerzieherin. (02. 04. 2013). Was sind uns unsere Kinder wert? (K. Schneider, Interviewer)

Kronawitter, M. (Regisseur). (2012). *Ein Sommer für Wenke* [Kinofilm].

Lamprecht, S. (10.12.2013). Wutbrief einer Lehrerin: „Ich schäme mich für die Kinder!“ *Hamburger Morgenpost,* http://www.mopo.de/nachrichten/grundschule-in-harburg-wutbrief-einer-lehrerin---ich-schaeme-mich-fuer-die-kinder--,5067140,25673384.html.

Langmeier, J. & Matejcek, Z. (1983). *Psychische Deprivation im Kindesalter. Kinder ohne Liebe.* München: Urban und Fischer.

Lindemann, T. (kein Datum). *quotez.net.* Abgerufen am 09. 04. 2014 von Adolf Hitler Zitate: http://www.quotez.net/german/adolf_hitler.htm

Müller-Lindenlauf, D. M. (16.08.2013). Leserbrief: Arme Kinder. *Frankfurter Allgemeine Zeitung. Nr. 189*, 38.

Neubronner, D. (2015). Der Neufeld-Ansatz für unsere Kinder. Bremen, Genius Verlag.

Neufeld, G. & Maté, G. (2006/2015). Unsere Kinder brauchen uns! Die entscheidende Bedeutung der Eltern-Kind-Bindung. Bremen: Genius Verlag.

Neufeld, G. (2011). Skript zum Online-Intensivkurs II, Übersetzung von Dagmar Neubronner, transkribiert von Michael Miedaner. Nicht veröffentlichte Unterrichtsmaterialien.

Neufeld, G. & Neubronner, d. v. (2010). Intensivkurs Level I in deutsch, Kinder verstehen, Lektion 2. *Unveröffenlichtes Lehrmaterial* (S. ab Minute 113). Bremen: Growth Concerns.

Pafnet.tv. (2011). Abgerufen am 05. 04. 2014 von http://www.pafnet.tv/start.php?show=431

Selhorst, S. (2010). *nur. essay zum beruf.* Kißlegg: fe-medienverlags GmbH.

Sponholz, K. (07. 10. 2013). *www.welt.de.* Abgerufen am 09. 04. 2014 von http://www.welt.de/regionales/duesseldorf/article120685430/Meine-Mama-meine-Mama-geh-nicht-weg.html

Steinhöfel, A. (2008). *Rico, Oskar und die Tieferschatten.* Hamburg: Carlsen.

Streicher, G. (2004). Das Kinderopfer des Dritten Reichs. Bindungsunfähigkeit als Ergebnis faschistischer Pädagogik. *Festkongress zu Jirina Prekops 75. Geburtstag „Ohne Nestwärme kein freier Flug“.* Zell am See: carpe diem, Zell am See, AT.

Tambke, K. (14. 12. 2010). *BKGE, Bundesintitut für Kultur und Geschichte der Deutschen im östlichen Europa.* Abgerufen am 06. 05. 2014 von http://www.bkge.de/download/Tambke-Transgenerationale_Weitergabe_traumatischer_Erfahrungen_kriegs-_und_vertreibungsbelaste-ter_Kindheiten.pdf

Vor-der-Stadt, K. 1. (20. 10. 2012). *Zeit Online.* Abgerufen am 09. 04. 2014 von http://www.zeit.de/2012/42/Ehe-Familie-Karriere?comment-start=9#comments

Woods Windle, J. (1993). *True Women.* New York City, USA: Ballentine Books by Random House.

Anmerkungen

[1] „… or why be angry with me for being happy and content? You and Nicholas are left to me, we are together once again, and what regard can I have for a few trifling things of which we never feel the want?“ (Dickens, 2013)

[2] Auf meiner Straße steht ein nagelneues und blitzblankes Auto der gehobenen Klasse. Hinten drauf klebt ein Abziehbild: „Mutti im Stress“. Auf ihrem Auto – dem Symbol für Wohlstand – trägt seine Mutter die Botschaft ihrer gefühlten Belastung in die Welt. In Charles Dickens Roman lesen wir von Kates Wohlbehagen als Familienangehörige in Kombination mit einer materiellen Grundversorgung. Das Auto hingegen zeigt uns „Muttis“ Unbehagen als Familienangehörige in Kombination mit Wohlstand.

[3] Zumindest ein Filmemacher hat diese Frage auf seine Weise beantwortet: Neulich sah ich den Mittelteil eines Fernsehfilms. Er handelt von der Einsamkeit einer erfolgreichen Zahnärztin auf ihrem Weg in ihren Ruhestand. Verzweifelt versucht sie jetzt all die versäumten Jahre der Bindung zu ihrer Tochter, einer Vollzeitmutter zweier Kinder, nachzuholen. Es misslingt, denn die Bindung zu Tochter und Enkelkindern fehlt.

[4] „Save us!“, said the old lady with tears in her eyes, „What a grateful little dear it is. Pretty creature! What would his mother feel if she had sat by him as I have and could see him now!" (S. 86) (Dickens, Oliver Twist, 2008)

[5] „Perhaps she does see me“, whispered Oliver, folding his hands together, „perhaps she has sat by me. I almost feel as if she had.“ (S. 86) (Dickens, Oliver Twist, 2008)

[6] „When I have seen all the misery and desolation that death can bring, and known the lonesome feeling of being solitary and alone in crowds, and all the agony of separation in grief and poverty when we most nee-

ded comfort and support from each other, can you wonder I look upon this as a place of such delicious quiet and rest, that with you beside me I have nothing to wish for or regret?“ (Dickens, 2013)

[7] Bruno Bettelheim schreibt in „Kinder brauchen Märchen“: „Die Kinder erlangen das höhere Menschsein, sobald die Hexe verbrannt ist; dies wird durch die Schätze, die sie im Hexenhäuschen finden, symbolisiert. Da der Held und die Heldin aber noch nicht im heiratsfähigen Alter sind, wird die menschliche Beziehung, die die Trennungsangst für immer verbannt, nicht durch ihre Heirat, sondern durch die Rückkehr zum Vater symbolisiert. Die andere böse Gestalt, die Mutter, ist inzwischen gestorben. ‚Da hatte alle Sorge ein Ende und sie lebten in lauter Freude zusammen.‘“ (S. 169) (Bettelheim, 1980)

[8] (Bowlby J., Froty-Four Juvenile Thieves: Their Cahracter and Home-Life, 1944) S. 25: „When to the similarity in their personalities is added the discovery that they have a remarkably distinctive early history-prolonged separations from their mothers or foster-mothers, the conclusion forces itself upon one that we have here not only a distinct clinical syndrome, that of the affectionless thief, but also an unusually clear example of the distorting influence of a bad early environment upon the development of personality.“

[9] Vgl. Brandbrief von vier ehemaligen Familienministerinnen (Die Zeit, 2012). Hier besteht die Andersartigkeit der von ihren Kleinkindern zu trennenden Mutter in ihrem Migrationshintergrund, ihrer wirtschaftlichen Erfolglosigkeit und ihrer schlechten Bildung.

Die ehemaligen Ministerinnen Rita Süssmuth, Christine Bergmann, Ursula Lehr, Renate Schmidt warnen in einem Brandbrief vor der Anerkennung der Leistung ganztags erziehender Eltern Ein- und Zweijähriger: „Außerdem besteht die Gefahr, das zeigen skandinavische Erfahrungen, dass überwiegend Mütter mit einem niedrigen Bildungsgrad oder mit Migrationshintergrund und geringem Einkommen ihre Kinder nach der Einführung eines Betreuungsgeldes nicht mehr in den Kindertagesstätten anmelden. Die Kinder, die außerfamiliäre frühkindliche Bildung am meisten brauchen, werden so ihrer Chancen beraubt.“ (Die Zeit, 2012)

[10] Eine dunkle und gedeckte Farbigkeit stünde für die von Trennung dominierte Bezogenheit. Dabei ist davon auszugehen, dass diese im wahren Leben und bei psychischer Gesundheit kaum je zu finden ist.

[11] In seiner Analyse des Froschkönigs befasst sich Bruno Bettelheim mit dem Erwachsenwerden der jüngsten Königstocher: „Über eine lange Entwicklungsstrecke gehorcht sie dem Vater, doch werden ihre eigenen Gefühle dabei immer stärker; am Schluss dokumentiert sie dann ihre Unabhängigkeit dadurch, dass sie gegen seine Anordnung handelt. Genau wie sie auf diese Weise sie selbst wird, wird auch der Forsch zu einer eigenen Persönlichkeit – er wandelt sich in einen Königssohn." (S. 338) (Bettelheim, 1980) Hätte die Königstochter nicht zuvor die Voraussetzung der langen Bindung an den Vater erfüllt gehabt, so hätte das Zuwiderhandeln, welches ihre Persönlichkeitsentwicklung dokumentiert, ja gar nicht zustande kommen können. Die nicht zuvor an ihren Vater gebundene Königstochter hätte nicht reif werden können. Frau Allmendinger aber hätte dieselbe Opposition gegen die Eltern, die ja ein Zeichen von Reifwerdung ist, beklagt, statt sie zu begrüßen.

[12] „Don't talk to mothers who are opting to be at home full time. They will make you feel like a witch!" (Chives, 2011)

[13] Der kanadische Entwicklungspsychologe Gordon Neufeld spricht vom Brückenbauen, wenn es um die Überwindung von Trennung geht. Dieses Brückenbauen liegt in der Kompetenz der für die Bindung verantwortlichen Erwachsenen. Beim Kind spricht er vom „vergeblichen Nähe-Streben angesichts von Trennung". Hier, in dem Kontext ihrer Puzzle-Metapher, erlaubt es sich die Autorin, das „Nähe-Streben angesichts von Trennung" mit dem Bild des Kindes zu veranschaulichen, das versucht, Leiterchen zwischen seinen beiden Lebenswelten (= Puzzle-Ebenen) aufzustellen. Die Lebenswelt der Trennung von den Eltern sucht es über die Leiter zu verlassen, um in die Welt der Bindung zu ihnen zu gelangen. In Kapitel 5 wird ein Kind vorgestellt, das im Kindergarten tatsächlich eine kleine Leiter baut.

[14] www.neufeldinstitute.de und www.neufeldinstitute.org

[15] Gordon Neufeld würde vom „vergeblichen Ringen um Bindung angesichts von Trennung" sprechen.

[16] Wunderbar beschreibt Wolfgang Bergmann in „Lasst eure Kinder in Ruhe" (Bergmann, Lasst eure Kinder in Ruhe. Gegen den Föderwahn in der Erziehung, 2011) (S. 88) den Zusammenhang zwischen sicherer Bindung und Exploration: „Je mehr Vertrauen, desto unerschrockener und eifriger ihr Blick auf die Welt, ihr Aufnehmen und Aufsagen dieser vielen Weltdinge und ihrer Eigenarten. ‚Dies hier ist mir bekannt, das da ist ganz fremd, da schaudere ich zurück, dies allerdings kommt mir ähnlich vor, wie andere schöne Dinge, die ich schon kennengelernt habe. Hier traue ich mich, ein zweites und drittes Mal hinzusehen und hinzugreifen, zu tasten, zu erkunden und zu spielen. Und danach ist das fremde Ding gar nicht mehr so fremd, schon fast vertraut, ein Stück innerer Gewissheit.'

Aber dann sieht man bei solchen, ganz in ihr Nachdenken versunkenen Kindern plötzlich, mitten in ihrem Spiel und Handeln, ein Erschrecken. Plötzlich ist diese Fremdheit der äußeren Welt wieder da, deshalb das Erschrecken und wo sind Mama oder Papa? Die müssen jetzt aber ganz rasch herbeigerufen werden, *sonst setzt es Gekreisch!*

So ist das. Vater oder Mutter oder vertraute Bindungspersonen müssen immer in irgendwie erreichbarer Nähe sein. Nein, sie sollen nicht unaufhörlich um das Kind herum sein, das wird auch langweilig, und zwar für beide. Aber, wenn das Eingeschüchtertsein durch das Unbekannte der Welt dann wieder aufflackert, dann müssen sie schnellstens herbeigerufen werden. Wo nämlich Ängstlichkeit ist, da geht alles andere verloren, was an schönen Empfindungen und Einsichten schon erworben worden ist."

[17] Im Kapitel 4 unter „Das Fühlen der Kinder" wird das erklärt, was Neufeld „Adaption" nennt. Kurz vorweg: Etwas, was das Kind nicht ändern kann (hier die erpresserischen Spielkameradinnen), das ändert das Kind. An der Schulter der Mutter konnte es darüber weinen, die Vergeblichkeit sank ein, das Kind spürte, dass es zwar traurig war und ist, das Ganze aber durchaus überlebt hat, und kann so es sich neu sortieren und orientieren.

[18] Der Originaltext: „The child must experience the invitation to exist in the presence of mother and father."

[19] Wunderbar beschreibt Wolfgang Bergmann die Entwicklung der Bindung nach der Geburt (Bergmann, Lasst eure Kinder in Ruhe. Gegen den Föderwahn in der Erziehung, 2011) (S.13): „Anerkennung ist ein Wort aus der Fachsprache, mir kommt es viel zu nüchtern vor. Ein Kind muss sich geliebt (und geleibt, wenn es dieses Wort denn gäbe) fühlen. ‚Mama schaut mich an, ganz liebevoll und froh, jetzt durchflutet mich ein Gefühl von Freude. Jetzt lerne ich, was Freude ist. Mama schaut traurig oder ihre Augen sind leer. Jetzt spüre ich Trauer und eine unendliche Leere in mir.' Im feinfühligen Austausch von Blicken und Lauten, von Nähe und Körper, von einer unendlichen Summe von Empfindungen reift das kindliche Selbst."

[20] Die Erlangung der Fähigkeit, sich die Bindungsperson trotz ihrer physischen Abwesenheit nahezuhalten, ist ein epochaler Entwicklungsschritt. Bruno Bettelheim erinnert an Erikson: „Grundvertrauen wird dem Kind durch die gute Fürsorge eingeflößt, die es in der frühesten Kindheit von seiner Mutter erfährt. Wenn alles gut geht, wird es dann später Vertrauen zu sich selbst und zur Welt haben. Was das Leben auch noch unter den schlimmsten Umständen erträglich macht, ist das Bild der guten Mutter, das wir internalisiert haben, sodass das Verschwinden des äußeren Symbols nichts ausmacht. (92)

Eine der wichtigsten offenliegenden Botschaften der verschiedenen Aschenputtel-Geschichten lautet, dass wir uns irren, wenn wir glauben, wir müssten uns an etwas in der Außenwelt klammern, um im Leben Erfolg zu haben. Der gleiche Gedanke wird dadurch vermittelt, dass die Anwesenheit der Mutter oder des hilfreichen Tiers nicht erforderlich ist. Das ist psychologisch richtig, weil für unsere innere Sicherheit und unser Selbstgefühl nichts Äußeres notwendig ist, wenn wir erst einmal das grundsätzliche Vertrauen gewonnen haben." (S. 301–302) (Bettelheim, 1980)

[21] Ein kleiner und gewagter Exkurs: Kinder und junge Erwachsene, die diese Bindungsstufe erreichen, werden nach meiner Vermutung zu der

Elite gehören, die unsere Gesellschaft voranzutreiben in der Lage sein werden. Ich versuche das zu erklären: Diese Kinder können Bilder und Ideen, die ganz authentisch ihrem Inneren entspringen, kultivieren, pflegen und ausbauen. Sie können sich das leisten, weil sie nicht verletzt werden. Ich gebe dazu das Beispiel eines elfjährigen Flüchtlingsjungen aus einem Roman (Bondoux, 2014): „Ich sage, was mir durch den Kopf geht, und das ist natürlich dummes Zeug. Aber Fatima macht sich nicht über mich lustig. Sie hält meine Hand in ihrer, ganz fest, und singt. Sie weiß, dass sie meine Träume nicht zerstören darf, denn sonst geht mir noch ein Stück meines Herzens verloren und irgendwann bleiben nur noch Scherben übrig." (S. 87) Dieser Junge kann sich im Schutz der Bindung unkonventionelle Wege ausdenken, die derweil nicht durch gesellschaftliche Moden und all die dummen Sprechblasen kontaminiert werden. Hier können sich mitunter neue, unkonventionelle und vor allem authentische Antworten auf alte Fragen der Menschheit entwickeln. Ja, ich glaube, dass Kinder das können, wenn man diesen Entwurf ihrer selbst derweil durch ein Überangebot an Bindung und bedingungsloser Annahme zu schützen weiß. Wir brauchen insbesondere Kinder, denen nicht auf einer Schule, wie dieser Schule in meiner Heimatstadt, ihr Herz zerstückelt wird. Als ich einmal einem Flüchtlingskind beim Lernen half, vertraute er mir an, dass er so gerne Latein lernen möchte. Ich ging zum Schulleiter seiner Grundschule, um ihn um eine Gymnasialempfehlung zu bitten. Die Antwort war „nein". Die Begründung: Die Selbstbilder seiner Schüler seien anmaßend, manche wollten sogar Astronaut werden! Man stelle sich das mal vor!!! Tatsächlich brauchen wir dringend Schulleiter, die mit ihren Kindern zusammen daran glauben, dass sie Astronauten und Altphilologen werden. Nur dann werden wir eine Gesellschaft der Dichter und Denker bleiben. Zum Glück für meinen Flüchtlingsjungen haben seine Eltern seine Vision zu schützen gewusst und der Junge wird im Frühjahr Abitur machen und dann Pharmazie studieren.

[22] „There were a few timid children, who miserable as they had been, and many as were the tears they had shed in the wretched school, still knew no other home, and had formed for it a sort of attachment, which made them weep when the bolder sprits fled, and cling to it as a refuge. Of

these, some were found crying under hedges in such places, frightened at the solitude. One had a dead bird in a little cage; he had wandered nearly twenty miles, and when his poor favourite died, lost courage and lay down beside him. Another was discovered in a yard hard by the school, sleeping with a dog, who bit at those who came to remove him, and licked the sleeping child's pale face.“ (S. 811) (Dickens, 2013)

[23] Wenn das Kind von Langeweile spricht, so deutet das darauf hin, dass ihm das Gefühl von innerer Beteiligung fehlte. Nach Arno Stern ist es für einen jeden Menschen und insbesondere für das Kind ein zutiefst beglückendes Erlebnis, ein eigenes Blatt – Stern nennt es Spielraum – zu inszenieren. Die Spur des zweckfreien Spiels mit Pinsel und Farbe nennt Stern die Formulation. Dazu bedarf es aber eines geschützten Umfelds und eben nicht der Öffentlichkeit in einem Museum. Es bedarf der Atmosphäre von Bedingungslosigkeit, und es bedarf einer Entkoppelung vom spontanen bildnerischen Ausdruck und Kunst, die ja eine Botschaft aussenden möchte. Die Formulation, die die Menschen so glücklich machen kann, ist gerade im Museum, dem Ort der Kunst, nicht möglich. Die Lehrerin wählt, will sie den Kindern einen Weg zum beglückenden Malen ebnen, wahrscheinlich aus Mangel an Hintergrundwissen und tragischerweise genau die Umgebung, die ihm Ziel garantiert.

[24] „... die Entfaltung der körperlichen, geistigen und sprachlichen Fähigkeiten der Kinder sowie ihre seelischen, musischen und schöpferischen Kräfte zu unterstützen, regelmäßig den Entwicklungsstand der Kinder festzustellen und dem Kind Grundwissen über seinen Körper zu vermitteln.“ (§ 3 II Nr.4) (Brandenburg, 2014)

[25] Zum Beispiel sagte er zum Thema Betreuungsgeld: „In der deutschen Unterschicht wird es versoffen. In der migrantischen Unterschicht kommt die Oma aus der Heimat zum Erziehen.“ http://gutezitate.com/zitat/219807

[26] http://www.netz-und-boden.de/fileadmin/content/eu-projekt/nub_notfallbriefe_kinder_psychisch_kranker_eltern.pdf

Dank

Das Buchmanuskript konnte entstehen, weil wir in Kindergarten und Schule Kindern mit ihren Eltern begegnet sind. Dort sind und waren wir für ihr Wohlergehen zuständig. Danke für diese Begegnungen! Ganz besonders hat uns der Anspruch des bindungsorientierten Entwicklungspsychologen Gordon Neufeld aus Kanada und der Vertreterin seiner Lehre im deutschsprachigen Raum, Dagmar Neubronner, begleitet und bereichert. Dieser Anspruch lautet: das Kind von innen heraus zu verstehen. Danke für diese Herausforderung! Sie hat unsere Arbeit noch reicher gemacht.

Dass Sie, liebe Leser, das Buch nun in den Händen halten können, dafür danken wir dem Verleger Bernhard Müller.

Stefanie Selhorst und Michael Miedaner

Die Autoren

Stefanie Selhorst
studierte Englisch und Kunst, wurde Redakteurin und dann erzog sie drei Kinder. Heute betreut sie in einem Kindergarten eine Werkstatt für 4- bis 6-jährige. Sie ist Montessori-Pädagogin, Buch-Autorin ("nur - essay zum beruf", fe-Verlag) und betreibt einen Malort. Dafür machte sie eine Ausbildung bei Arno Stern. Kontakt: stefanie.selhorst@online.de

Michael Miedaner
ist Lehrer und Neufeld-Kursleiter und betreibt das Beratungsinstitut Roots of Life in der Schweiz. Seit der Begegnung mit dem Neufeld'schen Paradigma wächst sein Verständnis im Umgang mit Kindern und Jugendlichen von Tag zu Tag.Kontakt: hayo@sunrise.ch